여름

세계교양전집 40

여름

이디스 워튼 지음
주정자 옮김

올리버

이디스 워튼Edith Wharton

• 차례 •

1

　한 아가씨가 노스도머의 한쪽 길 끄트머리에 자리를 잡은 로열 변호사네 집 밖으로 나오더니 현관 계단 위에 섰다.

　6월의 오후가 시작되었다. 하늘에서 쏟아지는 봄처럼 투명한 은빛 햇살이 마을의 지붕과 목초지와 목초지를 둘러싼 낙엽송 사이를 비추고 있었다. 언덕길에 떠 있는 둥그런 흰 구름 사이로 한 줄기 약한 바람이 불더니 들판 너머로 구름의 그림자를 몰아내고, 노스도머를 가로지른 다음 풀이 무성한 길까지 내려왔다. 노스도머는 높고 개방된 곳에 자리를 잡고 있어서 그늘이 풍성한 뉴잉글랜드의 다른 마을들보다 그늘이 부족한 편이었다. 오리 연못 주변의 가지가 늘어진 버드나무와 해쳐드 씨네 집 문 앞의 노르웨이 가문비나무는 로열 변호사네 집과 반대편 끝 지점의 길가에만 그림자를 드리웠다. 교회 너머로 뻗은 길은 마을 묘지를 에워싼 까만 독미나리 담장까지 이어졌다.

　6월의 약한 바람이 길가를 이리저리 뛰놀고 있었다. 바람이 불어와 해쳐드 씨네 가문비나무 끝자락을 흔들더니, 나무 밑을 막 지나던 젊은 남자의 밀짚모자를 와락 붙잡아 도로를 가로지른 다음 오리 연못 속으로 던져 버렸다.

젊은 남자는 잃어버린 모자를 잡으려고 마구 달렸다. 로열 변호사네 문간에 서 있던 아가씨는 그 남자가 이 마을 사람이 아니라는 것을 알아차렸다. 도시 사람처럼 차려입은 남자는 그런 사소한 불운 따위는 신경 쓰지 않으며 웃어넘기는 젊은이처럼 이를 온통 드러내며 웃었다.

그녀의 심장이 살짝 오그라들었다. 그녀는 휴가를 맞이한 것처럼 즐거워하는 사람들을 볼 때면, 괜히 집으로 돌아가 뻔히 주머니 속에 집어넣은 걸 알면서도 열쇠를 찾는 척할 때 찾아오는 그런 마음이 되었다. 복도에 걸린 금박 독수리가 달린 초록빛의 좁다란 거울이 눈에 들어왔다. 그녀는 본인의 모습을 냉정하게 바라보며 자기 눈이 나이 든 해쳐드 씨와 이곳에서 일주일을 보내려고 스프링필드에서 이따금 찾아오는 애너벨 발치처럼 파란 눈이기를 천 번째 바랐다. 그녀는 작고 까무잡잡한 얼굴에 햇빛에 바랜 모자를 쓰며 다시 햇살 쪽으로 나왔다.

"정말 죄다 지긋지긋한 것들뿐이야!" 그녀가 중얼거렸다.

모자를 잃어버린 그 젊은이는 해쳐드 씨 댁의 문을 지나치고 있었다. 거리에는 그녀만 있었다. 노스도머는 늘 한산했다. 6월의 오후 3시, 그나마 몇 안 되는 건강한 남자들은 밭이나 숲으로 가고, 여자들은 집 안에서 따분한 집안일을 하고 있을 때였다.

손가락에 건 열쇠를 흔들며 길을 걷던 그녀는 익숙한 장소에 나타난 낯선 사람 때문에 더 주변에 관심을 보이며 걸었다. 다른 세상에서 온 사람들에게 노스도머는 어떻게 보일까? 그녀는 이런 생각이 들었다. 그녀는 다섯 살 때부터 이곳에서 살았기에 오랫동안 이곳이 아주 중요한 곳인 줄 알았다. 그런데 짐마차로 인해 길이 울퉁불퉁하지만 않으면 예배를 드리기 위해 2주에 한 번씩 노스도머로 마차를 몰고 찾아오는, 헵번에 새로 부임한 성직자가 있었다. 선교에 열성을 지닌 이 목사는 약 1년 전에 슬라이드를 곁들인 성지 순례 강연을 들려주려고 10여 명의 청년들을 데리고 네틀턴에 간 적이 있었다. 노스도머의 미래를 대표하는 10여 명의 청년들은 목장의 마차를 타고 언덕 몇 개를 넘은 다음 헵번으로 가서 완행열차를 타고 네틀턴으로 향했다.

정말 엄청난 하루였다. 채러티 로열은 생전 처음으로 기차 여행을 경험했다. 통유리로 된 상점을 들여다보고, 코코넛 파이를 맛보고, 극장에 들어가고, 그림 앞에서 알아들을 수 없는 말로 그림을 설명하는 어떤 신사의 이야기를 경청했다. 그의 설명이 그림을 이해하는 데 방해가 되지 않았더라면 관람을 즐겼을 것이다. 이런 첫 경험으로 인해 그녀는 노스도머가 작은 곳이라는 사실을 알게 되었다. 그녀는 마을 도서관 사서라는 자리에 있었음에도 예전에 경험해 보지 못한 정보에 대한 갈망이 일어났다. 그녀는 한두 달 동안 일관성은 없지만 정말 열렬히 '해처드 기념 도서관'의 먼지 낀 책에 푹 빠져 지냈다. 하지만 결국 네틀턴에 대한 인상이 점점 희미해지자 독서를 계속하는 것보다는 노스도머를 세상의 중심으로 여기는 편이 훨씬 쉽다는 것을 깨달았다.

그런데 낯선 젊은이를 보자 네틀턴에 대한 기억이 한층 더 생생해지더니 노스도머는 실제 크기로 줄어들었다. 그녀는 마을 한쪽 끄트머리에 있는 로열 변호사의 퇴색한 붉은 집부터 다른 쪽 끝에 있는 하얀 교회까지를 위아래로 훑어보며 마을의 크기를 가차 없이 가늠했다. 언덕 위에 세워진 햇빛에 풍화된 마을이 눈에 들어왔다. 철도와 전차와 전선처럼 현대 사회에서 삶과 삶을 연결하는 모든 동력으로부터 동떨어진 사람들만 눈에 들어왔다. 상점은커녕 극장이나 강연장도 없고 '상점가'도 없었다. 그나마 있는 거라곤 도로 사정이 허락될 때만 격주로 열리는 교회와 20년 동안 새 책을 한 권도 구매하지 않고, 있는 책조차 오래되고 낡은 채로 축축한 선반 위에서 서서히 썩어 가고 있어 아무도 건드리지 않는 도서관이 전부였다.

그런데 채러티 로열은 노스도머로 보내진 운명을 특권으로 여겨야 한다는 말을 늘상 듣고 살았다. 그녀도 자신의 출생지에 비하면 노스도머가 가장 세련된 문명사회를 대변한다는 것을 알고 있었다. 마을 사람들은 어린 시절에 이곳으로 보내진 그녀에게 이렇게 얘기했다. 심지어 노령의 해쳐드 씨도 힘겨웠던 순간에 그런 이야기를 했다. "애야, 그 산에서 너를 데려온 분이 로열 씨라는 사실을 절대 잊으면 안 된다."

그녀는 '그 산에서 데려온' 아이였다. 그곳은 '이글레인지'의 덜 가파른 경사지 위로 음침한 벽을 들어 올린 흉터투성이 절벽으로부터 뚝 떨어진 계곡에다 끊임없이 우울한 배경을 만들어 내던 산이었다. 그 산은 족히 15마일(약 24킬로미터)이나 떨어진 곳에 있었는데도 낮은 언덕들 위로 불쑥 솟아 있어서 마치 노스도머까지 그림자를 던질 것처럼 보였다. 그 산은 마치 구름을 끌어당기는 거대한 자석처럼 계곡 너머로 폭풍 속 구름을 흩어 버렸다. 가장 맑은 한여름에도 수증기 한 자락이 노스도머 위로 뻗어 나올 때가 있었다. 수증기는 소용돌이 위를 떠도는 배처럼 그 산 위를 맴돌다가, 바위 사이에 걸려서 찢겨 올라간 다음 크기를 키워서 비와 어둠 속에서 이 마을을 휩쓸고 돌아갔다.

채러티는 그 산이 명확하게 생각나지는 않았지만 나쁜 곳이라고 알고 있었다. 그래서 그곳 출신이라는 사실이 부끄러웠다. 해쳐드 씨가 일전에 상기시킨 것처럼 노스도머에서 무슨 일을 겪든, 자신은 그곳에서 이곳으로 왔고, 입을 다물고 살아야 하며, 감사해야 한다는 사실을 명심해야 했다. 그녀는 이런 것들을 생각하며 그 산을 올려다보고, 평상시처럼 감사하려고 노력했다. 하지만 해쳐드 씨네 집 문 안으로 들어서는 젊은 남자를 보자 네틀턴의 번쩍이는 거리가 생각나더니 찬란한 네틀턴보다 훨씬 더 찬란한 머나먼 곳을 향해 파란 두 눈이 휘둥그레 떠졌다. 그러자 햇빛에 바랜 낡아 빠진 모자가 창피해지고 노스도머가 지긋지긋해지고, 스프링필드에서 온 애너벨 발치에게 질투심이 일어났다.

"정말 죄다 지긋지긋한 것들뿐이야!" 그녀는 다시 한번 같은 말을 했다.

거리를 반쯤 걸어가던 그녀가 경첩이 약해진 문 앞에 섰다. 그녀는 경첩 문을 지나친 다음 벽돌 길을 지나. 사원처럼 생긴 기묘하고 자그마한 벽돌 건물로 향했다. 그곳은 '호노리우스 해쳐드 기념 도서관, 1932년The Honorius Hatchard Memorial Library, 1832.'이라는 빛바랜 황금색 글귀가 새겨진 박공을 받친 하얀 기둥 몇 개가 떠받치고 있는 건물이었다.

호노리우스 해쳐드는 나이 든 해쳐드 씨의 종조부였다. 물론 그녀는 그 글귀를 뒤집어서 자신이 그의 조카딸이라는 사실만 분명히 드러낸 것이었다.

호노리우스 해쳐드는 19세기 초반에 약간의 명성을 즐기며 살았던 인물로, 드물게 찾아오는 방문객들은 도서관 내부에 있는 대리석 명판을 통해 그에게 문학적 재능이 엄청났으며, 그가 워싱턴 어빙Washington Irving*과 피츠그린 홀렉Fitz-Greene Halleck**과의 교제를 즐겼고, 이탈리아에서 열병에 걸려 꽃다운 나이에 요절했다는 것을 알 수 있었다. 그는 노스도머와 문학과의 유일한 연결 고리로, 기념관을 세울 만큼 경건하게 추모하는 존재였다. 채러티 로열은 매주 화요일과 목요일 오후마다 고인의 얼룩진 동판화가 걸린 벽 앞의 책상에 앉으며, 무덤 속에 누운 그가 도서관에 있는 자신보다 죽음을 더 느낄지 궁금했다.

그녀는 무기력한 발걸음으로 감옥 같은 건물 안으로 들어가더니 모자를 벗어 미네르바의 석고 흉상에 걸었다. 그리고 덧문을 연 다음 창문 한쪽에 놓인 제비 둥지 속에 알이 있는지 확인하려고 몸을 기울였다. 그녀는 결국 책상에 앉으며 면 레이스 한 뭉치와 코바늘 하나를 꺼냈다.

그녀는 일솜씨가 뛰어난 편이 아니라서 《등불 켜는 사람 Lamplighter》의 다 떨어진 뒤표지에 돌돌 감아 놓은 실로 반 야드 (약 46센티미터)짜리 좁은 레이스를 만드는 데도 몇 주가 걸렸다. 하지만 그녀에게는 여름 블라우스를 장식할 방법이 달리 없었다. 더

* 미국의 소설가(1783~1859).
** 미국의 시인(1790~1867).

구나 마을에서 가장 가난한 아가씨인 앨리 호스가 어깨가 비치는 레이스를 걸치고 교회에 나타난 후로 채러티의 코바늘은 더 빨리 졌다. 그녀는 실뭉치를 풀어낸 다음 코바늘로 고리를 뜨더니 눈살을 찌푸린 채 작업에 몰두했다.

그때 갑자기 도서관 문이 열렸다. 그녀는 두 눈을 치켜들기도 전에 아까 해쳐드 씨네로 들어갔던 젊은 남자가 도서관에 들어왔다는 것을 알았다. 그는 그녀에게 전혀 신경을 쓰지 않았다. 뒷짐을 진 채로 지하 납골당 같은 기다란 도서관을 느릿느릿 걸어다니며 나쁜 눈(근시안)으로 낡아 빠진 표지들을 위아래로 유심히 바라보았다. 마침내 그가 책상 앞으로 다가오더니 그녀 앞에 섰다.

"색인 카드 있나요?" 그가 갑작스럽지만 기분 좋은 목소리로 물었다. 남자의 엉뚱한 질문에 그녀는 하던 일을 멈추었다.

"뭐라고요?"

"음, 그러니까…." 그가 말을 멈추자 그녀는 그가 처음으로 자신을 보고 있으며 눈이 나빠서 자신을 도서관 가구의 일부처럼 관찰했다는 사실을 알게 되었다.

그녀를 발견하는 바람에 그가 말머리를 잃어버렸다는 사실을 알았으나, 그녀의 관심이 사라지지는 않았다. 그녀가 눈을 내리깔며 미소를 짓자 그도 미소를 지었다.

"아니, 모르실 거예요." 그가 말을 바꿨다. "사실 좀 안타까운 일이네요."

그녀는 그의 말투에서 살짝 거만함을 감지한 것 같아서 날카롭게 물었다.

"왜죠?"

"이렇게 작은 도서관은 사서의 도움을 받아 혼자 찾아보는 게 훨씬 좋으니까요."

그가 꽤 정중하게 마지막 말을 덧붙이자 마음이 누그러진 그녀가 한숨을 내쉬며 이렇게 대답했다. "도움을 드릴 수 없을 것 같네요."

"왜 그렇죠?" 그가 물었다. 그녀는 책이 많지도 않지만 읽어 본 책이 거의 없다고 대답했다. "벌레들이 책을 좀먹고 있어요." 그녀는 우울하게 덧붙였다.

"벌레요? 참 안타깝네요. 저쪽에서 좋은 책들을 봤거든요." 그는 그녀와의 대화에 관심을 잃은 것처럼 보였다. 다시 자리를 피해 어슬렁거리는 모습이 그녀를 완전히 잊은 것 같았다.

그의 무관심에 짜증이 난 그녀는 뜨개질감을 집어 들며 그에게 어떤 도움도 주지 않겠다고 다짐했다. 그가 그녀를 등진 채 멀리 떨어진 선반에서 한동안 거미줄이 쳐진 커다란 책을 한 권씩 들었다 놨다 하는 것을 보니 도움이 필요한 것 같지는 않았다.

"오, 이런!" 그가 소리쳤다. 그녀가 고개를 들자, 그가 손수건을 꺼내 손에 든 책의 모서리를 조심스럽게 닦는 모습이 눈에 들어왔다. 그런 행동이 책을 관리하는 자신에 대한 부당한 비난으로 여겨져서 그녀는 짜증스럽게 말했다. "책이 더러워도 제 잘못은 아니에요."

그는 다시 관심을 보이며 몸을 돌려 그녀를 바라봤다. "아, 그럼 사서가 아니시군요?"

"물론 사서 맞아요. 하지만 이 책의 먼지를 모두 털어 낼 수는 없잖아요. 게다가 여기 책은 읽으러 오는 사람도 없고요. 지금은 해쳐드 씨도 다리가 너무 불편해서 도서관을 찾지 않으신답니다."

"네, 그런 것 같네요." 그는 손수건으로 닦고 있던 책을 내려놓더니 가만히 서서 그녀를 바라보았다. 그녀는 도서관이 어떻게 관리되는지 염탐하려고 해쳐드 씨가 이 사람을 보낸 것은 아닌지 의심이 갔다. 그런 의심 때문에 그녀는 더 화가 났다. "방금 그쪽이 그분 댁으로 들어가는 걸 봤어요, 맞지요?" 그녀는 이름을 제대로 밝히지 않는 뉴잉글랜드식 화법으로 물었다. 그녀는 그가 왜 이곳 책에 관해 관심을 갖는지 그 이유를 알아야겠다고 다짐했다.

"해쳐드 씨 댁이라고요? 맞아요, 그분은 제 사촌이고 전 그곳에 머물고 있으니까요." 젊은 남자가 대답하더니 그녀의 눈에 보이는 불신을 잠재우려는 듯 이렇게 덧붙였다. "제 이름은 하니, 루시우스 하니입니다. 그분이 저에 관해 말씀하셨을 텐데요."

"아니요, 그런 적 없어요." 채러티는 이렇게 대답했지만 속으로는 이렇게 말하고 싶었다. "네, 말씀하셨지요."

"아, 그럼…." 해쳐드 씨의 사촌이 웃음을 터트리더니 잠시 말을 멈추었고, 채러티는 자신의 대답이 대화로 이어지지 않는다는 생각이 들었다. 그 순간 그가 이야기를 꺼냈다. "아가씨는 건축을 중시하지 않는 것 같네요."

그녀는 정말 당혹스러웠다. 그의 말을 이해하는 기색을 보일수록 그의 이야기는 더 알아들을 수가 없었다. 그 남자를 보니 네틀턴에서 그림을 '설명하던' 그 신사가 생각나면서 무지의 무게가 마치 먹구름처럼 그녀를 덮었다.

"그러니까 제 말은, 이 도서관에는 이 지역의 오래된 집에 관한 책이 전혀 없다는 말입니다. 이 지역은 탐사가 거의 되지 않은 것 같아요. 플리머스Plymouth와 세일럼Salem*에 대한 탐사밖에 없어요. 참 어이없는 일이지요. 우리 사촌이 사는 집도 대단한 곳이에요. 이곳에는 분명 과거가 있어요. 한때는 장소 그 이상의 의미가 있었을 거예요." 그는 자기가 한 말을 듣고는 수다를 떨었다는 걱정에 수줍음으로 얼굴을 붉히며 말을 멈추었다.

"전 건축가예요. 이 지역의 오래된 집을 조사하고 있어요."

그녀가 빤히 쳐다보며 물었다. "오래된 집이라고요? 노스도머는 뭐든 오래됐어요. 여기 사람들도 그렇고요."

그는 웃음을 터트리며 다시 다른 쪽으로 갔다.

"그런 곳에 관한 책이 있지 않나요? 1840년경에 이곳의 첫 번째 정착에 관해 쓴 책이나 안내 책자가 있을 것 같은데요." 이제 그는 도서관 맨 끝에서 말을 걸었다.

그녀는 코바늘로 입술을 누르며 곰곰이 생각했다. 수고스러운 일이었다. 그녀는 《노스도머와 이글카운티의 초기 읍North Dormer and the Early Townships of Eagle County》을 알고 있었다. 하지만 그 책에는 특별히 유감이 있었다. 책이 헐겁고 힘도 없어서 다른 책들 사이에다 짱짱하게 끼워 둬도 선반에 꽂아 두면 쑥 떨어지거나, 뒤로 미끄러지거나, 사라지기 일쑤였다. 지난번에는 그 책을 집어 들면서, 도대체 누가 수고스럽게 노스도머와 그 근방의 도머, 햄블린, 크레스턴, 크레스턴강에 관한 책을 썼는지 궁금해하던 기억이 났다. 그녀는 그곳에 대해 알고 있었다. 황량한 산등성이가 굴곡

* 미국의 도시 이름.

진 곳에 유실된 집들이 몰려 있는 곳에 불과했다. 도머는 노스도머 사람들이 사과를 따러 가는 곳이며, 크레스턴강은 잿빛 벽이 강물에 썩어 가던 종이 공장이 있던 곳이며, 햄블린은 늘 첫눈이 내리던 곳으로 기억되었다. 이런 것들로 유명한 지역이었다.

그녀는 자리에서 일어나 선반 앞에서 어정쩡하게 움직이기 시작했다. 그 책을 마지막에 어디다 뒀는지 전혀 생각나지 않았다. 평소처럼 책이 장난을 쳐서 보이지 않을 뿐이라는 생각이 들었다. 일진이 나빴다. "어딘가 있을 거야." 그녀는 열의를 증명하려고 혼잣말을 했지만 확신이 없었다. 자신의 말이 아무런 의미도 전달하지 못하는 것 같았다.

"그럼," 그가 다시 말을 꺼냈다. 그녀는 그가 떠나려고 한다는 것을 알았기에 어느 때보다 더 그 책을 찾고 싶었다.

"그 책은 다음에 찾지요." 그는 좀 전에 책상 위에 두었던 책을 집어 들더니 그녀에게 건네며 덧붙였다.

"그건 그렇고, 공기와 햇빛이 더 잘 들면 좋겠네요. 꽤 귀중하거든요."

그는 고개를 끄덕이며 미소 짓더니 자리를 떠났다.

2

해쳐드 기념 도서관 사서의 근무 시간은 오후 3시부터 5시까지이다. 채러티 로열은 의무감 때문에 거의 4시 반이 다 될 때까지는 자리를 지켰다.

하지만 그렇게 한다고 해서 노스도머나 자신에게 뭔가 실질적인 이득이 있다고는 생각하지 않았다. 그래서 자신의 상황에 맞춰 한 시간 일찍 도서관 문을 닫을 때도 아무런 거리낌이 없었다. 하니 씨가 떠나고 몇 분 정도가 지나자 그녀는 이런 결정을 내렸다. 뜨개질감을 치우고 덧문을 잠근 다음 지식의 사원에 자물쇠를 채웠다.

그녀가 나타난 거리는 여전히 텅 비어 있었다. 그녀는 거리를 위아래로 흘깃 쳐다본 후 집을 향해 걸어갔다. 하지만 집으로 들어가는 대신 들판 길로 들어서서 언덕 위 목초지로 올라갔다. 그녀가 빗장을 내린 다음 무너져 내리는 목초지의 벽을 따라 난 오솔길을 쭉 걸어가자 바람에 연한 잎이 흔들리는 낙엽송 숲이 있는 둔덕이 나타났다. 그녀는 그 둔덕에 눕더니 모자를 벗어 버리고 풀밭에 얼굴을 파묻었다.

그녀는 모르는 것도 많은 데다가 감각도 둔한 편이었는데, 그런 사실도 어설프게 알고 있었다. 하지만 몸속의 피가 빛과 공기, 향기와 색깔에는 예민하게 반응을 보였다. 그녀는 손바닥으로 만져지는 메마른 들풀의 거친 감촉, 얼굴을 비벼 대는 백리향의 냄새와 머리카락과 블라우스 속을 간질이는 바람과 바람에 따라 흔들리는 낙엽송의 삐걱대는 소리가 무척이나 좋았다.

그녀는 자주 이 언덕에 올랐다. 바람을 느끼고 풀에 뺨을 비비는 단순한 기쁨을 느끼려고 홀로 언덕에 누워 있었다. 그럴 때는 아무 생각도 하지 않고 그저 말로 표현할 수 없는 행복감에 푹 빠져 있었다. 오늘은 도서관을 빠져나왔다는 기쁨 때문에 행복감이 훨씬 컸다. 도서관에서 일할 때 친구가 찾아와 이야기를 나누는 것은 좋아했지만 책은 성가시기만 했다. 책을 찾는 사람도 거의 없는데, 책이 어디에 있는지 어떻게 기억할 수 있을까? 가끔 오마 프라이가 찾아와 소설책을 집어 들었고, 오마의 오빠 벤이 자기가 '조리'*라고 부르는 책과 무역과 회계에 관한 책을 좋아해 찾아올 뿐이었다. 어쩌다 《톰 아저씨의 오두막Uncle Tom's Cabin》이나 《밤송이의 개화Opening of a Chestnut Burr》, 롱펠로Longfellow의 시집을 찾는 사람을 빼면 도서관을 찾는 사람은 거의 없었다.

그녀는 이런 책들은 손이 닿는 곳에 두고 다녔기에 어둠 속에서도 쉽게 찾을 수 있었다. 하지만 오늘 같은 예상치 못한 요구는

* 지리(geography)를 잘못 발음한 것이다.

극히 드물어서 부당한 대우를 받은 것처럼 짜증이 치밀었다.

그녀는 그 젊은 남자의 외모와 근시안이 마음에 들었다. 또 여자의 손톱처럼 손톱만 매끈하지, 힘줄이 툭 튀어나오고 햇볕에 그을린 그의 손처럼, 부드럽지만 불쑥 이야기를 꺼내는 특이한 말투도 마음에 들었다. 남자는 머리카락도 햇볕에 그을린 것처럼 보였다. 아니 서리 맞은 고사리 색깔과 비슷했다. 근시안의 매력을 담은 두 눈은 잿빛이었고, 수줍은 미소에 자신감이 있었다. 마치 그녀는 꿈꿔 본 적도 없는 많은 것을 알고 있지만, 자신의 우월함을 그녀가 느끼지 않게 배려하는 것 같았다.

하지만 그녀는 그 점을 느꼈고, 그런 느낌이 좋았다. 그녀에게는 새로운 경험이었다. 비록 자신은 가난하고 무지하며, '그 산' 출신이라는 것이 최악의 수치인 노스도머에서도 가장 하찮은 존재라는 것을 알고 있지만, 좁은 세상에서 그녀는 늘 지배자였다. 물론 로열 변호사가 '노스도머에서 가장 중요한 남자'라는 사실이 부분적인 이유였다. 사실 로열 변호사는 너무 중요한 사람이어서 외부인들은 그가 왜 그곳에 남아 있는지 늘 궁금해했다. 해쳐드 씨가 있는데도 로열 변호사는 노스도머를 지배했고, 채러티는 로열 변호사의 집을 지배했다. 그녀는 지배라는 말을 본인 입으로 말한 적은 없지만 본인의 힘을 알고 있었다. 어떻게 그런 힘이 생겼는지 알기에 그 힘을 혐오했다.

그런데 당황스럽게도 도서관에서 만난 젊은 남자로 인해 그녀는 남에게 기대는 것이 어떤 것인지 난생처음 느꼈다.

그녀는 자리에서 일어나더니 머리카락에 붙은 풀떼기를 털어 내고 마치 자신이 주인처럼 행세하는 집을 내려다봤다. 그녀가 서 있는 바로 그 자리 아래로 아무 관리도 되어 있지 않은 칙칙한 집이 보였다. 그 집의 색이 바랜 붉은 앞면에는 구스베리 덤불이 가장자리를 두른 좁은 길과 참으아리가 무성한 돌우물과 로열 씨가 그녀를 기쁘게 할 목적으로 헵번에서 가져와 부채꼴 모양의 지지대로 묶어 놓은 진홍빛 덩굴장미가 자리를 차지한 마당이 있었다. 그 마당으로 집과 도로가 구분되었다.

집 뒤로는 울퉁불퉁한 땅 위로 이리저리 널린 빨랫줄이 돌담 너머로 걸려 있었다. 돌담 너머로 옥수수와 감자 몇 줄이 심어진 텃밭 한 조각이 보였지만, 돌멩이와 고사리가 무성하게 자란 황무지 속으로 슬그머니 사라졌다.

채러티는 그 집을 처음 보았을 때가 기억나지 않았다. 그녀를 그 산에서 이리로 데려왔을 때 열병을 앓았다는 말을 들은 적이 있었다. 그녀는 로열 부인의 침대 발치에 있는 아기 침대에서 깨어나, 앞으로 자기 방이 될 차갑고 깔끔한 공간을 두 눈으로 확인했던 어느 날이 기억났다.

로열 부인은 그로부터 칠팔 년 후에 사망했다. 그때 채러티는 자신과 관련된 것들을 대부분 가늠했다. 로열 부인은 슬픔이 많고 자신감이 없고 연약한 사람이라는 것을 알고 있었다. 로열 변호사는 거칠고 폭력적이지만 훨씬 약한 존재라는 사실도 알고 있었다. 그녀가 마을 끝자락에 있는 하얀 교회에서 채러티라는 세례명을 받은 것은 로열 씨가 아무런 사심 없이 그녀를 '산에서 데려온' 것을 기념하고, 그녀의 마음속에 의존심을 계속 살려 두려는 의도였다는 것도 알고 있었다. 또한 로열 씨는 그녀의 후견인이고 모든 사람이 그녀를 채러티 로열이라고 부르지만, 법적으로 입양된 상태가 아니라는 사실도 알고 있었다. 그녀는 그가 변호사 실무를 시작했던 네틀턴에서 개업하는 대신 노스도머로 돌아온 이유를 알고 있었다.

로열 부인이 사망한 후에 그녀를 기숙학교에 보내자는 이야기가 나왔다. 로열 씨는 그 이야기를 제안한 해쳐드 씨와 오랫동안 상담한 후, 그녀가 추천한 학교를 방문하기 위해 스타크필드로 향했다. 다음 날 그는 파랗게 질린 얼굴로 돌아왔다. 채러티가 지금까지 본 중에 최악의 낯빛이었다. 이 당시 그녀는 어떤 일을 겪게 되었다.

그녀가 언제 떠날 수 있냐고 물었을 때 그는 짧게 대답했다. "넌 가지 않아." 그리고 그는 본인이 사무실이라고 부르는 방 안으로 들어가 버렸다. 다음 날 스타크필드의 학교를 관리하는 부인으로부터 '이런저런 사정으로' 다른 학생을 받을 여유가 없을 것 같다는 내용의 편지를 받았다.

그녀는 실망했지만 상황을 이해했다. 로열 씨가 그녀를 기숙학교에 보내지 못한 것은 스타크필드의 의도 때문이 아니라 그녀를 잃을 것 같다는 그의 생각 때문이었다. 그는 지독하게 '외로운' 남자였다. 그녀는 자신이 너무나 '외로운' 사람이기 때문에 그런 사실을 이해했다. 그와 그녀가 쓸쓸한 집에서 얼굴을 마주하고 있으면 슬픔의 깊이가 느껴졌다. 그녀는 비록 그에게 특별한 애정을 느끼지 못하고, 감사하는 마음도 전혀 없었지만, 그가 주변 사람들보다 우월한 사람이고, 그와 고독 사이에는 자신밖에 없다는 것을 알고 있었기에 그가 가여웠다. 그래서 네틀턴에 있는 학교를 언급하며 하루나 이틀 후에 친구를 통해 '필요한 서류를 준비'시키겠다는 해쳐드 씨의 제안을 받았을 때, 노스도머를 떠나지 않겠다고 이야기하며 그녀의 말을 바로 끊어 냈다.

해쳐드 씨는 다정하게 설득하려 했지만 소용이 없었다. 채러티는 같은 말만 반복했다. "로열 씨가 너무 외로울 것 같아요."

해쳐드 씨는 당황한 듯 안경 너머로 두 눈을 깜박였다. 길고 연약한 얼굴에 당황스러운 주름이 가득했다. 그녀는 마호가니 팔걸이의자에 두 팔을 얹으며 몸을 앞으로 기울였다. 꼭 해야 할 말을 하고 싶다는 의도가 명백해 보였다.

"참 기특한 아이구나."

해쳐드 씨는 창백한 응접실 벽에 걸린 은판 사진술로 찍은 조상들의 사진과 교훈적인 바느질 견본을 보며 조언을 구하려고 했지만 말을 더 어렵게 만들 뿐이었다.

"사실 이점만 있어서 그런 건 아니야. 다른 이유가 있어. 네가 너무 어려서 이해를 못 하겠지만…."

"아니요, 전 어리지 않아요." 채러티가 불쑥 얘기하자 해쳐드 씨의 얼굴이 붉어졌다. 하지만 그녀는 설명이 중단되어 오히려 마음이 살짝 놓였다. 그녀는 다시 은판 사진에 호소하며 이야기를 맺었다. "물론 나는 너를 위해 뭐든 해 줄 거야. 혹시… 무슨 일이 생기면… 언제든 나한테 올 수 있다는 건 알고 있지."

해쳐드 씨를 방문하고 돌아가는데 현관 앞에서 채러티를 기다리는 로열 변호사가 보였다. 면도를 하고, 솔질한 검은 코트를 입은 그는 대단히 중요한 남자처럼 보였다. 이런 순간에 그녀는 정말로 감탄하며 그를 바라봤다.

"음, 이야기는 마쳤니?" 그가 물었다.

"네, 잘 마쳤어요. 가지 않기로 했어요."

"네틀턴의 학교도 안 갈 거야?"

"아무 데도 안 갈래요."

그는 목을 가다듬으며 심각하게 물었다. "왜?"

"그냥 가지 않을래요." 그녀는 그를 지나쳐서 자기 방으로 들어갔다. 그가 헵번에서 그녀에게 진홍빛 덩굴장미와 부채꼴 모양의 버팀목을 사다 준 것은 바로 그다음 주였다. 전에는 그녀에게 아무것도 준 적이 없었다.

그녀의 인생에서 두 번째로 엄청난 사건은 2년 후에 일어났다. 그녀가 열일곱 살이 되던 해였다. 그는 네틀턴에 가는 것을 끔찍이 싫어했다. 하지만 소송 때문에 그리로 가야 했다. 그는 여전히 변호사로 일했지만 노스도머와 외곽마을에서는 소송이 줄었는데, 이번에 거절할 수 없는 기회가 생겼다.

그는 네틀턴에서 사흘을 보내고 소송에서 이긴 후 아주 기분 좋게 집으로 돌아왔다. 그로서는 드물게 느껴 보는 기분이었다. 저녁 식사 자리에서 옛 친구들이 보내 준 '열렬한 환영'을 아주 인상 깊게 얘기하며 그 기분을 드러냈다. 그는 조심스럽게 이야기를 마무리 지었다. "네틀턴을 떠난 건 바보 같은 선택이었어. 아내 때문에 그렇게 된 거지."

채러티는 무언가 쓸쓸한 일이 그에게 일어났고, 그가 속으로 그 기억을 삭히려 한다는 것을 바로 알아챘다. 그녀는 그가 식탁을 감싼 해진 테이블보에 팔꿈치를 괴고 그런 생각에 잠길 수 있도록 일찌감치 잠자리에 들었다. 침실로 가는 길에 그의 외투 주머니에서 위스키병을 보관하는 찬장 열쇠를 꺼냈다.

그녀는 문 두드리는 소리에 잠에서 깨어 침대에서 벌떡 일어났다. 낮고 위압적인 로열 씨의 목소리가 들리자 사고가 난 것은 아닌지 걱정하며 문을 열었다. 그녀는 아무 생각도 들지 않았다. 그러나 쏟아지는 가을 달빛을 받으며 심란해 보이는 얼굴로 문간에 서 있는 그를 보자 상황을 이해했다.

두 사람은 아무 말 없이 잠시 서로를 바라보았다. 그가 문턱으로 발을 들여놓으려는 순간 그녀가 팔을 뻗어 그를 막아 세웠다.

"어서 여기서 나가세요." 그녀는 자신도 놀랄 만큼 날카로운 목소리로 소리쳤다. "오늘 밤은 찬장 열쇠를 가져가시면 안 돼요."

"채러티, 들어가게 해 줘. 그 열쇠 때문에 온 게 아니야. 난 외로운 남자야." 가끔 그녀의 마음을 울리던 굵직한 목소리로 그가 이야기를 꺼냈다.

그녀는 심장이 철렁 내려앉았지만 모욕하듯 그를 계속 밀어냈다. "음, 그렇다면 오해를 하신 것 같네요. 여긴 더 이상 아저씨 아내의 방이 아니에요."

그녀는 그다지 놀라지 않았다. 그저 깊은 혐오감이 들었을 뿐이다. 그도 그녀의 얼굴을 보고 그런 감정을 느꼈는지, 잠시 그녀를 빤히 쳐다본 후 몸을 돌려 느릿느릿 문간에서 멀어졌다. 그녀가 열쇠 구멍에 귀를 대자 어두운 계단을 지나, 부엌으로 향하는 발걸음 소리가 들렸다. 그리고 찬장 문짝이 부서지는 소리가 났다. 잠시 후 현관문이 열리는 소리가 나더니 길을 따라 내려가는 로열 씨의 묵직한 발걸음 소리가 들렸다. 그녀가 창가로 살금살금 다가가자 달빛 속에서 도로를 성큼성큼 걸어가는 구부정한 그의 모습이 눈에 들어왔다. 그녀는 이겼다는 생각이 들었지만 뒤늦게 두려움이 찾아왔다. 그녀는 뼛속까지 차가워진 몸으로 침대 속으로 들어갔다.

그날로부터 하루이틀이 지난 후 20년 동안 해쳐드 도서관을 관리해 오던 가여운 유도라 스케프가 폐렴으로 갑자기 사망했다. 장례식 다음 날 채러티는 해쳐드 씨를 찾아가서 사서로 채용해 달라고 부탁했다. 해쳐드 씨는 채러티의 요청에 몹시 놀란 것 같았다. 그녀는 새로운 사서 후보자의 자격에 눈에 띄게 의구심을 보였다.

"참, 난 이유를 모르겠네. 얘, 넌 나이가 너무 어리지 않니?" 그녀가 주저하며 물었다.

"돈을 벌고 싶어요." 채러티는 단순하게 대답했다.

"로열 씨가 네가 원하는 것은 다 주지 않니? 노스도머에 그 사람보다 부자는 없어."

"여기를 벗어날 만큼 돈을 벌고 싶어요."

"벗어나고 싶다고?" 해쳐드 씨의 주름이 깊어졌다. 잠시 고민스러운 침묵이 흐른 후 그녀가 물었다. "로열 씨를 떠나고 싶은 거니?"

"네. 그게 아니라면 집에 저와 함께 지낼 여자가 있으면 좋겠어요." 채러티는 단호하게 대답했다.

해쳐드 씨는 두 손으로 의자 팔걸이를 초조하게 꽉 잡았다. 그녀의 두 눈이 벽에 걸린 희미한 얼굴 몇몇을 호소하듯 바라보았다. 그녀는 애매하게 헛기침을 한 후 이야기를 꺼냈다. "그, 집안일이 너무 힘에 부치는 거지, 그렇지?"

채러티의 마음이 차가워졌다. 그녀는 해쳐드 씨가 자신에게 전혀 도움을 줄 수 없고, 혼자서 이 어려움을 헤쳐 나가야 한다는 것을 알아차렸다. 깊은 고립감이 그녀를 덮쳤다. 자신이 무척 늙은 것 같았다. '저분한테는 아기처럼 얘기해야 해.' 그녀는 해쳐드 씨의 오랜 미성숙함에 연민을 느끼며 얘기했다. "맞아요, 바로 그거예요." 그녀는 큰 소리로 대답했다. "집안일이 너무 힘들어요. 이번 가을 내내 기침이 나왔어요."

채러티가 이렇게 대답하자 효과가 즉각 드러났다. 해쳐드 씨는 급하게 떠나 버린 가여운 유도라가 떠올라 얼굴이 창백하게 질렸다. 그녀는 자신이 할 수 있는 일을 하겠다고 약속했다. 그러나 목사와 노스도머의 행정위원과 스프링필드에 사는 먼 친척 등 의논해야 할 사람이 많았다. "네가 학교만 들어갔더라면!" 그녀는 한숨을 쉬며 말을 꺼냈다. 그러고는 문까지 갔다가 문지방에 서서는 채러티를 흘깃 바라보더니 얼버무리듯 덧붙였다. "로열 씨가 가끔 거칠다는 건 나도 알아. 그래도 그분 아내는 참고 살았지. 채러티, 그 산에서 널 데려온 분이 로열 씨라는 걸 늘 유념해야 해." 채러티는 집으로 가서 로열 씨의 '사무실' 문을 열었다.

그는 난로 옆에 앉아서 다니엘 웹스터Daniel Webster*의 연설문을 읽고 있었다. 그가 그녀의 문 앞에 찾아온 후 닷새가 지날 동안 두 사람은 식사 자리에서만 마주쳤다. 그리고 유도라의 장례식 때도 그녀가 그의 옆에서 걸어가기는 했지만 서로 말 한마디 나누지 않았다.

그녀가 들어서자 그는 깜짝 놀라며 눈을 들었다. 그는 면도도

* 미국의 정치가이자 웅변가.

하지 않은 데다가 몹시 늙어 보였다. 그렇지만 그녀는 그를 항상 늙은 남자로 생각했기에 그렇게 변한 외모 때문에 마음이 아프지는 않았다. 그녀는 그에게 어떤 목적을 갖고 해쳐드 씨를 보러 갔는지 얘기했다. 그는 몹시 놀랐지만 아무 말도 하지 않았다.

"그분한테는 집안일이 너무 힘들다고 얘기했어요. 사람을 고용하기 위해 돈을 벌고 싶다고요. 하지만 그 돈은 제가 내지 않을 거예요. 아저씨가 내야 해요. 저는 제 돈을 갖고 싶어요."

로열 씨는 덥수룩한 검은 눈썹을 한데 모으며 찌푸리더니 잉크 얼룩이 묻은 손톱으로 책상 끄트머리를 두드리며 앉아 있었다.

"돈은 왜 벌고 싶은 거냐?" 그가 물었다.

"제가 원할 때 떠날 수 있으니까요."

"왜 떠나고 싶은데?"

그녀는 경멸하는 마음이 번득였다. "누구든 어쩔 수 없이 노스도머에 사는 게 아닐까요? 아저씨도 그렇잖아요. 사람들이 그러던데요!"

그가 고개를 숙이며 물었다. "그럼 어디로 가고 싶은데?"

"밥벌이를 할 수 있다면 어디든지요. 먼저 여기서 시도해 볼래요. 여기서 안 되면 다른 곳으로 갈 거예요. 어쩔 수 없다면 그 산으로 가야겠죠." 그녀는 이 대목에서 잠시 말을 멈추고, 그 말이 발휘하는 효과를 알아차렸다. "아저씨가 해쳐드 씨와 행정위원이 저를 도서관에 채용할 수 있게 해 주세요. 그리고 이 집에 저와 함께 있을 여자가 필요해요." 그녀가 한 번 더 얘기했다.

로열 씨의 안색이 극도로 창백해졌다. 그녀가 말을 마치자 그가 느릿느릿 일어나더니 책상에 몸을 기댔다. 두 사람은 잠시 서로를 바라보았다.

"이봐," 말을 꺼내기가 힘든 듯 마침내 그가 이야기를 꺼냈다. "너한테 하고 싶은 말이 있어. 진즉에 이 말을 했어야 하는데, 난 네가 나와 결혼해 주면 좋겠어."

그녀는 미동도 없이 그를 빤히 쳐다보았다. "나와 결혼해 주렴." 그가 목을 가다듬으며 한 번 더 얘기했다.

"다음 주 일요일에 목사님이 이리로 오실 거야. 그때 일을 처리할 수 있어. 아니면 너를 헵번의 법원으로 데려가서 처리해도 돼. 네가 말하는 건 뭐든 해 줄게." 그녀가 무자비한 눈길로 그를 빤히 쳐다보자, 그가 시선을 떨어뜨렸다. 그리고 한쪽 발로 지탱하던 체중을 다른 쪽 발로 불편하게 옮겼다. 그가 그녀 앞에 거추장스럽고 추레하고 흐트러진 모습으로 서 있는 동안 책상을 누르고 있던 두 손의 보라색 혈관이 뒤틀리고, 웅변가처럼 얘기하던 기다란 턱은 자신의 고백 때문에 덜덜 떨리고 있었다. 그녀가 늘 알던 아버지 같은 늙은 남자를 우스꽝스럽게 흉내 내는 것 같았다.

"당신과 결혼하라고요? 당신과요?" 그녀는 조롱하듯 웃음을 터뜨렸다.

"지난밤에 그것 때문에 나를 찾아왔나요? 도대체 무슨 생각을 하는 거죠? 거울을 본 게 언제죠?" 그녀는 몸을 쭉 펴며 자신의 젊음과 힘을 당돌하게 의식했다. "가정부를 두는 것보다 나와 결혼하는 게 더 싸다고 생각하는 거죠? 아저씨가 이글카운티에서 가장 인색한 사람이라는 건 모두가 알고 있는 사실이에요. 하지만 아저씨는 두 번씩이나 그런 식으로 살림살이를 해결할 순 없을 거예요."

로열 씨는 그녀가 말하는 동안 꼼짝도 하지 않았다. 불꽃 튀는 그녀의 조롱 때문에 눈이 먼 것처럼 그의 낯빛은 잿빛이 되고 검은 눈썹은 부르르 떨렸다. 그녀가 말을 마치자 그가 손을 들었다.

"그만하거라. 그 정도면 됐다." 그는 이렇게 얘기하고 문으로 가더니 모자걸이에서 모자를 집어 들었다. 그는 문지방에 잠시 멈춰서서 말을 꺼냈다. "사람들은 나한테 공정하지 않았어, 처음부터 공정하지 않았다고."

그러고는 바로 자리를 떴다. 며칠 후 노스도머 사람들은 채러티가 한 달에 8달러를 받는 해쳐드 기념 도서관의 사서로 채용되었다는 것과 크레스턴 빈민구호소 출신의 나이 든 베레나 마쉬가 로열 변호사네 집에 살면서 요리를 담당할 거라는 소식을 듣고 몹시 놀랐다.

3

로열 씨가 붉은 집에 있는 '사무실'로 알려진 그 방에서 드물게라도 찾아오는 고객을 맞는 일은 거의 없었다. 그는 직업적인 위엄과 남자다운 독립심 때문에 집과는 다른 지붕 아래에 있는 진짜 사무실이 필요했다. 게다가 노스도머에 한 사람밖에 없는 변호사라는 지위 때문에 그가 머무는 사무실의 지붕도 시청과 우체국을 보호하는 지붕과 같은 것이어야만 했다.

그에게는 오전과 오후, 이렇게 하루에 두 번씩 사무실까지 걸어가는 습관이 있었다. 건물 1층에 자리 잡은 사무실에는 독립된 출입구와 낡은 명판이 걸려 있었다. 그는 의례적인 습관처럼 우편물을 찾으러 우체국에 들어가기 전에 건너편 통로에 한가롭게 앉아 있는 마을 서기와 한두 마디를 나눈 다음 맞은편 구석의 상점으로 갔다. 상점 주인인 캐릭 프라이가 늘 그의 자리를 맡아 놓는 상점은 밧줄과 가죽, 담배, 커피콩 냄새가 어우러진 곳이었다. 그곳에는 기다란 계산대에 기대어 앉은 행정위원 한두 명이 반드시 눈에 띄게 마련이었다. 로열 씨는 집에서는 거의 말이 없었지만 분위기가 달라지면 마을 사람들에게 자신의 의견을 서슴없이 얘기했다. 그는 드물게라도 찾아오는 고객이 칙칙한 사무실에 직원도 없이 빈둥거리며 앉아 있는 자신을 보고 놀라지 않기를 바랐는지도 모른다.

어쨌든 그가 사무실에서 머무는 시간은 채러티가 도서관에서 머무는 시간보다 길지 않았고, 일정하지도 않았다. 그는 남는 시간에는 상점에서 시간을 보내거나, 본인이 대변하는 보험 업무를 처리하기 위해 마차를 타고 해당 지역을 돌아보거나, 집에서 《밴크로프트의 미국 역사Bancroft's History of the United States》 혹은 다니엘 웹스터의 연설문을 읽으며 시간을 보냈다.

채러티가 그에게 유도라 스케프의 자리를 물려받고 싶다고 말한 이후로 두 사람의 관계는 정확히 정의할 수는 없지만 확실히 바뀌었다. 로열 변호사는 자신의 약속을 지켰다. 그는 그녀를 위해 상당한 계책을 발휘해서 그 자리를 얻어 냈다. 경쟁자들의 수와 그 경쟁자 중 일부였던 오마 프라이와 태가 집안의 맏딸이 근 1년 동안 그녀를 차갑게 대한 것으로 책략의 정도를 짐작할 수 있었다. 그리고 그는 크레스턴 출신의 베레나 마쉬를 고용해서 요리를 맡겼다. 베레나는 거동이 불편하고 주변머리도 없는 가여운 늙은 과부였다. 채러티는 그녀가 생계 때문에 온 것으로 짐작했다.

정말로 인색한 로열 씨는 몹시도 가난한 귀머거리를 거의 공짜로 고용할 수 있다면 일당으로 1달러를 지불하고 똑똑한 소녀를 채용할 사람이 아니었다. 어쨌든 베레나는 그 집으로 들어와서 채러티의 방 바로 위에 있는 다락방에서 머물렀다. 그녀가 귀머거리라는 사실 때문에 젊은 채러티가 크게 성가실 일은 없었다.

채러티는 그날 저녁에 일어났던 끔찍한 일이 다시 일어나지 않으리라는 것을 알고 있었다. 그날 이후로 그녀가 로열 씨를 몹시 경멸하는 것보다 그가 자기 자신을 훨씬 더 경멸한다는 것도 이해했다. 그녀가 집에 여자 한 명을 요청한 것은 본인을 지키려고 그런 것이 아니라 그를 모욕하기 위해서였다. 그녀는 자신을 지키기 위해 누구도 필요하지 않았다. 꺾여 버린 그의 자존심이 가장 안전한 보호 장치가 되어 주었다. 그는 변명하거나 사정을 봐달라는 말은 한마디도 하지 않았다. 마치 그런 일이 일어나지 않은 것처럼 굴었다.

하지만 그 사건의 파장은 그와 그녀가 나누는 모든 대화와 본능적으로 서로를 피하는 모든 눈길 속에 남아 있었다. 이제 붉은 집에서 그녀의 지배력을 뒤흔드는 것은 아무것도 없을 것이다.

해처드 씨의 사촌과 만났던 날 저녁, 침대에 누운 채러티는 헝클어진 머리로 맨팔을 벤 채 계속 그 사람을 생각했다. 그녀는 그가 당분간은 노스도머에서 지낼 거라고 짐작했다. 그가 인근에서 오래된 집을 찾고 있다고 얘기하지 않았던가. 비록 그의 목적이 무엇인지, 길거리마다 오래된 집들이 늘어서 있는데 왜 하필 그렇게 오래된 집을 찾는지, 그 이유를 명확하게 이해할 수는 없었지만 그 사람에게 도움이 될 만한 책이 필요하다는 것은 알 수 있었다. 그래서 오늘 찾지 못했던 그 책과 그 주제와 관련이 있는 다른 책을 다음 날 찾아보겠다고 결심했다.

삶과 문학에 대한 무지가 그 책을 찾지 못해 혼란스러웠던 그 짧은 상황을 되새길 만큼 이렇게 그녀를 짓누른 적은 없었다. "이런 곳에서 뭐든 되려고 노력하는 건 다 쓸데없는 짓이야." 그녀는 베개에 대고 중얼거렸다. 그리고 희미하게 떠오르는 대도시와 번쩍이는 네틀턴과 그곳에서 애너벨 발치보다 더 좋은 옷을 입은 여자들이 루시우스 하니와 비슷한 손을 가진 젊은 남자들과 건축에 관해 술술 얘기하는 장면을 생각하자 몸이 움츠러들었다. 그러자 그녀의 책상 앞으로 다가와 그녀를 처음 본 순간 갑자기 꼼짝도 하지 않던 그 남자의 모습이 떠올랐다.

남자는 그녀를 본 순간 할 말을 잃어버렸다. 그녀는 낯빛이 변하던 남자의 얼굴을 떠올리고는 자리에서 벌떡 일어나 맨바닥을 넘어서 세면대로 뛰어갔다. 그리고 성냥을 찾아서 촛불을 켠 다음 하얀 벽에 걸린 네모난 거울에 대고 비추었다. 평소에는 음울해 보이던 파리한 작은 얼굴이 희미한 불빛 속에서 마치 장미꽃처럼 빛이 났다. 헝클어진 머리카락 아래 두 눈은 낮보다 더 깊고 커다랗게 보였다. 눈이 파랗기를 바란 것은 실수일지도 모른다. 표백하지 않은 누르스름한 잠옷에 달린 투박한 끈과 단추가 목 부근까지 채워진 모습이 드러났다. 그녀가 단추를 풀고 가냘픈 어깨를 드러내자, 목이 깊이 파인 새틴 드레스를 입은 신부가 되어 루시우스 하니와 함께 통로를 걸어가는 자신의 모습이 보였다.

두 사람이 교회를 나설 때쯤 그가 그녀에게 입을 맞출 것이다. 그녀는 촛불을 내려놓고 마치 입맞춤을 간직하려는 듯 두 손으로 얼굴을 감쌌다. 그 순간 로열 씨가 침실로 올라가는 발소리가 들렸다. 그러자 엄청난 혐오감이 그녀를 덮쳤다. 그때까지는 그를 경멸하는 수준이었지만 이제는 그에 대한 엄청난 증오심이 그녀의 마음에 가득했다. 그는 이제 끔찍한 노인네가 되어 버렸다.

다음 날, 로열 씨가 저녁 식사 자리로 돌아왔을 때, 두 사람은 평소처럼 아무 말도 없이 서로를 마주 보았다. 베레나가 귀머거리여서 거리낌 없이 비밀 이야기도 할 수 있었지만 두 사람은 그녀가 식사 자리에 있다는 것을 구실 삼아 아무 말도 하지 않았다. 그런데 식사가 끝난 후 로열 씨가 식탁에서 일어나더니 그릇을 치우는 나이 든 여인을 돕기 위해 자리에 남아 있던 채러티를 돌아보며 말했다.

"잠깐 얘기 좀 하고 싶은데⋯." 그녀는 무슨 얘기인지 궁금해하며 그를 따라 복도를 지나갔다.

그가 검은 말총으로 만든 안락의자에 앉자, 그녀는 무심하게 창가에 기대어 섰다. 그녀는 어서 도서관으로 가서 노스도머에 관한 책을 찾고 싶어 안달이 났다.

"이봐," 그가 이야기를 꺼냈다. "왜 도서관에 있어야 할 시간에 자리를 비우는 거야?"

그 질문 때문에 유쾌하게 딴생각에 빠져 있던 그녀는 기분이 상해 아무 말도 할 수 없었다. 그녀는 대답 없이 잠시 그를 뚫어지게 쳐다보았다.

"내가 없었다니 누가 그래요?"

"불평이 좀 있었던 것 같아. 해처드 씨가 오늘 아침에 알려 줬다."

끓어오르던 분노가 불길처럼 폭발했다. "알겠어요! 오마 프라이가 아니면 두꺼비처럼 생긴 태가네 여자애와 벤 프라이겠죠. 거의 틀림없어요. 그 남자하고 그 여자애가 서로 어울려 다니잖아요. 비열한 것들이 고자질을 하네요. 그 사람들이 나를 내쫓으려고 한다는 건 쭉 알고 있었어요. 마치 도서관에 찾아온 사람이라도 있는 것처럼 구네요!"

"어제는 다른 사람이 갔는데 네가 없었어."

"어저께요?" 그녀는 기분 좋은 기억이 떠올라서 웃음을 터트리며 물었다. "어제 내가 몇 시에 없었다는 건지 알고 싶네요."

"네 시경이지."

채러티는 말이 없었다. 그녀는 젊은 하니가 찾아왔던 꿈같은 기억에 푹 빠져 있어서 그가 도서관을 나서자마자 자신이 자리에서 벗어났다는 사실을 잊어버렸다.

"네 시에 누가 찾아왔는데요?"

"해처드 씨가 갔지."

"해처드 씨가요? 왜지요? 다리를 절뚝거리게 되면서부터는 도서관 근처에도 온 적이 없는데요. 그분은 오려고 해도 계단을 오를 수가 없잖아요?"

"이건 내 짐작이지만, 도움을 받았겠지. 어쨌든 어제 그분 집에 머무는 젊은 친구와 함께 갔어. 그 남자가 이른 오후에 거기서 너를 봤나 봐. 그 뒤 집으로 돌아가서 해처드 씨에게 도서관의 책 상태가 불량하니 수리가 필요하다고 얘기했지. 그분이 화가 나서 휠체어를 타고 곧장 찾아갔다더군. 그런데 거기 갔을 때 도서관 문이 닫혀 있었다는 거야. 그래서 나한테 사람을 보내서 그 이야기를 하고는 다른 불만거리도 얘기했지. 네가 도서관 일을 방치했다고 주장하면서 전문 사서를 구하겠다고 하더구나."

채러티는 그가 말하는 동안 꼼짝도 하지 않았다. 그녀는 창문틀에 머리를 기대고, 두 팔은 옆구리에 늘어뜨리고, 날카로운 손톱 끝이 손바닥을 찔렀지만 왜 아픈지도 모른 채 두 손을 꽉 움켜

쥐고 서 있었다.

그녀는 로열 씨가 전한 얘기 중에서 오직 이 구절만 마음속에 담아 두었다. "그 사람이 해처드 씨에게 책 상태가 나쁘다고 얘기했대." 채러티는 다른 비난을 어떻게 생각했을까? 악의든 진실이든, 그녀는 자신을 비방하는 사람들을 얕보듯이 그런 이야기도 하찮게 여겼다. 그런데 그녀 자신이 생각해도 정말 신비스럽게 끌렸던 그 낯선 사람이 그녀를 배신했다니! 그 남자를 아주 기분 좋게 생각하기 위해 언덕으로 달아났던 바로 그 순간, 그 남자는 그녀의 잘못을 맹렬히 비난하기 위해 집으로 달려간 것이 분명했다.

그녀는 캄캄한 방 안에서 그와 나누었던 상상 속의 키스를 더 잘 느끼려고 얼굴을 감싸던 기억이 떠올랐다. 그러자 예의를 차렸던 그에게 몹시 화가 났다.

"음, 가 봐야겠어요." 그녀가 갑자기 말을 꺼냈다. "당장 가야겠어요."

"어디로 가려고?" 로열 씨의 목소리에 놀라는 기색이 역력했다.

"낡아 빠진 그 도서관을 나올 거예요, 당장. 다시는 그곳에 발을 들여놓지 않을 거예요. 그 사람들이 내가 빈둥거린다고 생각하게 할 필요는 없잖아요. 그랬다가는 그 사람들이 나를 해고했다고 얘기하겠죠."

"채러티, 채러티 로열, 내 말 좀 들어 봐." 그는 의자에서 무거운 몸을 일으키며 말했다. 하지만 그녀는 그를 물리치며 방을 나섰다.

위층으로 올라간 그녀는 바늘꽂이 밑에 늘 숨겨 두었던 도서관 열쇠를 꺼냈다. 그녀가 조심스럽지 않다고 누가 말했을까? 그녀는 모자를 눌러쓰고 다시 계단을 내려간 다음 거리로 나왔다. 그녀가 나가는 소리를 로열 씨가 들었더라도 말리지는 않았을 것이다. 그는 자신이 갑자기 몹시 화를 내는 바람에 그녀를 설득하는 것이 무의미하다는 것을 깨닫고 말았다.

그녀는 신전 같은 벽돌 건물 앞에 도착했다. 문을 열고 몹시 춥고 어둑한 곳으로 들어갔다. "다른 사람들이 햇볕을 쬘 때 나는 혼자 이렇게 오래된 지하 납골당 안에 들어가 있었는데, 이제 다시는 그럴 일이 없으니, 기분이 참 좋네." 그녀가 큰 소리로 떠드는데, 익숙한 추위가 몸을 감쌌다. 그녀는 길게 늘어선 우중충한 책들과 검은 받침대 위에 놓인 양의 코를 한 미네르바, 자신의 책상 위로 솟은 엉성하게 생긴 온화한 얼굴의 청년 조각상을 지긋지긋한 눈으로 둘러보았다. 그녀는 책상 서랍에서 레이스 실과 도서관 등록부를 꺼낸 다음 곧장 해쳐드 씨에게 가서 그만두겠다고 선언할 작정이었다. 그런데 갑자기 엄청난 적막감이 몰려왔다. 그녀는 자리에 앉아서 얼굴을 책상에 파묻었다. 삶에서 가장 잔인한 것을 발견하고 마음이 너무 황폐해졌다. 황야에서 그녀에게로 다가왔던 첫 번째 생명체가 환희 대신 고통을 가져다주었다. 그녀는 울지 않았으나 눈물을 참기 힘들었다. 마음속 폭풍은 안으로 가라앉았다. 하지만 그녀는 아무 말 없이 비통하게 그 자리에 앉아서 자신의 인생이 너무나 황폐하고, 몹시 추레하고, 참을 수 없다고 느꼈다.

"내가 지금까지 도서관에서 무슨 짓을 했다고 이렇게 마음이 아픈 거지?" 그녀는 신음하며 눈물 때문에 붓기 시작한 눈꺼풀을 두 주먹으로 눌렀다.

"이렇게 추악한 모습으로 거기 가진 않을 거야, 그럴 수 없어!"

그녀는 이렇게 중얼거리며 자리에서 벌떡 일어나더니 머리카락이 숨을 막기라도 한 것처럼 뒤로 밀쳐 냈다. 그녀는 책상 서랍을 열어 등록부를 꺼낸 뒤 문 쪽으로 몸을 돌렸다. 그때 문이 열리더니 해처드 씨 집에서 머무는 젊은 남자가 휘파람을 불며 안으로 들어오고 있었다.

4

그는 바로 멈춰 서더니 수줍게 미소를 지으며 모자를 살짝 올렸다. "실례합니다. 아무도 없는 줄 알았습니다." 그가 말을 꺼냈다.

채러티는 그 앞에 서서 길을 막았다. "들어오시면 안 돼요. 도서관은 수요일에는 일반인에게 개방하지 않습니다."

"그건 알고 있습니다. 하지만 사촌이 제게 열쇠를 주었답니다."

"저도 그렇지만 해처드 씨도 다른 사람에게 그분 열쇠를 주실 권리가 없어요. 제가 사서여서 조례를 알고 있어요. 여기는 제가 관리하는 도서관입니다."

젊은 남자는 무척 놀란 것처럼 보였다.

"네, 저도 그건 알고 있습니다. 저 때문에 불편하셨다면 정말 죄송합니다."

"저에 관해 나쁜 이야기를 할 게 더 있나 보려고 오신 것 같군요. 하지만 그런 수고는 필요 없을 거예요. 오늘까지만 제 도서관이고, 내일 이 시간부터는 아니니까요. 지금 막 그분께 가서 도서관 열쇠와 등록부를 드릴 참이었어요."

젊은 하니의 얼굴이 점점 심각해졌다. 하지만 그녀가 찾는 죄책 감은 드러나지 않았다.

"이해가 안 되네요." 그가 말했다. "뭔가 착오가 있으신 것 같아요. 제가 왜 해쳐드 씨나 다른 사람에게 당신에 관해 나쁜 이야기를 하겠습니까?"

눈에 띄게 모호한 대답에 채러티는 더 화가 치밀었다. "그쪽이 왜 그러는진 저도 모르죠. 오마 프라이가 그런 짓을 했다면 이해가 돼요. 첫날부터 저를 여기서 내보내고 싶어 했으니까요. 걔는 자기 집도 있고, 자기 때문에 일하는 아버지도 있는데 왜 그러는 걸까요?. 아이더 태가도 마찬가지고요. 작년에 이복오빠한테 유산까지 물려받았는데 말이에요. 하지만 우리는 어쨌든 한 동네에 살고 있어요. 노스도머 같은 곳이라면 매일 똑같은 거리를 걷는다는 사실만으로도 서로를 미워하기엔 충분하죠. 하지만 그쪽은 여기 살지도 않고, 우리 중 어느 누구에 대해서도 잘 모르잖아요. 그런데 그쪽이 무슨 상관이죠? 다른 여자애들은 저보다 책을 더 잘 관리할 것 같나요? 흥, 오마 프라이는 책하고 다리미도 구분을 못한다고요! 교회 종이 다섯 시를 알릴 때까지 여기 계속 앉아 있지 않고, 아무것도 하지 않으면 뭐 어쩔 건데요? 도서관이 문을 열든 닫든 누가 신경이나 쓸까요? 책 때문에 여기 오는 사람이 있을 것 같나요? 사람들이 여기 오는 건 같이 어울리는 친구를 만나려고 오는 거예요, 내가 도서관으로 들여보내 준다면 말이죠. 하지만 전 언덕 너머에 사는 빌 솔라스가 태가네 막내딸을 여기서 기다리는 걸 용납하지 않아요. 전 그 사람을 알기 때문이죠. 그게 다예요, 책은 잘 몰라도요."

그녀는 목이 메어 말을 멈추었다. 분노의 여진이 온몸을 훑고 지나갔다. 그녀는 약한 모습을 보이지 않으려고 책상 모서리에 기대어 섰다.

그는 자신이 목격한 장면 때문에 몹시 놀라서인지 햇볕 아래 선 것처럼 얼굴이 점점 벌게졌다. 그는 더듬더듬 말을 꺼냈다. "그런데, 로열 양, 분명하게… 분명히 말씀드리는데…."

그가 괴로워하자 그녀는 더 화가 났다. 목소리를 되찾은 그녀는 다시 비난을 쏟아 냈다. "제가 그쪽이라면 본인이 한 말을 당당하게 인정했을 거예요."

그녀가 보낸 조롱 덕분에 그는 침착함을 회복한 것 같았다. "그게 뭔지 알 수 있다면 알고 싶네요. 그런데 도무지 알 수가 없군요. 분명 뭔가 언짢은 일이 일어났고, 그게 저 때문이라고 생각하시는군요. 하지만 그게 뭔지 모르겠어요. 저는 이른 아침부터 쭉 이글 릿지에 있었습니다."

"오늘 아침 그쪽이 어디 있었는지 전 몰라요. 하지만 어제 이 도서관에 있었던 건 알고 있죠. 그러니까 그 후에 집으로 가서 그쪽 사촌한테 책 상태가 나쁘다고 얘기하고 이리로 데려와서는, 제가 책을 얼마나 소홀히 관리했는지 보여 주셨다는 거죠?"

젊은 하니는 정말 걱정스러워 보였다. "그런 말을 들으셨군요. 화를 내시는 것도 당연하네요. 상태는 나쁜데 흥미로운 책들이 있어서 안타까웠죠. 그래서 해쳐드 씨에게 책이 눅눅한데 공기가 통하지 않아 그런 거라고 얘기했어요. 저는 그분을 이리로 데려와서 도서관을 얼마나 쉽게 환기시킬 수 있는지 보여 주려고 했답니다.

또 당신을 도와서 이곳을 청소하고 환기시킬 사람이 있어야 한다고도 했고요. 제가 한 말이 잘못 전달되었다면 죄송합니다. 하지만 저는 오래된 책을 참 좋아합니다. 이렇게 썩게 놔두느니 차라리 땔감으로 쓰는 게 나을 것 같았죠."

채러티는 흐느낌이 커지는 기분이 들자 말을 해서 흐느낌을 억누르려고 했다. "그쪽이 그분한테 무슨 말을 했는지는 상관없어요. 그분이 이 모든 게 제 잘못이라고 생각한다는 것만 알 뿐이에요. 저는 일자리를 잃을 거예요. 전 마을 사람 누구보다 이 일을 원하고 있어요. 다른 사람들처럼 저한테 가족이 있는 것도 아니거든요. 전 그냥 언젠가 여기를 벗어날 돈을 모으고 싶을 뿐이에요. 그게 아니면 제가 이렇게 오래된 지하 납골당에 뭐 하러 날마다 앉아 있겠어요?"

그녀의 호소를 듣던 청년은 마지막 질문에만 반응을 보였다. "오래된 납골당이죠. 하지만 꼭 그럴 필요가 있을까요? 그게 중요해요. 사촌에게 그런 질문을 던지는 바람에 이런 사달이 난 것 같군요." 그는 얼룩덜룩한 벽과 쭉 늘어선 색깔 바랜 책과 젊은 호노리우스의 초상화가 놓인 자단나무 책상을 훑어본 후 우중충하게 반그늘이 진 좁고 기다란 도서관을 쭉 훑어보았다.

"물론 이렇게 언덕에 바짝 붙여서 지은 데다가 우스꽝스러운 영묘*처럼 생긴 이런 건물이라면 무슨 일을 하든 어렵겠지요. 산에 구멍을 뚫지 않는 한 제대로 바람을 들어오게 할 수는 없어요. 하지만 환기는 어느 정도 가능해요. 햇볕도 들어오게 할 수 있죠.

---

* 선조를 기리는 사당 같은 역할을 하는 무덤.

원하신다면 어떻게 하는지 알려 드릴 수 있어요." 젊은 건축가는 도서관 개선에 열정을 보이느라 그녀의 불만을 알아차릴 겨를이 없었다. 그는 처마 돌림띠*를 향해 그녀에게 가르치듯이 나뭇가지를 들어 올렸다. 하지만 그녀는 침묵으로 도서관 환기 따위에는 전혀 관심이 없다는 것을 보여 주는 것 같았다. 그러자 그가 불쑥 그녀를 향해 돌아서며 두 손을 내밀었다. "저기, 진심으로 하신 말씀은 아니죠? 제가 진짜 아가씨에게 상처를 줄 일을 했다고, 그렇게 생각하는 건 아니죠?"

남자의 새로운 말투에 그녀는 마음이 풀렸다. 지금까지 이런 말투로 그녀에게 말을 건 사람은 아무도 없었다.

"아, 그때는 왜 그렇게 하신 거죠?" 그녀가 투덜거렸다. 그는 두 손으로 그녀의 손을 잡았다. 그녀는 그 전날 언덕에 올라갔을 때 상상했던 부드러운 촉감을 느끼고 있었다.

그는 그녀의 두 손을 부드럽게 누른 다음 놓아주었다. "당신을 위해 여기를 더 쾌적하게 만들고, 책도 더 좋게 하려고 그런 거죠. 우리 사촌이 제 말을 왜곡했다면 죄송합니다. 누님이 흥분을 잘하고 사소한 것에 연연하죠. 제가 그 점을 명심했어야 하는데. 누님이 아가씨를 오해하게 놔뒀다고 저를 책망하지는 마세요."

그가 해쳐드 씨를 마치 툴툴대는 아기처럼 말하자 그녀는 신이 났다. 그는 수줍은 모습을 보였지만 도시를 경험한 사람이 갖는 위력이 있었다. 로열 변호사가 사실 병약하기는 해도 네틀턴에서

---

* 처마 도리에 돌려 댄 띠. 벽면에서 내밀어 가로로 길게 둘러 장식 겸 차양 역할을 하며, 비 따위로부터 벽을 보호한다.

살았던 경험이 있었기에 노스도머에게 가장 강력한 사람이 될 수 있었다. 그래서 채러티는 이 젊은 남자가 네틀턴보다 더 큰 곳에서 살았을 거라고 확신했다.

그녀는 자신이 계속 비난조를 고수하면 그가 속으로 자신마저도 해쳐드 씨를 같은 부류라고 생각할 것 같았다. 그런 생각이 들자 그녀는 갑자기 단순해졌다.

"제가 해쳐드 씨를 어떻게 생각하든 그분은 상관없는 일이죠. 로열 씨 얘기로는 그분이 전문 사서를 고용할 거라고 했어요. 그래서 저는 그분이 저를 쫓아냈다고 마을 사람들이 떠들기 전에 그만둘 거예요."

"당연히 그러시겠죠. 그런데 아가씨를 내보낸다는 누님의 말은 진심이 아닐 거예요. 어쨌든 제가 먼저 알아보고 나서 알려 드릴 수 있도록 기회를 주실 수 있지 않나요? 제 짐작이 틀렸다고 해도 그만둘 시간은 충분할 거예요."

그녀는 그가 중재하겠다는 제안에 자존심이 상해서 뺨이 벌게졌다. "제가 맞지 않다면 누가 그분을 구슬리든 제 자리를 지키고 싶지는 않아요."

이제 그의 안색도 바뀌었다. "절대 그렇게 하지 않겠다고 약속 드릴게요. 그냥 내일까지만 기다려 주세요. 그래 주실 거죠?" 그는 수줍은 잿빛 눈으로 그녀의 눈을 똑바로 바라보며 덧붙였다. "전 믿어도 돼요, 믿어 주실 수 있죠?"

마음속의 오래된 비애가 녹아내리는 것 같았다. 그녀는 그의 시선을 피하며 어색하게 중얼거렸다. "음, 기다릴게요."

5

이글카운티에 이런 6월은 처음이었다.

대개 6월 한 달 동안은 뒤늦은 서리와 한여름의 더위가 종잡을 수 없게 번갈아 일어났다. 하지만 올해는 온화한 나날이 계속 이어졌다. 아침마다 언덕에서 산들바람이 꾸준히 불어왔다. 정오 무렵에는 커다란 지붕처럼 생긴 하얀 구름이 들판과 숲 위로 서늘한 그림자를 던졌다. 해가 지기 전에 하얀 구름은 다시 흩어졌고 서쪽으로 지던 석양빛이 계곡에 거칠 것 없는 밝은 햇살을 던졌다.

그런 날 오후, 채러티 로열은 햇살이 비치는 움푹 꺼진 땅 위로 솟은 산마루 위에 누워 있었다. 얼굴을 땅에 대자 따뜻한 풀밭의 기운이 그녀를 훑고 지나갔다.

하얀 꽃과 청록빛 잎사귀를 하늘을 향해 뻗친 블랙베리 가지 하나가 그녀의 눈앞에 바로 펼쳐졌다. 바로 그 너머로 방울방울 싹을 틔운 풀 사이로 피어난 향기로운 고사리 다발이 보이고, 자그마한 노란 나비 한 마리가 그렇게 펼쳐진 고사리 다발 너머를 한 조각 햇살처럼 날고 있었다. 그녀의 눈에 이 모든 것이 들어왔다. 그녀는 머리 위와 주변에서 산마루를 뒤덮은 무섭게 성장한 너도밤나무와 수많은 가문비나무 가지 위를 뒤덮은 연초록빛 솔방울, 숲 아래 돌투성이 산비탈 틈 사이로 보이는 향기로운 고사리 잎사귀 더미, 메도스위트와 목초지 너머의 노란 창포꽃들이 방울방울 싹을 틔우는 모습을 느낄 수 있었다. 보글보글 흘러내리는 수액과 미끄러지는 풀잎과 터져 나오는 꽃받침 같은 것들이 뒤섞인 향기가 그녀에게 모두 전해졌다. 소나무 수액의 얼얼한 향기가 백리향 향기와 고사리의 미세한 냄새를 압도하는 지금, 모든 잎사귀와 어린 싹과 풀잎이 이미 퍼져 있는 달콤한 향기를 내뿜는 데 일조하는 것 같았다. 이 모든 향기가 햇살을 가득 받은 거대한 동물의 숨결 같은 촉촉한 흙냄새와 합쳐져 있었다.

채러티는 산마루가 햇살에 달궈질 때까지 오랫동안 가만히 누워 있었다. 그녀의 두 눈과 춤추는 나비 사이로 벌건 진흙이 잔뜩 묻은 낡아 빠진 커다란 장화를 신은 어떤 남자의 발이 나타났다.

"어, 하지 마!" 그녀는 팔꿈치로 바닥을 짚고 몸을 일으키더니, 경고하듯 한 손을 쭉 내밀며 소리쳤다.

"뭘 하지 마?" 거친 목소리가 그녀의 머리 위로 들려왔다.

"저 검은딸기꽃을 밟지 말라고, 바보야!" 그녀가 무릎을 짚으며 쏘아붙였다. 남자의 발이 멈추더니 연약한 나뭇가지 위를 어설프게 밟았다. 그녀가 눈을 들자 머리 너머로 가느다란 턱수염이 달린 구부정한 남자의 햇볕에 그을린 당황스러운 얼굴이 드러났다. 남자의 누더기 같은 셔츠 사이로 허연 팔이 드러났다.

"네 눈엔 아무것도 안 보여, 리프 하얏트?" 그녀가 나무라자 그는 벌집을 건드린 사람의 표정을 지으며 그녀 앞에 섰다.

그가 씩 웃으며 대답했다. "너를 봤지! 그래서 이리로 내려온 거야."

"어디서 내려왔는데?" 그녀는 그 남자가 발로 흩뜨린 꽃잎을 주워 모으기 위해 몸을 구부리며 물었다.

그가 엄지로 높은 곳을 획 가리키며 대답했다. "댄 태가 대신 나무를 벴어."

채러티는 풀썩 주저앉더니 생각에 잠긴 듯 그를 바라봤다. 그가 비록 '그 산' 출신이고, 그를 보면 바로 도망치는 여자들도 있었지만, 그녀는 가여운 그를 조금도 두려워하지 않았다. 일부 사리에 밝은 사람들은 해롭지 않은 그를 그 산과 문명인 사이의 연결 고리 정도로 생각하고 있었다. 그는 일손이 부족할 때는 농부들 대신 나무를 하러 가끔 산에서 내려왔다. 그리고 그녀는 그 산 사람들이 결코 자신을 해치지 않으리라는 것을 알고 있었다. 채러티가 어린아이였던 어느 날 로열 변호사의 목장 끄트머리에서 그를 만났을 때 리프가 직접 그런 말을 했었다. "그 사람들은 네가 산으로 올라와도 너를 건드리지 않을 거야. 하지만 내 생각에 넌 올라오지 않을 것 같아." 그는 그녀가 신은 새 신발과 로열 부인이 머리에 매어 준 붉은 리본을 바라보며 달관한 듯 이렇게 덧붙였다.

채러티는 사실 출생지를 방문할 마음이 전혀 없었다. 그 산에서 태어났다는 사실을 알리고 싶지도 않았고, 리프 하얏트와 얘기하는 모습을 다른 사람들에게 보이는 것도 부끄러웠다. 하지만 오늘은 리프가 나타나도 언짢지 않았다. 젊은 루시우스 하니가 해처드 기념 도서관의 문으로 들어온 후부터 그녀에게 엄청난 일들이 여러 번 일어났다. 그녀는 뜻밖에도 리프 하얏트와 좋은 관계를 유지하는 게 편리하다는 사실을 갑자기 깨달았다. 그녀는 풍파에 시달린 주근깨투성이 얼굴을 기이한 듯 계속 바라보았다. 열이라도 나는지 광대뼈 아래는 푹 꺼지고 해롭지 않은 동물을 연상시키는 연노란색 두 눈이 눈에 띄는 얼굴이었다. '이 사람이 나와 피가 섞인 사이일까?' 그녀는 거부감이 들면서 몸서리가 쳐졌다.

"포큐파인 아래 늪지대 옆 갈색 집에 사람들이 살고 있어?" 그녀가 무심한 말투로 물었다.

리프 하얏트는 깜짝 놀라며 잠시 그녀를 자세히 바라보더니 머리를 긁적이며 체중을 밑창이 너덜너덜한 다른 쪽 발에 실었다.

"갈색 집에는 늘 같은 사람들이 살고 있지." 그는 애매하게 씩 웃으며 대답했다.

"그 사람들 너랑 같은 데서 왔지, 그렇지?"

"그 사람들이랑 나는 성이 같아." 그는 머뭇거리며 대답했다.

채러티는 여전히 결연한 눈으로 그를 바라보며 얘기했다. "이봐, 우리 집에 머무는 신사 한 분을 데리고 언젠가 그곳에 가 보고 싶어. 그분이 요새 이 지역을 스케치하고 있거든."

그녀는 이 말에 대해 설명을 덧붙이지 않았다. 리프 하얏트의 한계를 많이 넘어서는 말이어서 그럴 가치가 없었다. "그분은 갈색 집을 보고 나서 근처를 다 둘러보고 싶어 해." 그녀는 계속 말했다.

어리둥절한 리프는 손가락으로 부스스한 담황색 머리카락을 계속 훑으며 물었다. "도시에서 온 사람이야?"

"맞아. 그 사람은 그림을 그려. 지금은 저 아래 보너네 집을 그리고 있지." 그녀는 숲 아래쪽 목초지의 경사면 위로 살짝 보이는 굴뚝을 가리키며 대답했다.

"보너네 집?" 리프는 믿을 수 없다는 듯 그녀의 말을 따라 했다.

"그래, 넌 이해할 수 없을 거야. 그리고 상관도 없는 일이고. 내 말은 그러니까, 그분이 하루나 이틀 후에 하얏트의 집에 갈 거라는 얘기야."

리프는 점점 더 어리둥절해 보였다. "배시는 오후에 가끔 험악해져."

그녀는 머리를 뒤로 젖혀서 하얏트를 똑바로 쳐다보며 얘기를 했다. "나도 갈 거야. 네가 그 사람한테 얘기 좀 해 줘."

"너를 괴롭힐 사람은 아무도 없을 거야. 하얏트 사람들은 그러지 않을 거야. 근데 왜 낯선 사람을 데리고 가려는 거야?"

"아까 얘기했잖아. 알았지? 배시 하얏트한테 얘기 좀 해 줘."

그는 수평선에 걸린 파란 산으로 눈길을 돌리더니 목초지 아래 굴뚝 꼭대기로 시선을 떨어뜨렸다.

"그 사람, 지금 저 아래 있어?"

"응."

그는 다시 체중을 옮기며 팔짱을 끼더니 계속 먼 풍경을 바라봤다. "그럼, 안녕." 그는 이야기를 마무리 짓지 않고 몸을 돌려 산비탈을 비틀비틀 올라갔다. 절벽에 튀어나온 바위 부근에서 그가 잠깐 걸음을 멈추고 소리쳤다. "일요일에는 거기에 가지 않을 거야." 그는 나무에 가려서 보이지 않을 때까지 기어 올라갔다. 잠시 후, 머리 위 높은 곳에서 그가 도끼를 내려찍는 소리가 들렸다.

그녀는 방금 나타났던 나무꾼 때문에 떠오른 여러 가지 일을 생각하며 따뜻한 산비탈에 누워 있었다. 그녀는 어린 시절에 대해 아는 것이 전혀 없었다. 사실 알고 싶은 마음도 전혀 없었다. 다만 내키지는 않지만, 기억 한구석에 흐릿하게 남아 있는 몇몇 장면만은 알아보고 싶은 마음이 있었다. 지난 몇 주 동안 일어난 여러 일들로 인해 그녀의 무의식이 흔들리게 되었다.

그녀는 자기 자신에게 흥미를 갖고 몰두하게 되었다. 이렇게 생긴 갑작스러운 호기심 때문에 그녀의 과거와 관련 있는 모든 것들이 분명해졌다.

그녀는 자신이 그 산에서 왔다는 사실이 그 어느 때보다 싫었다. 하지만 이제 더 이상 자신에게 무심하지 않았다. 어떤 식으로든 자신에게 영향을 미치는 것들은 모두 살아 있고 생생한 것들이 되었다. 심지어 끔찍하게 싫어했던 것도 그것이 자신의 일부라는 이유로 더 흥미가 생겼다.

'리프 하얏트는 우리 어머니가 누군지 알고 있을까?' 그녀는 혼잣말을 하며 생각에 잠겼다. 한때는 젊고 날씬한, 자신처럼 혈기왕성했던 어떤 여인이 품 안에 잠든 그녀의 모습을 바라보고 있었을 거라는 생각을 하자, 몹시 놀라웠다. 그녀는 자신의 어머니가 이미 오래전에 죽어서 이름도 알 수 없는 한 줌 흙이 되었다고 늘 생각했다. 하지만 지금은 루시우스 하니가 그려 보고 싶어 하던, 그 갈색 집의 문에서 가끔 보았던 여인처럼 주름진 얼굴에 머리는 산발을 한 모습으로 살아 있을지도 모른다는 생각이 들었다.

그런 생각을 하자, 그가 다시 그녀의 마음속 한가운데에 자리를 잡았다. 그녀는 리프 하얏트의 등장으로 야기된 여러 가지 추측을 모조리 떨쳐 버렸다. 현재는 풍요롭고, 미래는 장밋빛인 지금, 그녀는 과거에 대한 추측에 사로잡힐 수 없었다. 가까운 곳에서 스케치북에 고개를 파묻고 잔뜩 인상을 쓴 채 뭔가를 계산하고 측정하던 루시우스 하니가 갑자기 머리를 젖히며 미소를 지었다. 그러자 환한 빛이 쏟아졌다.

그녀는 허둥지둥 일어났다가 목초지로 올라오는 그가 보이자, 다시 풀밭에 주저앉아서 그가 오기를 기다렸다. 그녀가 '그의 집들'이라고 부르는 것 중 하나를 그가 그리거나 측정할 때면 그녀는 혼자 숲으로 들어가거나 산비탈로 올라가는 등 자주 자리에서 벗어났다. 그렇게 자리를 뜨는 것은 부끄러움도 한몫했다. 그 남자가 자신이 내뱉는 사소한 암시도 이해하지 못하는 그녀의 무지와 무능력을 잊은 채 예술과 삶에 대한 독백에 빠져 있을 때면, 그녀는 자신의 무능함이 뼈저리게 느껴졌기 때문이었다. 그녀는 멍한 얼굴로 귀를 기울일 때의 어색함을 피하거나, 그가 갑자기 타고 있던 말을 멈춰 세운 다음 스케치북을 꺼낼 때 그 집에 사는 사람들이 깜짝 놀라며 빤히 쳐다보는 시선을 피하려고 자리를 피해 버렸다. 그리고 작업에 몰두하는 그를 바라보거나 최소한 그가 그리는 집을 내려다볼 수 있는 장소로 갔다. 그녀는 해처드 씨의 사촌이 로열 변호사에게 빌린 마차를 타고 이 마을을 돌아다닐 때 한 동네 사람들과 이웃들이 그 사실을 알게 되어도 처음에는 불쾌하지 않았다. 그녀는 늘 혼자였다. 본인의 불명예스러운 태생으로 인한 지독한 자존심 때문이든, 더 멋진 운명을 맞이하려고 자신을 아끼기 위해 그러는 것이든 정확히 알 수는 없지만, 마을 사람들의 연애를 경멸하며 혼자 지냈다. 때로 다른 아가씨들이 감상적인 집착을 보이거나 아직 마을에 남은 몇 안 되는 젊은 남자와 감정도 제대로 표현하지 못하면서 오랜 시간 연애하는 걸 보면 부러울 때도 있었다. 하지만 벤 프라이나 솔라스 집안 남자들 중 하나에게 보여 주려고 머리카락을 말거나 모자에 붉은 리본을 다는 장면을 상상하면 열기가 식으면서 다시 무심해졌다.

이제 그녀는 왜 자신이 마을 사람들을 경멸하고 꺼리는지 깨달았다. 그녀는 루시우스 하니가 처음 자신을 바라보던 순간 할 말을 잊은 채 얼굴을 붉히며 그녀의 책상 모서리에 기대었을 때 자신이 중요한 사람이라는 걸 깨달았다. 그런데 또 다른 이유로 주춤하는 마음이 생겼다. 보물처럼 성스러운 행복을 상스러운 위험에 노출시킨 데서 생기는 두려움이었다. 그녀는 자신이 도시에서 온 젊은 남자와 '연애'한다고 의심하는 이웃들에게는 유감이 생기지 않았다. 그럼에도 기나긴 여름날의 몇 시간 동안, 그와 함께 시골 여기저기를 다니는 모습을 굳이 사람들에게 알리고 싶지는 않았다. 그녀는 이런 이야기가 로열 씨의 귀에 들어가는 게 가장 두려웠다. 채러티는 자신과 관련된 일 중에서 한 지붕 아래 사는 말 없는 그 남자의 눈을 피할 수 있는 일은 거의 없다는 사실을 본능적으로 알고 있었다. 노스도머 사람들이 연애 중인 남녀에 대해 자유로운 편이기는 하지만, 그 사람을 좋아하는 마음을 너무 노골적으로 드러내면, 그녀의 표현대로 로열 씨가 그녀에게 '대가를 치르게' 할 수도 있었다. 그녀는 어찌할 바를 몰랐다. 말로 표현할 수 없기에 더 두려웠다.

만약 그녀가 이 마을 청년의 관심을 받아들인 거라면 걱정이 덜 되었을 것이다. 로열 씨는 그녀가 선택한 시점에 결혼하는 것을 막을 수 없을 것이다. 하지만 도시 사람과의 연애는 다른 것이며 간단한 문제가 아니라는 사실을 마을 사람들 모두가 알고 있었다. 이렇게 위험한 연애의 희생자가 누가 될지 이 마을 사람이라면 거의 모두가 맞출 수 있었다. 그녀는 로열 씨의 간섭이 두려웠기에 젊은 하니와 보내는 시간이 훨씬 더 즐거웠다. 그와 동시에 그와 함께 있는 모습을 다른 사람들이 너무 자주 보게 되는 게 몹시도 두려웠다.

그가 다가오자 그녀가 무릎을 꿇더니 머리 위로 두 팔을 쫙 펼쳤다. 그녀는 이렇게 나른한 몸짓으로 깊은 만족감을 표현했다.

"포큐파인 아래에 있는 집으로 하니 씨를 데려갈 거예요." 그녀가 선언했다.

"무슨 집? 아, 맞다. 늪지대 인근에 있는, 그 다 쓰러질 것 같은 집 말이군요. 집시처럼 보이는 사람들이 살고 있지요. 진정한 건축물의 흔적이 있는 집이 그런 곳에 있다니 참 신기해요. 그런데 거기 사람들 꽤 심술궂어 보이던데, 아가씨 생각에 그 사람들이 우리를 안으로 들여보내 줄 것 같아요?"

"내가 무슨 말을 하든 다 들어줄 거예요." 그녀는 자신 있게 대답했다.

그녀 옆으로 몸을 던지며 그가 물었다. "그 사람들이 그럴까요?" 그는 미소를 지으며 자기 말에 스스로 대답했다. "음, 그 집에 뭐가 남아 있는지 보고 싶어요. 그 사람들하고 대화도 좀 나누고 싶고요. 저번에 그들이 '그 산'에서 내려온 사람들이라고 말해 준 이가 있었는데 그게 누구였나요?"

채러티는 곁눈질로 그를 바라보았다. 그가 그 산에 대해 풍경의 특징 말고 이런 이야기를 한 것은 처음이었다. '그는 그 산에 대해 무엇을 더 알고 있을까? 그 산과 그녀의 관계를 알고 있을까?' 머릿속으로 상상했던 모욕에 본능적으로 일어나는 반발심 때문에 그녀의 심장이 쿵쾅거리기 시작했다.

"그 산이요? 난 그 산은 하나도 안 무서워요."

그는 그녀의 도전적인 말투를 눈치채지는 못한 것 같았다. 그는 풀밭에 엎드리며 백리향 가지를 꺾어서 입술에 대고 비볐다. 가까운 언덕의 움푹한 곳 위로 노란 일몰을 등진 채 위협적으로 솟은 그 산이 멀리서 보였다.

"언젠가 저곳에 가 봐야겠어요. 저곳을 보고 싶어요." 그가 얘기했다.

그녀의 심장 박동이 느려졌다. 그녀는 다시 몸을 돌려 그의 옆모습을 관찰했다. 적대적인 의도는 전혀 없어 보였다.

"뭣 때문에 그 산에 가 보고 싶은 거예요?"

"음, 꽤 흥미로운 곳이 틀림없어요. 저곳에 기묘한 집단이 있거든요. 저곳은 일종의 치외법권 지역으로 독립적인 작은 왕국이에요. 아가씨도 저곳에 대해서는 들어 봤을걸요. 그런데 그 사람들은 계곡에 사는 사람들과는 아무런 관련이 없다고 들었어요. 오히려 그 사람들을 업신여긴다고 하더라고요. 내 생각에 저들은 거친 사람들이지만 상당히 괴짜들일 것 같아요."

그녀는 그가 말하는 괴짜의 의미가 무엇인지 정확히 이해할 수는 없었지만, 그의 말투에 감탄하는 기색이 있어서 알고 싶은 마음이 커졌다. 그녀는 그 산에 대해 아는 게 너무 부족하다는 사실을 깨닫자, 꽤나 이상하다는 생각이 들었다. 그녀는 그 산에 관해 물어본 적이 단 한 번도 없었다. 또한 그녀에게 그 산에 대해 알려 준 사람도 전혀 없었다. 노스도머 사람들은 그 산을 대수롭지 않게 여겼다. 대놓고 그곳을 비난하지는 않았지만 말투에는 그곳을 경멸하는 기색이 있었다.

"참, 기묘해요. 저 언덕 위에 그 누구도 신경 쓰지 않는 소수의 사람이 살고 있잖아요."

그의 말을 듣자 그녀는 신이 났다. 그녀는 그의 말이 자신의 태생적 반항심과 저항심의 단서가 되는 것 같아서, 그가 더 이야기하기를 바랐다.

"난 저 사람들에 대해 잘 몰라요. 저들은 계속 저기서 살았나요?"

"얼마나 되었는지는 아무도 모르는 것 같아요. 크레스턴 아래쪽 사람들 말로는 사오십 년 전에 스프링필드와 네틀턴 사이에 놓인 철도에서 일했던 사람들이 첫 번째 거주지를 만든 것 같다는 거예요. 철도 일을 했던 사람 중에 술을 마시거나 경찰과 문제를 일으켰던 사람들이 숲속으로 사라졌대요. 일이 년 후에 그 사람들이 그 산에 살게 되었다는 보고가 있어요. 그리고 이건 내 생각인데, 다른 사람들이 그 사람들과 합류한 것 같아요. 그리고 아이들이 태어난 거죠. 이제는 그곳에 백 명 이상이 산다고 하는데, 노스도머 계곡의 사법권을 아주 벗어난 곳인 것 같아요. 학교도 없고 교회도 없대요. 그 사람들이 뭘 하는지 보러 간 보안관도 없었고요. 그런데 노스도머 사람들은 그 사람들에 대해 얘기하지 않나요?"

"몰라요. 여기 사람들은 그 사람들이 나쁘다고 얘기해요."

그가 깔깔대며 웃었다. "그런가요? 우리가 가서 보죠, 어때요?"

그녀는 그의 제안에 얼굴을 붉히며 그에게로 얼굴을 돌려 대답했다. "제가 거기서 왔다는 얘기 못 들었어요? 제가 어릴 때 사람들이 저를 이리로 데려왔어요."

"당신을?" 그는 갑자기 그녀에게 흥미를 보이더니 팔꿈치를 짚으며 몸을 일으켰다. "당신이 그 산에서 왔다고요? 정말 기이하네요! 그래서 당신이 달라 보였군요."

그녀는 정말 기쁜 나머지 피가 이마로 쏠리는 것 같았다. 그가 그녀를 칭찬하고 있었다. 그 산에서 왔다는 이유로 그녀를 칭찬하고 있었다!

"내가 다른가요?" 그녀는 궁금증을 가장하며 의기양양하게 물었다.

"음, 아주 많이!" 그는 그녀의 손을 잡더니 햇볕에 그을린 손가락 마디마디에 입을 맞추었다.

"자, 이제 갑시다." 그는 자리에서 일어나더니 헐렁한 잿빛 옷에 묻은 풀을 털어 내며 말했다. "참 즐거웠어요! 내일은 어디로 날 데려갈 건가요?"

6

그날 밤, 저녁 식사를 마친 후 채러티는 부엌에 홀로 앉아서 로열 씨와 젊은 하니가 현관에서 나누는 대화에 귀를 기울이고 있었다.

그녀는 식탁을 치운 베레나가 절뚝거리며 침실로 올라간 후에도 밖으로 나가지 않았다. 부엌 창문이 열려 있었다. 그녀는 두 손을 무릎 위에 올린 채 창문 옆에 앉아 있었다. 서늘하고 고요한 밤이었다. 까만 언덕 너머로 보이는 호박빛 서쪽 하늘이 옥빛으로 변하더니 커다란 별 하나가 떠 있는 짙푸른 하늘로 바뀌었다. 황혼녘에 은은하게 울리는 작은 올빼미의 부엉부엉 울음소리 사이로 남자들의 목소리가 오르락내리락 들려왔다.

로열 씨네 집에 듣기 좋게 만족하는 소리가 가득 퍼졌다. 로열 씨가 루시우스 하니처럼 대화가 통하는 상대를 맞은 것은 정말 오랜만이었다. 채러티는 젊은 하니가 이제는 몰락해서 다 잊힌 로열 씨의 모든 과거를 상징한다는 걸 직감적으로 알 수 있었다. 해쳐드 씨가 남편을 잃은 여동생의 질병 때문에 스프링필드로 불려 갔을 때, 젊은 하니는 네틀턴과 뉴햄프셔의 경계에 있는 오래된 집을 모두 스케치하고 측정하기 위한 작업을 본격적으로 시작하려던 참이었다. 그는 사촌이 없는 동안 붉은 집에서 하숙을 하고 싶다고 제안했다. 채러티는 로열 씨가 그의 제안을 거절할까 봐 걱정되어 조마조마했다. 젊은 남자를 재워 주는 것은 아예 불가능했다. 그가 머물 방도 없었다. 그래도 그 젊은이가 붉은 집에서 식사를 할 수 있게 로열 씨가 허용한다면 그는 해쳐드 씨네 집에서 살 수 있었다. 로열 씨는 하루 정도 숙고한 후 그의 제안을 받아들였다.

채러티는 로열 씨가 약간이나마 돈을 벌 기회를 반기리라고 생각했다. 그는 탐욕스러운 사람이라는 소문이 있었다. 하지만 이제 그녀는 그가 사람들이 알고 있는 것보다 더 가난하다는 생각이 들기 시작했다. 그의 변호사 업무는 애매한 전설이 되어 버렸다. 헵번이나 네틀턴으로 소환되는 일이 점점 뜸해지면서, 생계는 농장에서 나는 소량의 작물과 인근에 있는 극소수의 보험 대리점에서 받는 수수료로 유지하는 것 같았다. 어쨌든 그는 하루 1달러 30센트에 마차를 빌려 달라는 하니의 제안을 바로 받아들였다. 첫 번째 주가 끝날 무렵 그는 낡은 모자를 손질하는 채러티의 무릎에 10달러짜리 지폐 한 장을 툭 던지며 그 거래에 무척 만족한 모습을 드러냈다.

"자, 가서 일요일에 쓸 모자를 사렴. 다른 여자들이 부러워서 미칠 만한 것으로." 그가 멋쩍은 빛이 번득이는 움푹 파인 두 눈으로 그녀를 바라보며 얘기했다. 그녀는 이 뜻밖의 선물이, 그러니까 그에게서 현금으로 받은 이 첫 번째 선물이 바로 하니가 지불한 돈이라는 것을 바로 짐작했다.

그런데 로열 씨는 젊은 남자의 등장으로 금전적인 이익 이상의 것을 얻게 되었다. 몇 년 만에 처음으로 남자와 어울리게 된 것이었다. 채러티는 보호자인 로열 씨의 욕구를 거의 이해하지 못했지만, 그가 다른 사람들보다 자기 자신이 더 우월하다고 느낀다는 것은 알고 있었다. 루시우스 하니 또한 그를 그렇게 생각하고 있다는 게 그녀의 눈에 보였다.

채러티는 로열 씨가 자신이 하는 말을 이해하고 잘 들어 주는 사람이 생기자, 정말로 말을 잘하는 사람처럼 변한 것에 무척 놀랐다. 그리고 젊은 하니의 친근한 경의에도 그와 같은 정도로 감동했다.

그들은 정치를 주제로 대화를 나누었는데, 그것은 그녀가 이해할 수 없는 내용이었다. 그런데 오늘 밤은 흥미롭게도 그 산에 대한 이야기로 대화를 시작하는 것이었다. 그녀는 그들의 이야기를 듣고 있는 모습을 두 사람에게 들키지 않으려고 뒤로 조금 물러났다.

"아니, 그 산은 오점이야. 완전 엉망진창이라고. 저 위의 인간 쓰레기들은 오래전에 몰아냈어야 했어요. 여기 사람들이 그자들을 두려워하지 않았더라면 진즉 다 몰아냈겠죠. 그 산은 이 마을에 속해 있어요. 그곳의 도둑 무리와 범법자들이 우리 눈앞에 살면서 나라의 법을 어기고 있다면 노스도머의 잘못이에요. 보안관이든 세금 징수원이든, 여하튼 그곳에 올라간 사람이 한 명도 없잖아요. 그 산에 말썽이 났다는 소식이 들려도, 행정 관리들은 못

들은 척하며 마을 펌프를 단장하는 예산을 통과시키죠. 지금까지 저곳에 가 본 사람은 목사밖에 없을걸요. 그곳에서 누가 죽을 때마다 사람을 내려보내서 목사를 데려가는 거죠. 그 산 사람들은 기독교식 장례에 많은 신경을 쓰고 있어요. 하지만 지금까지 그 사람들이 결혼식을 올리려고 목사를 데려갔다는 말은 듣지 못했어요. 그리고 치안판사를 성가시게 한 적도 없고요. 그저 한 무리의 이교도에 불과하죠."

그는 작은 식민지의 불법 거주자들이 법을 피하려고 어떻게 머리를 쥐어짜는지 다소 전문적인 용어로 설명을 계속했다. 채러티는 젊은 하니의 이야기도 들어 보려고 열심히 기다렸지만 하니는 직접 자신의 의견을 말하기보다는 로열 씨의 견해에 더 관심이 있는 것 같았다.

"변호사님도 직접 그곳에 가 보지는 않으셨을 것 같은데요?" 하니가 물었다.

"아니, 가 봤어요." 로열 씨는 경멸하듯 낄낄대며 이야기를 이었다. "아는 척하기 좋아하는 여기 사람들은 내가 돌아오기 전에 아주 끝장이 날 거라고 떠들었죠. 하지만 거기서 나를 해치려고 손가락 하나라도 까닥한 사람은 없었어요. 게다가 난 그들 무리 중 한 녀석을 칠 년 동안 감옥에 집어넣었죠."

"그 뒤로도 가 보셨나요?"

"그럼요, 바로 직후였죠. 한 녀석이 네틀턴에 내려왔는데 심한 난동을 피웠어요. 그자들은 늘 그런 식이죠. 그 사람들은 벌목 작업이 끝나면 밑으로 내려와서 돈을 다 날려 버리죠. 결국 그 남자는 살인자가 되었어요. 네틀턴 사람들조차도 그 산을 두려워했지만, 나는 그자에게 유죄판결을 내렸죠. 그리고 이상한 일이 일어났어요. 어떤 사람이 나한테 감옥에 있는 그자를 보러 가라고 했죠. 감옥에 갔더니 그자가 이렇게 말하더군요. '나를 변호한 그 바보는 겁쟁이예요. 다른 녀석들도 마찬가지죠. 나 대신 그 산에 올라가서 해 줄 일이 있어요. 당신은 법정에서 본 사람 중 유일하게 그 일을 해 줄 사람이에요.'라고요. 그 사람은 그 위에 아이가 있다고 했어요. 아니 어린 여자아이가 있다고 한 것 같군요. 그 사람은 그 아이를 데려다가 기독교인으로 키우고 싶다고 했죠. 저는 그 사람이 안쓰러웠어요. 그래서 산으로 올라가서 그 아이를 데려왔죠."

그가 잠시 말을 멈추자, 채러티는 심장이 두근두근한 채로 귀를 기울였다. "그때 처음이자 마지막으로 산에 올라갔죠." 그가 말을 마쳤다.

잠시 침묵이 흐르고 하니가 이야기를 꺼냈다. "그럼, 그 아이는 어머니가 없었나요?"

"어, 있었어요. 어머니가 있었죠. 하지만 그 여자는 기꺼이 아이를 내주었어요. 아무에게라도 아이를 내주었을걸요. 거기 사람들은 인간 같지도 않았어요. 그 여자도 지금쯤은 죽었을 거예요. 그 여자가 살아온 삶을 생각하면 그런 생각이 들어요. 어쨌든 그날 이후로 그 여자 얘기는 들어 보질 못했어요."

"맙소사, 정말 끔찍하네요." 하니가 중얼거렸다. 모욕감에 목이 메인 채러티는 자리에서 벌떡 일어나더니 위층으로 달려갔다. 그녀는 이제야 알았다. 자신은 술에 취한 범죄자와 '인간 같지도 않은' 사람이라 기꺼이 자식을 남의 손에 내어 준 어머니의 자식이었다. 게다가 그녀는 그녀가 주변의 어떤 사람보다 우월해 보이고 싶은 그 사람에게 들려주는 자신의 출생 이야기를 듣고야 말았다. 그녀는 로열 씨가 자신의 이름을 말하지 않은 데다가, 그 산에서 데려온 아이가 자신이라는 걸 알아낼 수 있는 어떤 암시도 내비치지 않았다는 사실을 알아차렸다. 자신을 배려하려고 로열 씨가 그동안 입을 다물었다는 것도 알았다. 하지만 그날 오후 치외법권 집단에 흥미를 보이는 하니에게 현혹되어 자신이 그 산 출신이라고 뻐기었으니, 그의 신중함이 무슨 소용이 있겠는가? 그녀가 했던 한마디 한마디 때문에, 그런 태생으로 인해 두 사람 사이의 거리가 더 멀어졌다는 사실만 드러날 뿐이었다.

루시우스 하니는 노스도머에 체류하는 열흘 동안 그녀에게 사랑한다는 말은 한마디도 하지 않았다. 그는 채러티의 일에 개입해서 해쳐드 씨에게 사서로서 그녀의 장점을 이해시키기는 했다. 하지만 그것은 그녀의 장점에 의문을 제기했던 그의 잘못 때문에 생긴 일을 바로잡은 행동에 불과했다.

그가 이 지역을 스케치하며 탐색하기 위해 로열 변호사의 마차를 빌렸을 때, 그녀에게 자기와 함께 이 고장을 둘러봐 달라고 부탁했었다. 이 지역을 잘 모르니 정말 자연스러운 요청이었다. 최근 그의 사촌이 스프링필드로 불려 갔을 때, 그는 로열 변호사에게 하숙생으로 받아 달라고 간청했다. 하지만 노스도머에 이곳 말고 그를 하숙생으로 받아 줄 곳이 또 있을까? 캐릭 프라이네 집은 아내가 중풍에 걸렸고, 가족이 많아서 식탁에 자리가 없었다. 태가네 집은 길에서 1마일(약 1.6킬로미터)이나 떨어진 곳에 있었고, 큰딸이 어머니를 버리고 집을 나가 앨리가 재봉사로 일하며 생계를 유지하는 동안 겨우 자기 끼니 정도나 해결할 수 있는 나이 든 호스 부인네도 여유가 없긴 마찬가지였다.

젊은 남자가 적절한 호의를 받을 수 있는 집은 로열 씨네 집밖에 없었다. 그러니 겉으로 드러난 사건 중에서 희망으로 채러티의 가슴이 떨릴 만한 일은 전혀 없었다. 하지만 루시우스 하니가 마을에 나타나면서 일어난 눈에 보이는 몇몇 사건에는 웅덩이의 얼음이 떨어져 나가기 전에 숲에서 잎이 돋아날 만큼 신비롭고 강력한 영향력이 잠재해 있었다.

하니가 찾아온 업무 목적은 진짜였다. 채러티는 뉴욕의 출판업자가 뉴잉글랜드에서 덜 알려진 지역에 있는 18세기경에 지어진 주택을 연구해 달라고 그에게 의뢰한 편지를 보았다. 하지만 그녀는 이 모든 일이 이해가 되지 않았다. 그가 현지 건축업자가 새로 단장하고 개조한 다른 집에는 눈길 한번 주지 않으면서 페인트칠도 벗겨진 채 방치된 주택 앞에서는 왜 그렇게 매료된 듯 멈춰 서는지 그 이유를 알 수 없었다. 그녀는 하니가 주장한 것보다 수량이 부족한 이글카운티의 건축물과 그의 체류 기간(그는 한 달로 정했다)이 도서관에서 처음 그녀 앞에 멈춰 섰을 때 보였던 그의 눈빛과 상관이 있다고 생각하지 않을 수 없었다.

그녀를 대하는 말투, 그녀의 말을 바로 알아듣는 이해력, 두 사람의 탐험을 기대하고 그녀와 함께할 수 있는 기회를 모조리 붙잡으려는 명백한 열망 등, 그다음에 일어난 일들은 모두 그 눈빛에서 비롯된 것 같았다.

그가 그녀를 좋아하는 기색은 충분히 드러났다. 하지만 노스도머 사람들이 그녀를 대하는 것과는 그 태도가 너무 달라서 어느 정도로 그녀를 좋아하는지 짐작하기가 어려웠다. 그는 그녀가 알고 있는 어떤 사람들보다 더 솔직하고 더 공손했다. 가끔 그가 정말로 솔직한 모습을 보일 때가 있는데, 그럴 때면 그녀는 둘 사이의 거리감을 가장 크게 느꼈다. 교육과 기회 면에서 너무 큰 차이가 나서 그녀가 아무리 노력해도 그 차이를 메꿀 수 없었다. 게다가 그의 젊음과 그가 보내는 찬미로 둘 사이가 무척 가까워졌을 때도 우연한 말 한마디나 무의식적인 암시 같은 것들이 그녀를 저 심연 너머로 밀어내는 것만 같았다.

하지만 그녀가 방금 로열 씨가 한 말을 곰곰이 생각하며 방으로 달려갈 때보다 그와의 사이가 더 멀어진 적은 없었다.

혼란스러운 그녀에게는 젊은 하니를 다시 보지 않았으면 하는 바람이 제일 먼저 들었다. 그가 그런 이야기를 아무 사심 없이 경청하는 사람이라고 생각하니 마음이 너무 씁쓸했다. "그 사람이 가 버리면 좋겠어. 내일 떠나서 다시는 돌아오지 않았으면 좋겠어." 그녀는 베개에 얼굴을 묻고 신음했다. 벗어야 한다는 걸 잊어서 엉망이 된 드레스를 입은 채로 침대에 누워 있던 그날, 물에 빠져 허우적대는 지푸라기처럼 희망과 꿈이 빙빙 돌며 마음속 고통이 밤새도록 활개를 치는 바람에 그녀의 온 영혼이 시달렸다.

하지만 그녀가 다음 날 아침 눈을 떴을 때는 이 모든 심란함 중오직 쓰라린 마음만이 살짝 남아 있었다. 그녀는 가장 먼저 날씨가 생각났다. 하니가 오늘은 포큐파인 밑의 갈색 집으로 간 다음 햄블린 주변까지 둘러보자고 했는데, 일정이 길어서 적어도 9시에는 출발해야 하기 때문이었다. 하늘은 구름 한 점 없이 햇살만 보였다. 그녀는 평소보다 일찍 일어나 주방에서 샌드위치를 만들고,

버터밀크를 병에 붓고, 애플파이 조각을 포장하고, 늘 복도에 걸려 있던 바구니를 버렸다고 베레나를 나무랐다. 그녀가 세탁 때문에 약간 닳기는 했어도 어두운 피부색을 충분히 돋보이게 해 주는 분홍색 옥양목을 입고 현관으로 나온 순간, 햇살과 아침이 자신과 함께한다는 도취감에 들떠 비참했던 지난 흔적을 잊었다. 그녀는 자신을 향해 다가오는 젊은 하니를 보자, 사랑이 혈관 속을 뛰어노는 이 순간 자신이 어디 출신이든, 부모가 어떤 사람이든 아무것도 중요하지 않았다.

로열 씨도 현관에 있었다. 그는 아침 식사를 하는 동안 아무 말도 하지 않았다. 그런데 그녀가 한 손에 바구니를 들고 분홍색 드레스를 입고 나오자 깜짝 놀라며 바라보았다.

"어디를 가려는 거니?" 그가 물었다.

"저, 하니 씨가 오늘은 다른 때보다 일찍 출발한다고 했어요." 그녀가 대답했다.

"하니 씨, 하니 씨가? 하니 씨는 아직 말 모는 법도 모른다는 거냐?"

그녀는 아무 말도 하지 않았다. 그는 현관 난간을 두드리며 의자에 몸을 묻고 있었다. 그가 젊은 하니에 대해 그런 말투로 얘기한 것은 처음이었다. 채러티는 불안해서 살짝 오한이 들었다.

잠시 후 그는 자리에서 일어나더니 일꾼이 호미질하는 집 뒷마당으로 걸어갔다.

공기는 서늘하고 쾌청했다. 초여름이지만 언덕으로 불어오는 북풍 때문에 가을의 생기가 있었다. 지난밤에 바람이 한 점도 불지 않아서 모든 것에 이슬이 맺혀 있었다. 습기가 머무는 것이 아니라 따로따로 뚝뚝 떨어진 구슬처럼 보이는 이슬방울이 마치 양치류와 풀밭에 떨어진 다이아몬드처럼 빛이 났다. 포큐파인 맨 아래까지 가려면 마차를 오래 몰아야 했다. 두 사람은 먼저 산비탈과 경계를 이루는 파란 언덕이 딸린 계곡을 가로질러 너도밤나무 숲속으로 내려갔다. 벨벳처럼 부드럽게 튀어나온 바위 너머로 갈색 개울이 뛰어노는 크레스턴의 물줄기를 따라갔다가 크레스턴 호수 주변의 농장으로 다시 나갔다가 이글레인지의 산마루까지 올라갔다. 드디어 두 사람이 언덕이 모여 있는 곳에 도착하자 눈앞에 거친 초록빛 계곡이 하나 더 나타났다. 그 계곡 너머로 마치 조류의 물결처럼 소용돌이치듯 하늘로 솟아오른 파란 언덕들이 보였다.

하니는 나무 그루터기에 말을 맨 다음 오래된 호두나무 밑에 바구니를 펼쳤다. 호두나무의 갈라진 몸통 주위를 호박벌들이 휙휙 날아다녔다. 정오가 되자 햇살이 점점 뜨거워지더니 두 사람 뒤로 숲의 속삭임이 들려왔다. 여름벌레들이 하늘로 날아다니고 한 무리의 하얀 나비 떼는 이리저리 흔들리는 주홍빛 바늘꽃의 끝자락에 부채질을 했다. 그 밑으로 집은 한 채도 보이지 않았다. 채러티 로열과 젊은 하니만이 땅과 하늘 사이의 깊은 구렁 속에서 유일하게 살아남은 존재인 것 같았다.

마음이 약해진 채러티에게 다시 불안한 생각이 찾아왔다. 젊은 하니도 점점 말수가 없어졌다. 그는 그녀 옆에 누우며 두 팔로 머리를 괴더니 머리 위로 뭉쳐진 잎사귀를 바라보았다. 그녀는 그가 로열 씨의 이야기를 곰곰이 생각하고 있는 것은 아닌지, 그 이야기 때문에 정말로 그녀를 나쁘게 생각하고 있는 것은 아닌지 궁금했다.

그녀는 그날 그가 자신에게 갈색 집으로 데려다달라고 부탁하지 않았더라면 좋았을 거라는 생각이 들었다. 그의 머릿속에서 그녀의 출생 이야기가 생생하게 기억날 동안 자신과 출신이 같은 사람은 만나지 않기를 바랐다. 산마루를 따라가서 햄블린까지 곧장 마차를 몰아야 한다고 제안할 뻔한 적이 한두 번이 아니었다. 그곳에 그가 보고 싶어 하는 버려진 작은 집 한 채가 있었지만 그녀는 수줍기도 하고 자존심이 상해서 말하지 않았다. '저분은 나와 관계가 있는 사람들이 어떤 사람인지 알아야 해.' 그녀는 다소 억지스러운 반항심을 발휘하며 혼잣말을 했다. 하지만 사실은 부끄러워서 계속 입을 다물고 있었다.

갑자기 그녀가 한 손을 들어 하늘을 가리켰다.

"저기 폭풍이 오고 있네요."

그는 그녀의 시선을 따라가며 미소를 지었다. "소나무 사이에 낀 구름 때문에 놀랐나요?"

"그 산 너머의 구름이에요. 그 산 너머의 구름은 늘 문제를 일으키거든요."

"어, 난 그 산에 대한 나쁜 이야기는 절반도 믿지 않아요. 하지만 어쨌든, 비가 내리기 전에 갈색 집으로 내려가야겠죠."

그의 말이 아주 틀린 건 아니었다. 두 사람이 포큐파인의 텁수룩한 측면 아래 도로로 들어서서 갈색 집에 도착했을 때 비가 몇 방울씩 떨어지고 있었다. 그 집은 오리나무 덤불과 기다란 골풀로 에워싸인 늪지대 옆에 홀로 서 있었다. 다른 집은 보이지 않았다. 어떤 이유로 이렇게 뚝 떨어진 장소에 집을 지었는지 처음에 이 집을 지은 사람의 의도를 짐작하기가 어려웠다.

채러티는 그의 박식함을 충분히 알고 나니 그가 무엇 때문에 이 집에 끌리는지 이해할 수 있었다. 문간 위에 달린 깨진 전등을 꾸며 주는 부채꼴 모양의 장식과 모서리를 받친 페인트가 벗겨진 기둥의 세로 홈과 박공에 달린 둥그런 창문이 그녀의 눈에 들어왔다. 아직은 이해할 수 없는 몇 가지 이유로 이것들이 칭찬받고 기록되어야 한다는 사실도 알게 되었다. 두 사람은 훨씬 '전형적인 (하니의 표현)' 다른 집들을 봤었다. 그는 말 목에 고삐를 던질 때 혐오감에 몸을 살짝 떨며 얘기했다. "오래 머물진 않을 거예요."

폭풍 때문에 불안하게 흔들리던 오리나무 몇 그루가 하얀 속살을 내보이자 그 집은 유난히 황량해 보였다.

칠이 떨어져 나간 판자와 깨져서 누더기를 덧댄 유리창이 눈에 들어왔다. 윙윙대는 청파리들 너머로 쐐기풀과 우엉, 높게 자란 잡초가 뒤엉켜 있는 정원도 보였다.

마차 바퀴 소리가 들리자 리프 하얏트처럼 환한 금발 머리에 연한 눈빛을 한 아이가 울타리 너머를 빤히 쳐다보더니 이내 화장실 뒤로 사라졌다. 마차에서 뛰어내린 하니는 채러티가 나올 수 있게 도와주었다. 그때 갑자기 비가 쏟아졌다. 맹렬한 폭풍을 동반한 비가 사선으로 내리며 관목과 어린 나무를 납작하게 눕히고, 가을 폭풍처럼 잎사귀를 떼어 버리고, 도로를 물바다로 만들고, 움푹 파인 곳을 모두 쉿 소리가 나는 웅덩이로 만들었다. 요란스럽게 내리는 비를 뚫고 천둥이 끊임없이 내리치자, 점점 깊어지는 어둠 속에서 기이한 빛이 땅바닥을 뛰놀았다.

"결국 이리로 와서 다행이네요." 하니가 웃음을 터뜨리며 이야기를 꺼냈다. 그는 지붕이 반쯤 남은 헛간 아래에다 말을 묶은 다음 자신의 코트로 채러티를 감싼 채 그녀와 함께 집으로 달려 갔다.

사내아이는 다시 나타나지 않았다. 두 사람이 문을 두드렸지만, 안에서는 기척이 없었다. 하니는 손잡이를 돌린 다음 그녀와 함께 집 안으로 들어갔다.

문이 열린 부엌에 세 사람이 보였다. 손수건으로 머리를 감싼 노파가 창문가에 앉아 있었다. 그 노파는 무릎 위에 아파 보이는 새끼 고양이를 품고 있었다. 그녀는 새끼 고양이가 뛰어내려 절룩 거리며 그곳을 벗어나려고 할 때마다 아무런 특징도 없는 나이 든 얼굴에 아무런 변화도 없는 몸을 굽혀서 고양이를 도로 들어 올렸다. 채러티가 마차를 타고 오면서 본 적이 있는 다른 여자는 추레한 몰골로 창틀에 몸을 기대고 서서 두 사람을 뚫어지게 바라보았다. 난로 옆에는 누더기가 된 셔츠를 입고 면도를 하지 않은 남자가 커다란 통 위에서 앉은 채로 자고 있었다.

헐벗고 비참한 그 집은 먼지 냄새와 퀴퀴한 담배 냄새 때문에 공기가 무거웠다. 채러티의 심장이 내려앉았다. 산 사람들을 조롱 하던 이야기가 생각났다. 여자의 시선이 너무 불편하고, 잠이 든 남자의 얼굴이 너무 축축하고 야만스러워서 혐오감에 막연한 공 포심이 더해졌다. 그녀는 하얏트 사람들이 자신을 괴롭히지 않을 거라는 사실을 알고 있었기에 자신은 걱정되지 않았지만 '도시 친 구'를 어떻게 대할지는 확신이 서지 않았다.

루시우스 하니가 그녀의 두려움을 알았다면 분명 웃어넘겼을 것이다. 그는 부엌을 흘깃 둘러본 후 "안녕하세요?"라고 물었지만 아무도 대답하지 않았다. 그래서 폭풍이 잠잠해질 때까지 쉴 곳이 있는지 젊은 여자에게 물었다.

그녀는 그를 바라보던 시선을 돌려 채러티를 바라보며 물었다. "넌 로열 씨네 아이지, 그렇지?"

채러티의 낯빛이 붉어졌다. "제 이름은 채러티 로열이에요." 그녀는 정말 자신이 잘 모르는 이곳이야말로 제 이름을 밝힐 권리가 있는 곳이라는 듯 대답했다.

여자는 채러티의 의도를 눈치채지 못한 것 같았다. "너흰 머물러도 돼." 그녀는 이렇게 대답하고는 다시 몸을 돌려서 무언가를 젓고 있던 그릇 위로 몸을 기울였다.

하니와 채러티는 녹말가루 상자 두 개에다 판자를 올려서 만든 의자 위에 앉았다. 두 사람은 부러진 경첩에 매달린 문을 마주 보았다. 갈라진 틈 사이로 밝은 금발 머리의 소년과 한쪽 뺨에 흉터가 있는 창백한 여자아이의 눈이 보였다. 채러티는 미소를 지으며 아이들에게 안으로 들어오라는 신호를 보냈다. 하지만 아이들은 자기들이 발각되었다는 사실을 알아차리자마자 맨발로 사라졌다. 채러티는 그 모습을 보고 아이들이 잠자는 남자를 깨울까 봐 겁을 먹은 것 같다는 생각이 들었다. 젊은 여자도 그 남자가 두려웠는지 소리 없이 움직이며 난로 옆으로는 가지 않았다.

비가 계속 집을 두드렸다. 비는 누덕누덕 갖다 붙인 판유리 한두 곳을 뚫고 들어와 바닥에 웅덩이를 만들었다.

새끼 고양이가 가끔 야옹대며 내려가려고 기를 쓸 때마다 나이 든 여자는 몸을 기울여 뼈만 남은 두 손으로 고양이를 꽉 붙잡았다. 커다란 통 위에 앉아서 잠이 든 남자는 한두 번 눈을 떴다가 자세를 바꾼 다음 고개를 털북숭이 가슴까지 떨구며 다시 졸았다. 시간은 지나고, 빗물은 계속 유리창으로 흘러내렸다. 갑자기 채러티에게 이곳 사람들에 대한 혐오감이 강하게 일었다. 정신이 나간 할머니와 밝은 금발 머리 아이들과 누더기 셔츠를 입고 술에 취해 곯아떨어진 남자를 보자 그녀의 삶이 평화롭고 풍요로운 것 같았다.

그녀는 깨끗이 문질러 닦은 바닥과 자기 그릇이 가득한 찬장과 기이한 냄새가 나는 이스트와 커피와 늘 싫어했던 연성 비누가 있는 로열 씨네 부엌이 생각났다. 이제는 그것들이 집안의 질서를 상징하는 것 같았다. 등받이가 높은 말총 의자와 색깔이 닳은 카펫, 선반 위에 일렬로 꽂힌 책, 난로 너머로 보이던 판화 '버고인의 항복The Surrender of Burgoyne', 황록색 가장자리에 갈색과 흰색 반점이 있는 스파니엘 한 마리가 그려진 매트가 깔린 로열 씨의 방도 생각났다. 그녀는 이제 늘 신선하고 깨끗하고 향기롭던 해쳐드 씨네 집을 떠올렸다. 붉은 집은 그 집에 비하면 초라하고 평범한 것 같았다.

"여기는 내가 있어야 할 곳이야. 내가 있어야 할 곳이 바로 여기야." 그녀는 계속 스스로에게 되뇌었다. 하지만 이 말은 그녀에게 아무런 의미도 없었다. 모든 본능과 습관을 발휘해 은신처 속에서 해충처럼 사는 가여운 늪지대 사람들 사이에서 자신을 이방인으로 만들 뿐이었다. 그녀는 온 마음을 다해 하니의 호기심에 굴복하지 않으려고 했지만, 결국 그를 이리로 데려왔다.

비에 흠뻑 젖은 그녀는 얇은 원피스 차림이어서 몸이 바들바들 떨리기 시작했다. 젊은 여자가 그 모습을 알아챘는지 부엌 밖으로 나갔다가 깨진 잔을 갖고 와서 채러티에게 주었다. 위스키가 반쯤 찬 찻잔을 보고 채러티는 고개를 흔들었지만 하니는 잔을 들어 입술에 댔다. 그가 잔을 내려놓더니 주머니에 손을 넣어 1달러를 꺼내는 모습이 채러티의 눈에 들어왔다. 그는 잠시 주저하다가 도로 주머니에 그걸 집어넣었다. 그녀는 그가 자신의 친족이라고 말한 사람들에게 돈을 주는 모습을 그녀에게 보여 주지 않으려고 그런 것이라 짐작했다.

커다란 통 위에서 졸고 있던 남자가 몸을 꿈틀하더니 고개를 들고 두 눈을 떴다. 두 눈이 잠시 채러티와 하니를 보다가 다시 감겼다. 그리고 고개를 떨구었다. 하지만 젊은 여자의 얼굴에 불안한 기색이 비쳤다. 그녀는 창문 밖을 흘깃하더니 하니에게로 다가와 말했다. "지금 가는 게 좋겠어요." 젊은 하니는 그녀의 말을 이해하고 자리에서 일어났다.

"감사합니다." 그는 손을 내밀며 얘기했다. 그녀는 하니의 몸짓을 알아채지 못한 듯 두 사람이 문을 열자 몸을 돌렸다.

여전히 비가 내리고 있었지만 두 사람이 알아챌 정도는 아니었다. 공기는 마치 얼굴에 바르는 크림처럼 맑았다. 구름이 일어났다가 갈라지고 있었다. 멀리 떨어진 파란 구멍에서 흘러나온 햇살이 구름의 모서리 사이로 나타났다.

하니는 말 고삐를 풀어낸 다음, 가늘어지는 비를 뚫고 햇살이 비치는 곳으로 마차를 몰았다. 채러티는 잠시 말이 없었다. 같이 있던 하니도 아무 말이 없었다. 그녀는 쭈뼛거리며 그의 옆모습을 바라보았다. 그는 아까 보았던 장면에 압도된 듯 평소보다 표정이 더 엄숙했다. 잠시 후 그녀가 불쑥 이야기를 꺼냈다.

"아까 거기 있던 사람들은 저랑 출신이 같은 사람들이에요. 저 사람들은 저와 친척일지도 몰라요. 제가 알기론 그래요." 그녀는 그녀가 예전에 자기에 대해 이야기한 걸 후회하고 있다고 그가 생각하는 게 싫었다.

"참 가여운 사람들이네요." 그가 대답했다. "저 사람들은 왜 저런 구덩이 속으로 내려왔을까요?" 그녀는 빈정대듯 웃으며 대답했다. "그나마 나으니까요! 그 산 위는 형편이 훨씬 나빠요. 배시하얏트는 예전에 갈색 집을 소유했던 농부의 딸과 결혼했어요. 난로 옆에 있던 남자가 그 사람인 것 같아요."

하니는 할 말이 없는 것 같아, 그녀가 계속 얘기했다. "그 가난한 여자한테 주려고 일 달러를 꺼내는 걸 봤어요. 근데 왜 도로 집어넣었죠?"

그는 얼굴을 붉히더니 앞으로 몸을 기울이며 말 목에서 날라오는 꽃등에(벌파리)를 털어 냈다. "잘 모르겠지만…"

"그 사람들이 나랑 같은 사람인 걸 아니까, 저 사람들한테 돈을 주면 내가 창피해할 것 같아서 그런 거죠?"

그는 나무라는 눈빛으로 그녀를 향해 고개를 돌렸다. "아, 채러티…." 그가 난생처음으로 그녀의 이름을 불러 주었다. 그녀는 비참함이 극에 달했다.

"난, 안 부끄러워요, 부끄럽지 않다고요. 저 사람들은 나랑 같은 사람들이에요. 저들이 부끄럽지 않다고요." 그녀는 훌쩍이며 얘기했다.

"오, 이런." 그는 팔로 그녀를 감싸안으며 중얼거렸다. 그녀는 그에게 몸을 기대며 고통을 덜어 냈다.

햄블린으로 돌아가기에는 너무 늦은 시각이었다. 두 사람이 노스도머 계곡에 도착해서 붉은 집으로 마차를 몰았을 때, 맑은 하늘에 한가득 떠 있는 별이 보였다.

7

채러티는 해쳐드 씨의 호의를 받아 다시 도서관에 복귀한 후로
는 도서관 근무 시간을 감히 줄이지 않았다. 심지어 일찍 출근하
는 것을 중요하게 여겼다. 또 도서관 청소와 책 정리를 돕기 위해
고용된 태가 집안의 막내딸이 느릿느릿 들어오거나 창문으로 솔
라스 집안의 남자아이를 엿보느라 임무를 소홀히 할 때면 감탄할
정도로 분노를 쏟아냈다.

하지만 채러티는 생기 넘치게 자유로운 시간을 보낸 후로 '도서
관 근무 시간'이 그 어느 때보다 지루한 것 같았다. 그래서 해쳐드
씨가 떠나기 전에 루시우스 하니에게 동네 목수와 함께 '기념 도
서관'의 환기 수단을 검토해 달라고 부탁하지 않았더라면 그녀는
아랫사람에게 좋은 모범을 보일 수 없었을 것이다.

하니는 일반 사람들에게 도서관을 개방할 때는 이 작업을 조심
스럽게 진행했다. 그래서 채러티는 오후 시간을 어느 정도는 그와
함께 보낼 수 있을 거라고 확신했다. 태가네 여자아이가 자리에 있

거나, 갑자기 독서에 매혹된 몇몇 행인들이 방해할 위험도 있었기에 두 사람은 진부한 말을 주고받는 것으로 대화 내용을 제한했다. 채러티는 이렇듯 공개적인 친절함과 비밀스러운 친밀함 사이의 상반된 대비에 크게 매료되었다.

갈색 집까지 마차를 몰고 간 다음 날은 '도서관 근무 일'이어서 그녀는 책상에 앉아 카탈로그 수정 작업을 하고 있었다. 그러는 동안 태가네 여자아이는 창문 쪽으로 곁눈질을 하며 한 무더기의 책 제목을 노래처럼 연달아 외쳤다.

채러티는 딴생각에 빠져 있었다. 늪지대 옆의 음울한 집에서, 그리고 오랫동안 마차를 타고 집으로 돌아오던 황혼 무렵의 하늘 아래서 루시우스 하니가 그녀를 위로하기 위해 건넨 애정 어린 말을 생각하고 있었다. 그런데 그날, 그가 평소와 달리 점심 식사 시간에 모습을 보이지 않았다. 로열 씨네 집에서 함께 식사를 하기 시작한 후로 처음 있는 일이었다. 불참을 해명하는 전갈도 없었다. 평소보다 더 뚱하니 말이 없던 로열 씨는 놀라지도 않고 아무런 얘기도 없었다. 노스도머의 대다수 주민들처럼 로열 씨도 여러 일을 수동적으로 받아들이는 경향이 있었기에 이런 무심함은 그 자체로 특별한 의미가 없었다.

하지만 채러티가 본인의 열정적인 행복감에 대한 반작용으로 보건대 그의 침묵 속에는 뭔가 불안한 구석이 있었다. 마치 루시우스 하니가 두 사람의 삶 속에 한 번도 끼어든 적이 없었던 것처럼 보였다. 로열 씨의 태연한 무관심 때문에 그가 비현실의 영역으로 밀쳐진 것 같았다.

앉은 채로 일을 하던 채러티는 식사 자리에 나타나지 않는 하니에 대한 실망감을 떨쳐 내려고 노력했다. 뭔가 사소한 일 때문에 그는 점심 식사를 함께하지 못했을 것이다. 그래도 그녀는 그가 그녀를 꼭 다시 보고 싶어 할 거라고, 로열 씨와 베레나가 함께하는 저녁 식사 때까지 기다리게 하지는 않을 거라고 확신했다. 그녀는 그가 처음에 어떤 말을 꺼낼지 궁금해하면서, 그가 도서관에 오기 전에 태가네 여자아이를 내보낼 방법을 짜내고 있었다. 그때 밖에서 발소리가 나더니 그가 마일스 목사와 함께 올라왔다.

헵번의 성직자인 마일스 씨는 성공회에 속한 오래된 하얀 교회에서 직무를 수행하는 특별한 경우 말고는 노스도머까지 말을 타고 오는 일은 흔치 않았다. 활기차고 쾌활한 성격의 그는 '교회 사람들' 중 소수 정예가 종파심이 강한 황무지 같은 곳에서 살아남았다는 사실을 최대한 이용하려고 열의를 보였다. 그래서 마을 반대편에 있는 생강빵 색깔의 침례 교회의 영향력을 약화시키려고 하였다. 하지만 제지 공장과 술집이 들어찬 헵번의 교구 업무 때문에 계속 바빠서 노스도머에 시간을 내기가 쉽지 않았다.

하얀 교회에 다니는 채러티는 (노스도머의 모든 상류층 사람들처럼) 마일스 씨를 존경했다. 심지어 잊지 못할 네틀턴 여행 중에는 코가 곧고 말투가 훌륭한, 아메리카 담쟁이덩굴로 덮인 갈색 석조 목사관에 사는 이 남자와 자신이 결혼하는 상상을 했을 정도였다.

머리가 굽슬굽슬한 여인과 커다란 아기가 이미 그런 특권을 누리고 있다는 사실을 알았을 때 그녀는 큰 충격을 받았다. 결국 루시우스 하니가 마을에 도착한 지 얼마 안 돼서 마일스 씨는 채러티의 꿈에서 사라져 버렸다. 채러티는 하니 옆에서 걸어오는 그를 보고 그의 실체를 알게 되었다. 그는 성직자 모자 아래로 대머리가 보이고, 그리스인 같은 코에 안경을 걸친 뚱뚱한 중년 남자에 불과했다. 그녀는 그가 무슨 일로 평일에 노스도머에 왔는지 궁금했다. 또한 하니가 도서관에 그를 데리고 와서 기분이 살짝 상했다.

지금 당장은 해쳐드 씨 때문에 온 것 같았다. 마일스 목사는 친구의 설교단을 채워 주기 위해 스프링필드에서 며칠을 보냈는데, 그동안 '기념 도서관'의 환기를 도모하는 젊은 하니의 계획에 대해 해쳐드 씨가 의견을 구해 왔다. 방주 같은 해쳐드 씨의 도서관에 손을 얹는 것은 중대한 문제였다. 해쳐드 씨는 본인의 양심에 대해 가책을 충분히 느끼는 편(하니는 이렇게 표현했다)이어서 무슨 일이든 결정하기 전에 마일스 씨의 의견을 구하고 싶어 했다.

"하니 씨 사촌 누님 말만 들어서는 당신이 이곳을 어떻게 바꾸고 싶어 하는지 이해가 잘 안 되었어요." 마일스 목사가 설명을 시작했다. "그리고 다른 위원들도 이해를 못 해서, 직접 마차를 몰고 가서 한번 보는 게 나을 것 같다는 생각이 들었지요." 그는 젊은 하니 쪽으로 안경을 낀 다정한 눈을 돌리며 덧붙였다. "물론 이 일을 더 잘 해낼 사람은 없을 것 같아요. 그런데 이곳은 기이한 신성함이 있네요."

"신선한 공기를 약간 통하게 한다고 이곳의 신성함이 훼손되지는 않겠지요." 하니가 웃으며 대답했다. 그리고 두 사람은 도서관의 저쪽 끝으로 걸어갔다. 그동안 하니는 교구 목사에게 자신의 생각을 전했다.

마일스 목사는 평소처럼 다정하게 두 여자에게 인사를 건넸다.

하지만 채러티가 보기에 그는 다른 것에 정신이 팔린 것 같았다. 그녀는 두 사람이 나누는 대화를 살짝 엿듣고는 그가 스프링필드를 방문했을 때 느꼈던 매력에 사로잡혀 있다는 것을 알아챘다. 그곳에서 아주 기분 좋은 일이 많았던 모양이다.

"아, 쿠퍼슨네 말이죠? 맞아요. 당신도 당연히 아는군요."

그녀의 귀에 이런 이야기가 들렸다. "그건 아주 멋진 옛집이에요. 그리고 네드 쿠퍼슨은 정말 인상적인 인상파 그림을 몇 점 수집했어요." 그가 말한 사람은 채러티가 모르는 이름이었다. "맞아요, 맞아. 토요일 저녁에 리릭 홀에서 쉐퍼 사중주단이 연주했지요. 저는 월요일에 타워에서 다시 그 연주를 들을 수 있는 특권을 누렸어요. 바하와 베토벤을 멋지게 연주했어요. 가든파티는 처음이었고요. 참, 발치 양을 몇 차례 봤는데 아주 아름답더군요."

채러티는 연필을 떨어뜨렸다. 그녀에게는 태가네 막내딸이 부르는 노랫말이 더 이상 귀에 들어오지 않았다. 마일스 목사가 왜 갑자기 애너벨 발치의 이름을 꺼낸 걸까?

"아, 정말요?" 다시 하니의 대답 소리가 들렸다. 그는 막대기를 들며 이야기를 이었다. "제 계획은 이렇습니다. 이쪽 선반을 치운 다음 이 박공 아래 한쪽을 중심축으로 삼고서, 이쪽 벽에 둥그런 창문을 내는 거죠."

"그분이 나중에 여기로 오면 해쳐드 씨 댁에서 머물겠지요?" 마일스 씨는 본인의 생각대로 질문을 던졌다. 그러고는 휙 돌아서서 고개를 뒤로 젖히며 대답했다. "그래요, 그래. 이제 이해가 되네요. 그렇게 하면 사물의 모습을 크게 바꾸지 않고도 바람이 통하겠네요. 반대할 이유가 없어요."

그들의 논의는 몇 분간 더 이어졌다. 두 사람은 천천히 책상 쪽으로 되돌아왔다. 마일스 목사가 걸음을 멈추더니 채러티를 사려 깊게 바라보며 물었다. "얘야, 얼굴이 살짝 창백하구나. 일이 너무 고되지는 않니? 너와 메이미가 도서관을 철저히 점검한다고 하니 씨가 얘기하더구나." 그는 교구민의 세례명을 늘 주의 깊게 기억했다. 그는 이어서 적절한 순간에 자애롭게 태가네 막내딸에게로 안경을 기울였다.

그러고는 다시 그는 채러티를 향해 몸을 돌렸다. "과로하진 말거라, 얘야. 과로할 필요는 없어. 언제 헵번으로 오거든 나와 아내를 보러 오거라." 그는 채러티의 손을 꽉 붙잡고는 메이미 태가에게 작별 인사를 건네며 얘기했다. 그가 도서관을 나서자 하니가 그를 따라갔다.

그녀는 하니의 두 눈에서 거북한 마음을 읽어 낼 수 있었다. 그는 자신과 단둘이 있고 싶어 하지 않는 것 같았다. 그녀는 그가 전날 밤 자신에게 해 주었던 다정한 말을 후회하는 것은 아닌지 갑자기 궁금했다. 그의 말은 연인보다는 형제간에 나누는 대화에 가까웠지만, 어루만지는 듯한 따뜻한 목소리 때문에 정확한 느낌을 알지 못했다. 그는 그녀가 그 산에서 온 고아라는 사실이 그녀를 꼭 안고서 중얼대며 위로하고 달래 준 유일한 이유라고 느끼게 해 주었다. 그래서 마차 여행이 끝나고 마차에서 내렸을 때는, 지치고 춥고 마음도 아파서 마치 땅바닥은 햇살이 비치는 파도요, 자신은 파도 꼭대기 물마루에 선 물보라인 것만 같았다.

그렇다면 왜 갑자기 그의 태도가 바뀌었을까? 왜 그는 마일스 목사와 함께 도서관을 나섰을까? 그녀의 불안한 상상력은 애너벨 발치라는 이름에 딱 꽂혀 버렸다. 그 이름이 언급된 순간부터 하니의 표정이 바뀌었다는 생각이 들었다. 스프링필드의 가든파티에 참석한, '무척 아름다워' 보였다는 애너벨 발치. 마일스 목사가 그곳에서 그녀를 보았던 바로 그 순간에 채러티와 하니는 하얏트의 가축우리 같은 집에서 주정뱅이와 정신 나간 노파 사이에 앉아 있었을지 모른다.

채러티는 가든파티가 어떤 것인지 정확히 알지 못했다. 하지만 꽃이 만발한 네틀턴의 잔디를 얼핏 본 덕분에 그 장면을 눈에 그려 볼 수 있었다. 또한 발치 양이 노스도머에 왔을 때, '낡았어'라고 공언한 '옛것들'을 부럽게 떠올리자, 발치 양의 화려함을 쉽게 그려 볼 수 있었다.

채러티는 그 이름으로 인해 어떤 것들이 연상되었다는 것을 이해했다. 그리고 하니의 삶에 속하는 보이지 않는 영향력에 맞서는 것이 무의미하다고 느꼈다.

그녀가 저녁을 먹으려고 방에서 내려왔을 때, 그는 자리에 없었다. 그녀는 베란다에 앉아서 기다리는 동안, 전날 두 사람의 이른 출발을 두고 지적했던 로열 씨의 말투가 떠올랐다. 로열 씨는 목 부분에 밴드를 댄 폭이 넓은 검은 장화를 난간 아래쪽 빗장에 기대더니, 의자를 뒤로 젖히며 옆자리에 앉았다. 헝클어진 잿빛 머리카락은 마치 화난 새의 볏처럼 솟아 있었고, 정맥이 드러난 두 뺨의 갈색 피부에는 얼룩덜룩한 붉은 반점이 보였다. 채러티는 그의 얼굴에 핀 얼룩덜룩한 붉은 반점이 그가 곧 폭발할 조짐이라는 것을 알고 있었다.

갑자기 그가 이야기를 꺼냈다. "저녁은 어딨어? 베레나 마쉬가 또 소다 비스킷을 밟고 넘어진 거냐?"

채러티가 깜짝 놀라며 그를 흘깃 바라보았다. "하니 씨를 기다리는 것 같아요."

"하니 씨라고? 베레나가? 저녁을 내놔야 할 거야, 그 사람은 오지 않을 테니까." 그가 자리에서 일어나더니 문 쪽으로 걸어가서 나이 든 여인의 고막이 찢어질 만큼 큰 소리로 외쳤다. "베레나, 저녁 내와요."

채러티는 불안으로 몸이 떨렸다. 무슨 일이 일어난 게 분명했다. 그녀는 이제 그 사실을 분명히 알았다. 로열 씨는 그게 무슨 일인지 알고 있었다. 하지만 무슨 일이 있어도 그녀는 불안한 마음을 드러내서 그를 만족시키지 않을 작정이었다. 그녀가 평소 앉던 자리에 가서 앉자, 그도 맞은편 자기 자리에 가서 앉더니 그녀에게 찻주전자를 건네기 전에 먼저 자기 잔에 진한 차 한 잔을 따랐다.

베레나가 스크램블드에그를 갖고 오자, 그가 자기 접시에 음식을 떠서 담으며 물었다. "넌 안 먹을 거냐?" 그녀는 정신을 차리고 먹기 시작했다.

'그 사람은 오지 않을 테니까.'라고 한 로열 씨의 말투에 불길한 만족감이 가득한 것 같았다.

그녀는 그가 갑자기 루시우스 하니를 미워하기 시작했다는 것을 알아챘다. 이런 감정의 변화를 일으키게 된 원인이 자신에게 있을 거라고 짐작했다. 하지만 그녀는 로열 씨의 적대적인 행동 때문에 젊은 하니가 떠났는지, 아니면 갈색 집에서 돌아온 후 다시는 자신을 보고 싶지 않아서 떠난 것인지 알아낼 방법이 없었다. 그녀는 세심하게 계획된 무관심한 표정을 지으며 저녁을 먹었다. 하지만 로열 씨가 자신을 보고 있으며 자신의 불안한 마음을 눈치챘다는 것을 알았다.

그녀는 저녁을 먹은 후 자기 방으로 돌아왔다. 로열 씨가 복도를 건너는 소리가 들렸다. 창문 밑에서 나는 소리로 그가 곧 현관으로 나갔다는 것을 알 수 있었다. 그녀는 침대에 앉으며 아래로 내려가서 무슨 일이 있었는지 묻고 싶은 마음을 억눌렀다. '그러느니 차라리 죽고 말지.' 그녀는 혼잣말을 했다. 그가 한마디만 해 줘도 그녀의 불안함을 잠재울 수 있을 테지만, 그녀는 그런 말을 꺼내서 그를 만족시킬 생각이 전혀 없었다.

그녀는 자리에서 일어나 창문에 몸을 기댔다. 황혼이 깊어지고 있었다. 언덕 끄트머리로 떨어지는 초승달의 가냘픈 곡선이 그녀의 눈에 들어왔다. 어둠을 뚫고 도로를 따라 내려가는 사람이 한두 명 정도 보였다. 하지만 어정대며 걷기에는 밤이 너무 추웠기에 산책하는 사람들은 이내 사라졌다. 창문 여기저기서 불이 들어오기 시작했다. 한 가닥의 빛줄기가 호스네 마당에 핀 백합 무더기를 하얗게 비추었다. 길을 따라 한참 내려가자, 캐릭 프라이네의 로체스터 램프가 잔디밭 한가운데 있는 투박한 화분을 환하게 비추고 있었다.

그녀는 한참 동안 창문에 기대고 있었다.

열병에 사로잡힌 그녀는 마침내 아래층으로 내려갔다. 모자걸이에서 모자를 집어 든 다음 집 밖으로 쌩하니 나왔다. 로열 씨는 현관에 앉아 있고, 베레나는 패치스커트 위에서 두 손을 맞잡은 채로 로열 씨 옆에 있었다.

채러티가 계단을 내려가자 로열 씨가 그녀를 불러세웠다. "어딜 가는 거냐?"

'오마네요.' 혹은 '아래쪽 태가네요.'라고 쉽게 대답할 수도 있었다. 그녀에겐 목적지가 없었기에 그 대답이 사실일 수도 있었다. 하지만 그녀는 아무 말 없이 휙 지나갔다. 그가 자신에게 질문할 권리를 인정하지 않을 작정이었다.

그녀는 문 앞에서 잠깐 멈춰 서서 도로를 위아래로 훑어보았다. 어둠이 그녀를 끌어당겼다. 그녀는 언덕으로 올라가서 목초지 위로 깊게 쌓인 낙엽송 속으로 뛰어들 생각을 하고 있었다. 그녀는 머뭇거리며 거리를 흘깃거렸다. 그사이 해쳐드 씨네 집 문 앞에 있는 가문비나무 사이로 빛이 새어 나왔다. 루시우스 하니가 거기 있었다. 그녀가 처음 생각한 것처럼 마일스 목사와 헵번으로 가지 않은 것이다. 그렇다면 어디서 저녁을 먹었을까? 그리고 무슨 이유로 로열 씨 집에 오지 않았을까?

그 불빛은 그가 있다는 확실한 증거였다. 해쳐드 씨네 하인들은 휴일에는 오지 않았고, 농부의 아내는 아침에만 들러서 하니의 침대를 정리하고 커피를 준비해 주기 때문이다. 지금, 이 순간 그는 램프 옆에 확실히 앉아 있었다. 채러티는 마을의 중간 정도까지 걸어가서 불빛이 비치는 창문을 두드리기만 하면 사실을 알 수 있었다. 그녀는 일이 분 정도 망설이다가 해쳐드 씨네 집으로 몸을 돌렸다.

그녀는 길을 따라 걸어오는 사람이 있는지 확인하려고 두 눈을 부릅뜬 채 재빨리 걸었다. 프라이네 집에 도착하기 전, 그 집 창문에서 나오는 불빛을 피하기 위해 길을 건넜다. 그녀는 마음이 불행

할 때마다 가혹한 세상에서 궁지에 몰린 기분에 들었다. 그럴 때는 동물처럼 숨으려고만 했다. 지금 거리는 텅 비어 있다. 그녀는 남의 눈에 띄지 않게 출입구를 지나친 다음 그 집으로 가는 길로 올라갔다. 그 집의 하얀 정면이 나무들 사이로 희미하게 비치고, 아래층에는 기다란 등불 하나만 보였다. 그녀는 그것이 해쳐드 씨네 응접실에 있는 등불이라고 생각했다. 하지만 지금 보니 그것은 그 집에서 더 먼 모퉁이에 있는 창문 사이로 새어 나오는 불빛이었다. 그녀는 그 창문이 나 있는 방이 어디 있는지 몰랐다. 그러다 이상한 느낌이 들어서 나무 밑에 잠간 서 있었다. 그런 다음 짧은 잔디밭을 살금살금 밟으며 다시 움직였다. 방에 있는 사람이 접근하는 그녀 때문에 혹시 깨더라도 보지 못할 만큼 집에 바짝 붙어서 걸었다.

격자무늬 아치형 입구가 딸린 좁다란 베란다 쪽으로 창문이 열려 있었다. 그녀는 격자무늬 구조물에 몸을 기댄 채로, 격자무늬를 덮은 클레마티스 가지를 벌려서 그 방의 한쪽 구석을 들여다보았다. 마호가니 침대의 발치, 벽에 걸린 판화 한 점, 수건을 던져 놓은 세면대, 초록빛 테이블보 위에 램프가 놓여 있는 테이블의 한쪽 모서리가 그녀의 눈에 들어왔다. 램프 갓의 반쪽이 그녀의 시야에 들어왔다. 바로 그 밑으로 햇볕에 그을린 매끈한 두 손이 보였다. 연필을 잡은 손과 자를 붙잡은 다른 손이 제도판을 이리저리 움직이고 있었다.

그녀의 심장이 쿵쾅대다가 잠잠해졌다. 그가 거기에 있었다, 몇 발짝 떨어진 바로 그곳에. 그녀의 영혼이 비통의 바다에서 뒤척이는 동안 그는 제도판 앞에 가만히 앉아 있었다. 평소처럼 능숙하고 정확하게 움직이는 그의 두 손을 보자 그녀는 꿈에서 깨어 났다.

그녀는 자신의 느낌과 불안함을 일으킨 원인 사이에 어떤 불균형이 있는지 바로 깨달았다. 이제 창문을 등지고 돌아서려는 순간 하니가 갑자기 한 손으로 제도판을 옆으로 밀치더니 다른 한 손으로는 연필을 휙 던져 버렸다.

채러티는 하니가 그 자신의 그림을 무척 좋아하고, 모든 작업을 깔끔하게 수행해서 마무리 짓는 모습을 여러 번 눈여겨봤다. 그런데 이제 참을성 없이 제도판을 제쳐 놓는 모습을 보니 그의 기분이 달라진 것 같았다. 갑작스럽게 낙담했다거나 자기 일이 무척 싫어진 것을 암시하는 몸짓이었다. 그녀는 그 사람도 비밀스러운 낙담 때문에 동요한 것은 아닌지 궁금했다. 그녀에게서 달아나려던 충동이 사라졌다. 그녀는 베란다로 올라가서 방 안을 들여다보았다.

테이블 위에 팔꿈치를 올린 하니가 보였다. 그는 손깍지 위에 턱을 괴고 있었다. 코트와 조끼를 벗고 플란넬 셔츠의 단추도 잠그지 않은 모습이었다. 젊고 활기찬 목선이 보이고, 가슴과 가슴을 연결하는 근육의 뿌리 부분도 보였다. 그는 자기혐오에 빠진 듯 지친 표정으로 정면을 응시하며 앉아 있었다. 마치 본인이 비뚤어지게 비친 모습을 응시하는 것처럼 보였다. 채러티는 겁에 질려서 잠시 그를 바라보았다. 그가 익숙한 얼굴이지만 낯선 사람이 된 것 같았다. 그녀의 시선이 그를 지나친 다음 바닥에 펼쳐진 여행용 가방으로 옮겨 갔다. 가방에는 옷이 반쯤 채워져 있었다.

그녀는 그가 떠날 준비를 하고 있으며, 그녀를 만나지 않은 채

떠나려고 마음먹었다는 사실을 알아차렸다. 그가 어떤 이유로 떠나든 그 결정 때문에 심하게 불안해한다는 것도 알아차렸다. 그리고 그녀는 그가 이렇듯 계획을 변경한 것은 로열 씨의 은밀한 간섭 때문이라고 바로 결론 내렸다. 그러자 오랜 원망과 반항심이 불길처럼 일어나더니, 지척에 있는 하니에 대한 갈망과 뒤섞였다. 그녀는 불과 몇 시간 전만 해도 그의 사려 깊은 동정심에 마음이 든든했었다. 그런데 지금은 홀로 있는 데다가 서로 교감까지 나눈 후라서 외로움이 두 배로 커졌다.

하니는 여전히 그녀의 존재를 알아차리지 못했다. 그는 꼼짝 않고 앉아서 벽지의 똑같은 지점을 우울하게 응시하고 있었다. 짐을 다 쌀 기운도 없었는지 여행 가방이 놓인 바닥에 펼쳐진 옷과 종이가 보였다. 그가 바로 손깍지를 풀더니 자리에서 일어났다. 채러티는 급히 몸을 뒤로 뺀 다음 베란다 계단으로 몸을 숙였다. 그날 밤은 너무나 깜깜해서 그가 창문을 열지 않는다면 그녀를 볼 가능성은 거의 없었다. 물론 그전에 그녀가 자리를 빠져나와 나무 그늘로 사라질 수도 있겠지만 말이다.

그는 마치 자신뿐만 아니라 주변의 모든 것이 싫어진 사람처럼 자기혐오에 빠진 얼굴로 일 분 정도 서서 방 안을 둘러보았다. 그러다 다시 탁자 앞에 앉더니 몇 번 더 선을 긋고는 연필을 옆으로 던져 버렸다. 마침내 그는 방 안을 가로질러 걸어가다가 여행 가방을 발로 찬 다음 침대에 누워서 두 팔로 머리를 괴고, 우울하게 천장을 올려다보았다. 채러티는 풀밭이나 솔잎 위에서 그런 모습으로 자기 옆에 누워 있던 그를 본 적이 있었다. 그때는 햇살이 나뭇가지 사이로 비치는 것처럼 하늘을 바라보는 그의 얼굴 너머로 기쁨이 비추고 있었다.

그런데 이제는 그의 얼굴이 너무 변해서 그때의 모습을 찾아볼 수 없었다. 그녀의 몸속에서 그의 슬픔을 아파하는 마음이 목구멍까지 차오르더니, 두 눈까지 올라온 눈물이 아래로 흘러내렸다.

그녀는 숨을 꾹 참고 꼼짝달싹도 하지 않은 채 계단참에 웅크리고 앉아 있었다.

그녀는 손을 까닥해서 유리창을 한 번만 톡 두드려도 그의 얼굴이 갑자기 어떻게 변할지 그려 볼 수 있었다. 그가 두 눈과 입술로 자신을 환영해 줄 것임을 뻣뻣하게 굳은 온몸의 맥박이 그녀에게 알려 주었다. 하지만 무언가 그녀의 움직임을 가로막는 것이 있었다. 인간적인 금기든 혹은 천상의 금기든, 금기가 두려워서 그런 게 아니었다. 그녀는 살면서 한 번도 겁을 낸 적이 없었다. 그저 집 안으로 들어가면 무슨 일이 일어날지 갑자기 이해가 됐을 뿐이었다. 젊은 남자와 여자 사이에 일어나는 일이었다. 노스도머 사람들이 대중 앞에서는 못 본 체하면서도 은밀히 킬킬대는 그런 일이었다. 해처드 씨는 여전히 모르지만 채러티 또래의 여자아이라면 학교를 졸업하기 전에 누구나 아는 사실이었다. 앨리 호스의 여동생 줄리아는 그 일이 일어나는 바람에 결국 네틀턴으로 가게 되었고, 사람들은 다시는 그녀의 이름을 언급하지 않았다.

물론 늘 그렇게 세상을 놀라게 하는 일로 끝나지는 않았다. 아마도 전반적으로 그렇게 비극적으로 끝나는 일도 아닐 것이다. 채러티는 외면당한 줄리아의 운명에 어떤 보상이 있었을 거라고 늘 생각했다. 다른 결말도 있었다. 마을 사람들이 알고 있는 비천하고, 비참하고, 당사자가 죄를 고백하지 않은 다른 사건들도 있었다. 갑갑하고 위선적인 환경 속에서 눈에 띄는 변화도 없이 지루하게 계속되는 다른 삶도 있었다.

하지만 이런 이유 때문에 그녀 스스로 억제하는 것은 아니었다. 그녀는 전날부터 하니가 자신을 안으면 어떤 기분을 느낄지 정확히 알고 있었다. 손바닥이 손바닥 속에서 녹아들고, 서로 맞닿은 입술도 녹아들고, 기다란 불꽃이 머리부터 발끝까지 타오르는 느낌이었다. 그런데 이런 느낌과 뒤섞인 또 다른 감정이 있었다. 예를 들어 그가 자신을 좋아한다는 사실에 대한 이상한 자부심, 그의 동정심이 그녀의 마음속에 불어넣은 깜짝 놀랄 만한 부드러움이 있었다. 이따금 속에서 젊음이 솟구칠 때는 황혼 무렵의 다른 여자애들처럼 은밀한 애무에 넘어가는 상상을 할 때도 있었다. 하지만 그녀는 그렇게 자신의 가치를 떨어뜨릴 수 없었다. 왜 하니가 떠나려는지 알 수는 없었다. 하지만 그가 자신에 대해 갖고 있는 이미지를 훼손하는 짓은 하지 말아야 한다는 생각이 들었다. 그가 그녀를 원한다면 먼저 그녀를 찾아야 했다. 줄리아 호스 같은 여자들처럼 갑자기 그녀를 데려갈 수는 없는 것이다.

모두가 잠에 빠진 마을에서는 아무 소리도 나지 않았다. 새 몇 마리가 나뭇가지를 쓸어 내는 것처럼 몰래 바스락대는 소리가 이따금 들릴 뿐이었다. 출입구를 지나는 발소리가 들리자, 그녀는 구석으로 몸을 움츠렸다. 하지만 발소리는 사라지고 더 깊은 적막만 남았다. 그녀의 두 눈은 여전히 고통스러워하는 하니의 얼굴에 꽂혀 있었다. 그녀는 그가 움직여야만 자신도 움직일 수 있다고 느꼈다. 하지만 부자연스러운 자세 때문에 점점 감각이 없어졌다. 그래서 막연히 지쳐서 그 자리에 있는 것 같은 애매한 생각이 들

때도 있었다. 그렇게 이상하게 경계하는 상태로 시간이 한참 흘렀다. 하니는 두 눈을 고정한 채 꼼짝 않고 침대에 누워만 있었다. 마치 자신의 상상이 끝장을 볼 때까지 기다리는 것만 같았다. 마침내 그가 몸을 살짝 움직이더니 자세를 바꾸었다. 그러자 채러티의 심장이 떨리기 시작했다. 하지만 그는 두 팔만 홀러덩 내던질 뿐 다시 예전 자세로 돌아갔다.

그는 깊은 한숨을 내쉬며 이마에 붙은 머리카락을 흩뜨렸다. 그러고는 온몸이 늘어지더니 베개 위에 놓인 고개가 옆으로 돌아갔다. 그는 잠에 푹 빠졌다.

그의 입술에 기분 좋은 표정이 돌아오더니 얼굴에서는 핼쑥함이 사라지고 사내아이 같은 상큼함이 남았다.

그녀는 자리에서 일어나더니 살금살금 그곳을 빠져나왔다.

8

  그녀는 시간 감각을 잃어버렸다. 거리로 나와서 해쳐드 씨네 집과 로열 씨네 집 사이의 창문이 모두 어두워진 것을 보고 나서야 시간이 얼마나 늦었는지 알았다.

  그녀가 검은 먹구름처럼 드리워진 노르웨이 가문비나무 아래를 지나갈 때, 오리 연못 주변의 그림자 속에서 두 사람을 본 것 같았다. 그래서 뒤로 물러나며 그곳을 자세히 들여다봤으나 움직이는 것은 아무것도 없었다. 램프 불이 켜진 방을 너무 오랫동안 응시하는 바람에 어둠 속에서 헷갈린 것이었다. 그녀는 분명 자신의 착각이라고 생각했다.

  그녀는 로열 씨가 아직도 현관에 있을지 궁금해하며 계속 걸었다. 하지만 기분이 무척 고조되어서 그가 그녀를 기다리든 아니든 크게 상관하지 않았다. 그녀는 비참함이라는 먹구름을 타고 삶 너머로 높이 둥둥 떠다니는 것만 같았다. 그 구름 밑으로 일상의 현실은 우주 속의 작은 점으로 축소되어 버렸다. 현관에는 아무도 없었다. 복도 모자걸이에는 로열 씨의 모자가 걸려 있고, 그녀가 침실로 갈 때 빛을 비출 수 있게 남겨 둔 부엌 램프가 보였다. 그녀는 램프를 들고 침실로 올라갔다.

다음 날 아침은 별다른 일 없이 느릿느릿 지나갔다. 채러티는 어떤 식으로든 하니가 이미 떠났다면 그 사실을 알게 되리라고 생각했다. 하지만 베레나는 귀머거리여서 소식을 알 수 없었고, 집으로 소식을 갖고 올 사람도 없었다.

로열 씨는 아침 일찍 외출했고 베레나가 점심 식사를 차릴 때까지 나타나지 않았다. 집으로 돌아온 그는 곧장 부엌으로 가서 나이 든 여인에게 소리쳤다. "점심 식사를 준비해 줘요." 그러고는 채러티가 이미 자리를 잡고 앉아 있는 식당으로 들어왔다.

하니의 그릇은 늘 있던 자리에 놓여 있었다. 로열 씨는 그가 나타나지 않는 이유를 설명하지 않았고 채러티도 묻지 않았다. 전날 밤의 과열된 감정은 사라졌고, 이제 그녀는 거의 냉담할 정도로 무심하게 그가 떠났다고 혼잣말을 했다. 그가 들어 올렸던 그녀의 삶은 이제 다시 판에 박힌 틀 속으로 빠져들게 될 거라고 중얼거렸다. 그녀는 그를 붙잡을 수도 있었던 행동을 하지 않았던 자신을 잠시 비웃고 싶어졌다.

그녀는 자리를 먼저 뜬다고 로열 씨가 뭐라고 하는 게 싫어서 식사가 끝날 때까지 그대로 앉아 있었다. 그러다 그가 자리에서 일어나자 그녀도 기다리지 않고 베레나를 도우려고 자리에서 일어났다. 그녀가 계단에 발을 올리는 순간 그가 돌아오라고 그녀를 불렀다.

"두통이 있어요. 올라가서 누워 있을래요."

"먼저 이리로 좀 와 주었으면 좋겠다. 너한테 꼭 할 말이 있어."

그녀는 그의 말투로 반드시 알고 싶어 하는 사실을 알게 될 거라는 확신이 들었지만 몸을 돌릴 때 무심한 척하려고 마지막 순간까지 애를 썼다.

로열 씨는 사무실 한가운데에 서 있었다. 튀어나온 두꺼운 눈썹과 살짝 떨리는 아래턱이 눈에 띄었다.

처음에 그녀는 그가 술을 마신 줄 알았다. 하지만 그는 정신이 말짱했다. 평소처럼 일시적으로 화가 난 게 아니라 깊고 복잡한 감정에 휩싸였다는 것을 알 수 있었다. 그러자 그녀는 지금까지 단 한 번도 그를 주목하거나 그에 대해 생각한 적이 없다는 사실을 갑자기 깨달았다. 딱 한 번 그가 잘못한 경우를 제외하고, 그는 늘 그 자리에 있는 사람이었다. 노스도머나 그녀에게 놓인 운명의 다른 조건들처럼 불가피하지만, 흥미 없고 의문의 여지도 없는 삶의 가장 중요한 실상일 뿐이었다. 심지어 지금도 그녀는 그를 자신과 관계가 있는 친척쯤으로 여길 뿐이지, 그가 다시는 그런 식으로 자신을 괴롭히지 않을 거라는 어떤 본능적인 확신 말고는, 그의 감정에 대해 따로 생각해 본 적이 없었다. 하지만 이제 그녀는 실제로 그가 어떤 사람인지 궁금해지기 시작했다.

그는 두 손으로 의자 등받이를 꽉 잡고 선 채로 심각하게 그녀를 바라보고 있었다. 마침내 그가 입을 열었다. "채러티, 우리 딱 한 번만이라도 친구처럼 얘기 좀 해 보자."

그녀는 갑자기 무슨 일이 있어났다는 느낌이 들었다. 그때 그가 그녀의 손을 잡았다.

"하니 씨 어디 있어요? 그 사람, 왜 돌아오지 않는 거죠? 아저씨가 그 사람을 보냈죠?"

그녀는 자기가 무슨 말을 하는지도 모르는 듯 불쑥 이렇게 내뱉었다.

로열 씨의 변화에 그녀는 깜짝 놀랐다. 혈관의 피가 모두 빠져나간 것 같았다. 그래서인지 거무스름한 낯빛에 비해 창백해 보이는 얼굴의 깊은 주름이 시커멓게 보였다.

"그 사람은 어젯밤에 그런 질문에 대답할 시간도 없었다니? 너희 둘은 충분히 오랫동안 같이 있었잖아!" 그가 말했다.

그녀는 아무 말 없이 서 있었다. 그의 조롱은 그녀의 마음속 깊은 곳에서 일어난 일과는 전혀 관련이 없어서 그 말을 이해할 수 없었다. 하지만 자기방어의 본능이 깨어났다.

"어젯밤 내가 그 사람과 함께 있었다고 누가 그래요?"

"온 동네 사람들이 지금까지 그 얘기를 하고 있어."

"그럼 그 사람들 입에 거짓말을 심어 준 건 아저씨네요. 아, 그래서 난 정말 아저씨가 늘 싫었어요." 그녀가 소리쳤다.

그녀는 어떤 식으로든 반박을 예상했다. 그런데 침묵 속에서 자신의 외침만 들리자 당황스러웠다.

"그래, 알고 있었다." 로열 씨가 느릿느릿 대답했다. "그래 봤자 지금은 크게 도움이 되지 못해."

"아저씨가 나에 대해 어떤 거짓말을 해도 난 전혀 상관하지 않으니까 도움이 되지요."

"그게 거짓말이라도, 내가 만든 거짓말은 아니야. 성경에 맹세코, 채러티 난 네가 어디에 있었는지 몰랐어. 어젯밤 난 이 집을 나가지도 않았단다."

그녀는 아무런 대답도 하지 않았다. 그가 계속 얘기했다. "자정에 네가 해쳐드 씨네 집에서 나오는 걸 본 사람이 있다고 하는데, 그게 거짓말이니?"

그녀가 깔깔대며 등을 활짝 펴자 무모할 만큼 오만함이 다시 살아났다. "그때가 몇 시인지 확인하지 않았어요."

"이런 못된 계집애! 아, 세상에, 왜 나한테 그런 이야기를 하는 거냐?" 그가 이렇게 얘기하며 의자에 풀썩 주저앉는데 노인처럼 고개가 푹 떨어졌다.

채러티는 위험을 감지하자 침착함이 돌아왔다. "내가 굳이 아저씨한테 거짓말을 하려는 것 같나요? 아저씨가 뭔데 내가 밤에 나갈 때 어디 가냐고 묻는 거예요?"

로열 씨가 고개를 들더니 그녀를 바라봤다. 그의 얼굴이 점점 침착해지더니 거의 평온을 되찾게 되었다. 로열 부인이 죽기 전, 그녀가 어린아이였을 때 가끔 봤던 얼굴이었다.

"채러티, 이런 식으로 굴지 말거라. 우리 둘 중 누구한테도 좋을 게 하나도 없어. 네가 그 녀석 집으로 들어가는 걸 본 사람이 있어, 네가 나오는 것도 보고. 난 이런 일이 일어나는 걸 지켜봤어. 그리고 그 일을 막으려고도 했지. 하나님은 아시겠지, 내가…."

"아, 그럼 아저씨였군요. 그렇죠? 전 그 사람을 쫓아낸 사람이 아저씨인 줄 알았어요."

그는 몹시 놀란 얼굴로 그녀를 바라보며 얘기했다. "그 사람이 네게 말하지 않았니? 난 잘 이해한 줄 알았는데." 그는 힘겹게 말을 끊으며 느릿느릿 이야기했다. "네 이름은 꺼내지도 않았단다. 그랬다는 데 내 손목을 걸겠다. 난 그냥 더 이상 말을 빌려줄 수 없다고만 얘기했다. 식사 준비로 베레나가 너무 힘에 부친다는 얘기만 했어. 전에도 그런 말은 들어 봤을 거야. 어쨌든 그 사람은 내 얘기를 차분하게 받아들였어. 그 사람은 여기서 할 일이 거의 끝나 간다고 얘기했어. 그러고는 우리 사이에 아무 일도 없었단다. 그 사람이 네게 다른 얘기를 했다면 진실이 아니야."

채러티는 몹시 화가 나서 무아지경에 빠진 듯 귀를 기울였다. 그녀는 마을 사람들이 무슨 이야기를 하든 상관이 없었다. 하지만 그녀의 꿈을 모두 이렇게 손가락질하고 있다니!

"그 사람은 제게 아무 말도 안 했다고 얘기했잖아요. 어젯밤에 그 사람하고는 아무 말도 안 했다고요."

"아무 말도 안 했다고?"

"안 했어요. 사람들이 뭐라고 얘기하든 전 상관없어요. 하지만 아저씨가 알아둬야 할 게 있어요. 우리 사이에 아저씨나 이 마을 사람들이 생각하는 그런 일은 없었어요. 그 사람은 저한테 다정했어요. 제 친구였다고요. 그런데 갑자기 그 사람이 오질 않았어요. 전 알아요. 그건 바로 아저씨 때문이잖아요? 그런 짓을 한 건 아저씨라고요." 그녀는 받아들일 수 없는 과거의 기억을 모두 그에게 쏟아 냈다. "그래서 아저씨가 그 사람한테 무슨 말을 했는지 알아내려고 어젯밤에 그리로 갔어요. 그게 전부예요."

로열 씨는 한숨 돌리며 말을 꺼냈다. "그런데, 그렇다면, 그 사람이 거기 없었다면, 넌 거기서 그 시간 동안 대체 뭘 한 거냐? 채러티, 제발 말 좀 해 다오. 꼭 알아야겠다. 그래야 사람들의 입을 막지."

보기에 딱할 만큼 로열 씨는 모든 권위를 내려놓았지만 그녀는 꿈쩍도 하지 않았다. 그의 간섭 때문에 오히려 화가 치밀 뿐이었다.

"다른 사람이 무슨 말을 하든 제가 신경 쓰지 않는다는 걸 모르겠어요? 그 사람을 보려고 거기 간 건 사실이에요. 그 사람은 자기 방에 있었고요. 전 밖에 서서 아주 오랫동안 그 사람을 지켜보기만 했어요. 내가 그 사람을 쫓아왔다고 생각할까 봐 안으로 들어가진 않았다고요." 그녀는 자기 목소리가 떨리는 걸 느꼈기에 반항심을 끌어모아서 목청을 올리며 소리쳤다. "내가 살아 있는 동안 아저씨를 절대 용서하지 않을 거예요."

로열 씨는 아무 말도 하지 않았다. 그는 자리에 앉아서 고개를 떨구고 곰곰이 생각에 잠겼다. 의자 손잡이를 꽉 잡은 두 손에는 튀어나온 힘줄이 보였다. 폭풍이 친 후에 언덕으로 겨울이 몰아칠 때처럼 그는 갑자기 확 늙어 보였다. 마침내 그가 고개를 들고 이야기를 꺼냈다.

"채러티, 넌 아무 상관 하지 않는다고 네 입으로 얘기했어. 하지만 넌 내가 아는 사람 중에 자존심이 가장 센 아가씨야. 너한테 막말을 하는 사람들을 정말 싫어하지. 늘 너를 주시하고 있는 눈이 있다는 걸 넌 알고 있어. 넌 다른 아가씨들보다 예쁘고 똑똑해. 그거면 충분해. 그리고 지금까지 다른 사람들한테 틈을 보인 적이 없어. 그런데 이제 그 사람들이 틈을 얻었지. 그들은 그 틈을 이용할 거야. 난 네 말을 믿어. 하지만 그 사람들은…. 네가 그 집으로 들어가는 걸 톰 프라이 부인이 봤단다, 네가 다시 밖으로 나오는 것도 두세 사람이 봤고. 그 사람이 여기 온 후로 너희는 거의 온종일 붙어 다녔잖아. 난 변호사야. 그래서 중상모략을 잠재우는 게 얼마나 힘든지 잘 알아."

그는 잠시 말을 멈추었다. 하지만 그녀는 가만히 서 있기만 했다. 그의 말에 동조하는 기색을, 아니 관심을 보이는 기미조차 전혀 내비치지 않았다. "그 사람은 대화 상대로 유쾌한 친구야. 그 사람이 여기 있는 게 나도 좋았어. 여기 젊은 청년들은 그 사람이 누린 기회를 얻지 못했지. 하지만 저 언덕만큼 오래되고 햇빛만큼 분명한 사실이 하나 있단다. 그 친구가 너를 정말로 원했다면 그렇다고 얘기했을 거라는 사실 말이다."

채러티는 아무 말도 하지 않았다. 그녀는 그런 사람들의 입술에서 나오는 그런 말을 듣는 것보다 쓰라린 일은 세상에 없을 것 같았다.

로열 씨가 자리에서 일어나며 다시 말을 꺼냈다. "이봐, 채러티 로열. 난 딱 한 번 부끄러운 생각을 한 적이 있단다. 그리고 넌 내가 그 대가를 치르게 했어. 이제 우리 비긴 거 아닐까? 내 속엔 항상 나 자신도 억누르지 못하는 그런 구석이 있지. 그렇지만 딱 한 번 빼고 너한테는 늘 똑바로 행동했어. 그리고 앞으로도 그럴 거라는 걸 너도 알고 있잖니? 넌 나를 믿어 줬어. 네가 아무리 나를 비웃고 조롱해도 한 남자가 품위 있는 여자를 사랑하듯 내가 널 사랑했다는 걸, 넌 늘 알고 있었어. 내가 너보다 나이는 훨씬 많지만 그래도 이 동네 사람들 누구보다 괜찮다고 생각해. 그건 너도 아는 사실이잖니? 내가 딱 한 번 실수는 했지만 다시 시작하지 못할 이유는 없어. 만약 네가 나와 함께한다면, 나도 너와 함께할게. 네가 나와 결혼해 준다면, 우린 이곳을 떠나서 어디 큰 도시로 가서 자리를 잡을 거야. 거긴 사람도 많고, 업무도 많고, 할 일도 많겠지. 내 나이가 개업하기에 그리 늦은 나이는 아니야. 헵번이나 네틀턴에 갔을 때 거기 사람들이 나를 대우하는 걸 보면 알 수 있어."

채러티는 꼼짝도 하지 않았다. 그의 호소는 그녀의 마음에 전혀 와닿지 않았다. 그녀는 그에게 상처를 주고 아프게 할 말이 뭐가 있는지만 생각했다. 하지만 무기력하게 피로가 몰리면서 그런 마음이 누그러졌다. 그가 하는 말이 무슨 상관이 있을까? 그녀는 과거의 삶이 자신을 궁지로 몰아넣는 장면이 눈에 떠올랐다. 그래서 새 삶을 그리는, 상상 속에서나 나올 것 같은 그의 말에 주의를 기울일 수가 없었다.

"채러티, 채러티, 그렇게 하겠다고 말해 줘." 그녀의 귀에 재촉하는 그의 목소리가 들렸다. 잃어버린 모든 세월과 헛된 열정이 담겨 있는 목소리였다.

"아, 그게 다 무슨 소용이에요? 내가 여길 떠날 때, 아저씨와 함께 가진 않을 거예요."

그녀는 문 쪽으로 가면서 얘기했다. 그가 자리에서 일어나더니 그녀와 문지방 사이에 섰다. 그가 갑자기 크고 강인해 보였다. 마치 엄청난 모욕감 때문에 새로운 힘이 생긴 것 같았다.

"그게 다야, 그래? 별거 아니네." 그가 문에 기대자, 몹시 크고 강인해 보여서 좁은 방을 꽉 채울 것처럼 보였다. "음, 여길 봐 봐. 네 말이 맞아. 난 너한테 아무런 권리가 없어. 왜 네가 나처럼 망가진 남자를 바라보겠어? 넌 다른 친구를 원해. 그렇다고 난 너를 탓하지는 않을 거야. 넌 네가 본 것 중에 최고를 택했어. 음, 나도 늘 그랬지." 그는 심각한 눈빛으로 그녀를 빤히 쳐다봤다. 그녀는 그의 마음속 갈등이 최고조에 달했다고 느꼈다. "그 친구가 너와 결혼하기를 바라는 거야?" 그가 물었다.

두 사람은 선 채로 한동안 서로의 눈을 빤히 쳐다보았다. 마치 그녀가 자신의 혈관 속에 그 사람의 피가 흐른다고 느낄 때가 있는 것처럼 서로 똑같이 엄청난 용기를 내고 있었다.

"그 친구가 그렇게 말하길 바라는 거냐? 그렇다면 내가 한 시간 내로 그 사람을 이리로 데려올게. 내가 괜히 삼십 년 동안 법조계에 있었던 게 아니야. 그 친구는 헵번으로 가려고 캐릭 프라이네 사람들을 고용했어. 하지만 출발하려면 한 시간은 더 걸릴 테지. 그리고 난 그 친구가 결정을 하는 데 시간을 질질 끌지 않게 할 수 있어. 그 친구는 마음이 여려. 내 눈에는 그게 보여. 그렇다고 나중에 네가 후회하지 않을 거라는 말을 하는 건 아니야. 하지만 맹세코 난 너한테 그런 기회를 줄 거야. 네가 그렇게 얘기한다면."

그녀는 말 없이 그의 이야기를 끝까지 들었다. 하지만 그가 느끼는 감정과 그가 하는 모든 이야기가 너무 멀게만 느껴져서 어떤 거절의 말을 퍼붓더라도 속이 후련할 수 없었다. 지금 그의 이야기를 듣고 있으니 그녀의 마음속에 리프 하얏트의 흙투성이 장화가 하얀 블랙베리꽃을 짓밟던 장면이 떠올랐다. 지금 같은 일이 벌어지고 있었다. 덧없이 매우 아름다운 무언가가 그녀 안에서 꽃을 피웠다. 그녀는 그것을 지켜봤고, 그것이 장화에 짓밟히는 모습을 바라봤다. 그런 생각이 그녀의 머릿속을 스쳐 지나갔다. 그동안 그녀는 그가 여전히 문에 기대어 서 있기는 하지만, 자신의 침묵이 그가 가장 두려워하는 대답인 양 기가 꺾이고 위신도 떨어졌다는 것을 알 수 있었다.

"아저씨가 주는 기회 따위는 바라지 않아요. 그 사람이 떠난다니 난 기뻐요." 그녀가 대답했다.

그는 두 손을 문손잡이에 댄 채 잠시 더 자리를 지키고 있었다. "채러티!" 그가 간청했다. 하지만 그녀가 아무 말도 하지 않자, 그는 손잡이를 돌려 밖으로 나갔다. 그가 현관문 걸쇠를 더듬는 소리가 들리더니 계단을 내려가는 모습이 보였다. 그는 출입구를 지나친 다음, 구부정하고 육중한 모습으로 느릿느릿 거리 위로 사라졌다.

그녀는 그가 떠난 자리에 한동안 남아 있었다. 그가 남긴 모욕적인 마지막 말 때문에 아직도 몸이 부들부들 떨렸다. 그 말이 온 마을에 울려 퍼지며, 마치 자신이 그런 사악한 제안을 받아들인 존재라고 선언이라도 한 것처럼 그녀의 귓속에 크게 울렸다. 수치심이 물리적 억압처럼 그녀를 짓눌렀다. 수치심이 지붕과 벽이 되어 그녀를 포위하자, 그녀는 숨 쉴 공간이 있는 바깥으로 벗어나고 싶은 충동에 사로잡혔다. 그녀는 현관문 쪽으로 걸어갔다. 그녀가 문을 열려는 순간 루시우스 하니도 문을 열고 있었다.

그는 평소보다 심각하고 자신감이 부족해 보였다. 두 사람 모두 잠시 아무 말도 하지 않았다.

그가 한 손을 내밀며 물었다. "지금 나가려는 건가요? 들어가도 될까요?"

그녀는 심장이 마구 뛰어서 말을 꺼내기가 두려웠다. 그래서 눈물이 그렁그렁한 눈으로 그를 바라보았다. 그러다 침묵 속에 자신의 감정이 드러난다는 것을 깨닫고 바로 대답했다. "네, 들어오세요."

그녀는 식당으로 그를 안내했다. 두 사람은 각자 테이블 맞은편에 자리를 잡고 앉았다. 두 사람 사이에 양념통 스탠드와 옻칠한 빵 바구니가 놓여 있었다. 하니는 밀짚모자를 테이블 위에 올려놓으며 자리에 앉았다. 편안한 여름옷을 입은 그는 플란넬 셔츠 아래 갈색 타이를 매고 있었는데, 갈색 머리카락을 이마 뒤까지 빗어넘긴 모양새였다. 그녀는 전날 밤 헝클어진 머리카락이 눈가로 떨어지고, 단추를 채우지 않은 셔츠 사이로 맨 목을 드러낸 채 침대에 누워 있던 그의 모습이 떠올랐다. 그 모습이 그녀의 마음속으로 확 들어왔을 때처럼 그가 멀게 느껴진 적은 없었다.

"작별 인사를 하게 돼서 정말 서운하네요. 내가 떠나는 걸 알고 있겠지요?" 그가 불쑥 어색하게 이야기를 꺼냈다. 그녀는 그가 떠나는 이유를 자신이 얼마나 알고 있는지 그가 궁금해할 거라는 생각이 들었다.

"일이 생각보다 일찍 끝나셨나 봐요." 그녀가 대답했다.

"네, 맞아요…. 그러니까 음… 아니에요. 하고 싶은 일은 참 많아요. 하지만 제 휴가도 한도가 있고, 지금은 로열 씨 본인도 말이 필요하니까… 말 구할 방법을 찾기가 꽤 어렵더군요."

"이 근방에는 말 빌릴 곳이 많지 않죠." 그녀가 동의했다. 그리고 또다시 침묵이 흘렀다.

"요사이 정말 즐거웠습니다. 이렇게 즐겁게 보낼 수 있어서 당신께 감사 인사를 전하고 싶었어요." 그가 이야기를 계속하는데 얼굴이 붉어졌다.

그녀는 아무런 대답도 생각나지 않았다. 그러자 그가 계속 얘기했다. "당신은 저를 정말 다정하게 대해 주었어요. 이 말씀을 드리고 싶었어요. 당신이 더 행복해지고 덜 외롭다고 생각할 수 있으면 좋겠어요. 당신도 상황이 점점 달라질 거예요."

"노스도머는 아무것도 바뀌지 않아요. 사람들이 그저 그런 상황에 익숙해질 뿐이지요."

그녀의 대답 때문에 그가 미리 준비한 위로의 말이 뒤죽박죽되어 버린 것 같았다. 그는 머뭇거리며 그녀를 바라보고 있었다. 그러더니 환한 미소를 지으며 이야기를 꺼냈다.

"당신한테는 아닐 거예요, 그럴 리 없어요."

그의 미소는 그녀의 심장을 뚫는 칼과 같았다. 그녀 안의 모든 것들이 떨리더니 발버둥을 치기 시작했다. 그녀는 눈물이 흐르는 것을 느끼고 자리에서 일어났다.

"그럼, 안녕히 가세요." 그녀가 얘기했다.

그녀는 그가 자기 손을 잡았다는 걸 알아차렸다. 그의 손길에서 어떠한 활기도 느낄 수 없었다.

"잘 있어요." 그는 몸을 돌리며 인사하더니 문지방에 멈춰 섰다. "나 대신 베레나에게 인사 전해 줄 거죠?"

바깥문이 닫히는 소리가 나더니 그가 좁은 길을 빠르게 걸어가는 소리가 들렸다. 그가 나간 후 출입구 걸쇠가 딸깍 소리를 냈다.

다음 날 아침 그녀는 추운 새벽에 일어났다. 덧문을 열자 도로 맞은편에 서서 그녀를 올려다보는 주근깨투성이 소년이 보였다. 크레스턴 도로에서 삼사 마일 떨어진 농장에서 온 아이였다. 그녀는 그 시간에 그 아이가 무얼 하고 있는지, 왜 그렇게 뚫어지게 자신의 창문을 바라보는지 궁금했다.

아이는 그녀를 보더니 길을 건너와서 태연히 출입구에 몸을 기대었다. 집 안에 인기척을 보이는 사람은 아무도 없었다. 그녀는 잠옷 위에 숄을 걸치고 밖으로 뛰어갔다. 그녀가 출입구에 도착했을 때, 그 아이는 태평스럽게 휘파람을 불면서 느릿느릿 도로를 걷고 있었다. 출입구 빗장과 널 사이에 꽂혀 있는 편지 한 통이 그녀의 눈에 들어왔다. 그녀는 편지를 꺼내서 급히 방으로 돌아왔다.

편지 봉투에는 그녀의 이름이 적혀 있었고, 안에는 조그만 일기장에서 찢어 낸 낱장 한 장이 들어 있었다.

보고 싶은 채러티,

이렇게 떠날 수는 없어요. 난 크레스턴강에서 며칠 머물 예정이에요. 크레스턴 연못으로 와서 나를 만나 줄래요? 저녁까지 당신을 기다릴게요.

9

채러티는 거울 앞에 앉아서 앨리 호스가 그녀를 위해 비밀리에 다듬어 준 모자를 쓰고 있었다. 그것은 아래로 축 처진 넓은 챙과 체리색 안감이 달려서 그녀의 얼굴을 응접실 벽난로에 놓인 조개껍데기 안쪽처럼 환한 빛이 나게 해 주는 하얀 밀짚모자였다.

그녀는 로열 씨의 검은 가죽 성경책에 네모난 거울을 받친 다음, 브루클린 다리가 그려진 하얀 돌로 거울을 고정했다. 그리고 거울 앞에 앉아서 모자챙을 이리저리 굽히며 자기 모습을 바라보는데, 좋은 기회를 허비한 유령처럼 창백한 앨리의 얼굴이 그녀의 어깨 너머로 보였다.

"나 끔찍해 보이지, 그치?" 그녀가 행복한 한숨을 내쉬며 말했다.

앨리는 미소를 지으며 하얀 밀짚모자를 도로 가져갔다. "바로 여기에다 장미 몇 송이를 수놓아 줄게. 그럼 그건 당장 떼 버릴 수 있잖아."

채러티는 깔깔대며 손가락으로 푸석푸석한 검은 머리카락을 쓸었다. 그녀는 이마 주변으로 붉은빛이 감도는 머리카락 끄트머리가 너풀거리는 모습과 목덜미에 만들어지는 작은 고리 모양을 하니가 좋아한다는 사실을 알고 있었다. 그녀는 침대에 앉아서 찡그린 얼굴로 조심스럽게 모자 위로 몸을 구부린 앨리를 바라보았다.

"너, 하루쯤 네틀턴에 가 보고 싶었던 적 없어?" 채러티가 물었다.

앨리는 얼굴을 들지도 않고 고개를 저었다. "아니, 난 줄리아와 함께 그 의사한테 갔던 끔찍한 그때를 잊을 수가 없어."

"아, 앨리…."

"나도 어쩔 수가 없어. 그 병원은 윙 스트리트와 레이크 애비뉴 사이 모서리에 있어. 역에서 나오는 전차가 바로 그 옆을 지나가거든. 목사님이 영화를 보여 주려고 우리를 데리고 간 그날, 난 그곳을 바로 알아봤어. 그리고 다른 건 눈에 보이지 않는 것 같았어. '개인 상담'이라는 황금색 글씨가 적힌 커다란 검은색 간판이 정면에 있었지. 줄리아는 거의 죽다 살아났어."

"가여운 줄리아!" 더할 나위 없이 순결하고 안전한 채러티는 한숨을 내쉬었다. 그녀에게는 자신이 믿을 수 있는 데다가 자신을 존중해 주는 친구가 한 명 있었다. 그녀는 다음 날인 7월 4일 독립 기념일에 네틀턴에서 그와 함께 다닐 예정이었다. 그날이 그녀의 축제가 아니라면 누구의 축제가 있는 날일까? 그렇다고 그게 무슨 해가 될까? 줄리아 같은 아가씨들은 어떤 선택을 내리고, 어떻게 나쁜 친구들과 거리를 둬야 하는지 몰랐던 게 문제였다. 채러티는 침대에서 미끄러지듯 내려오더니 두 팔을 쭉 펼쳤다.

"다 꿰맨 거야? 그럼 다시 써 볼게." 그녀는 모자를 쓰더니 자기 모습을 보며 미소를 지었다. 줄리아에 관한 생각은 사라지고 말 았다.

다음 날 아침 그녀는 새벽이 되기 전에 일어나서 노란 햇살이 언덕 뒤로 펼쳐지는 장면을 보았다. 뜨거운 낮을 앞두고 은빛 광채가 잠이 든 들판을 가로지르는 장면도 눈에 들어왔다.

그녀는 정말 세심하게 계획을 세웠다. 헵번에서 열리는 소년금주단Band of Hope* 야유회에 간다고 선언한 것이었다. 노스도머에서 그렇게 먼 곳까지 갈 사람은 아무도 없기에 그녀가 야유회에 참석하지 않았다는 이야기가 전해질 일도 없었다. 게다가 그런 이야기가 전해져도 그녀는 크게 신경 쓰지 않을 것이다. 그녀가 독립을 주장하기로 단단히 마음먹고, 부끄럽게도 헵번으로 야유회를 간다고 거짓말까지 하게 된 것은 본인의 행복이 모독당할 것임을 직감적으로 알았기 때문이었다. 그녀는 루시우스 하니와 함께 있을 때마다 철옹성 같은 산안개가 있어서 자신을 숨겨 주기를 바랐을 것이다.

먼저 그녀가 크레스턴 도로까지 걸어가면 하니가 그녀를 마차에 태워서 언덕을 넘은 다음 헵번으로 가서 네틀턴행 9시 30분 기차를 기다리기로 했다. 하니는 처음에 이 여행에 대해 다소 미온적인 자세였다. 그는 그녀를 네틀턴으로 데려갈 준비를 마쳤다고 얘기했다. 하지만 사람들이 많고, 기차가 늦을 가능성이 크고, 밤이 되기 전에 그녀를 데려다줄 수 없다는 이유로 독립기념일에

---

* 평생 술을 먹지 않겠다고 소년들이 맹세한 단체로 1847년 영국에서 창립되었다.

가지 말자고 그녀에게 강력히 말했다. 그런데 그녀가 확실히 실망하는 모습을 보이자 그가 양보하게 되었고, 오히려 이번 모험에 희미하게 열광하는 모습까지 보였다. 그녀는 그가 그렇게 열성을 보이지 않는 것을 이해했다. 그는 이미 다양한 볼거리를 봐 왔을 테니 네틀턴에서 독립기념일을 보내는 게 재미없게 느껴질 만했다. 하지만 그녀는 아무것도 본 것이 없었다. 게다가 그의 팔에 매달린 채, 멋진 옷을 차려입은 한가한 군중들에 떠밀리며 큰 도시의 거리를 걷고 싶은 오래된 욕망에 사로잡혀 있었다. 그녀의 바람에 유일한 걸림돌은 그날 상점이 문을 닫는다는 것뿐이었다. 그녀는 상점이 문을 여는 다른 날에 그가 다시 자신을 데려가기를 바랐다.

그녀는 베레나가 화덕 너머로 몸을 숙이는 동안, 부엌을 살짝 빠져나온 다음 이른 아침의 햇살을 받으며 다른 사람 눈에 띄지 않게 출발했다. 채러티는 남의 주의를 끌지 않으려고 새 모자는 조심스럽게 싸서 들었고, 솜씨 좋은 앨리가 만들어 준 새하얀 모슬린 드레스 위에는 로열 부인의 기다란 잿빛 베일을 걸쳤다. 그녀는 로열 씨가 준 10달러에다 본인이 직접 저금한 돈까지 일부 합쳐서 옷가지들을 새로 고치는 데 모두 써 버렸다. 하니가 그녀를 만나려고 마차에서 뛰어내렸을 때, 그의 두 눈만 보고도 그만한 가치가 있다는 것을 알았다.

2주 전에 그녀에게 쪽지를 건네 주었던 주근깨투성이 소년이 헵번에서 마차를 탄 채 그들이 돌아올 때까지 기다리기로 했다. 소년이 채러티의 발치에 앉아 있었기에 바퀴 사이로 대롱거리는 두 다리가 보였다. 두 사람은 아이 때문에 이야기를 많이 나눌 수 없었다. 하지만 그렇게 큰 문제가 되지는 않았다. 이제 두 사람이 은밀한 언어를 충분히 주고받을 만큼 그들의 과거가 충만해지고, 저 언덕 너머 멀리 떨어진 곳만큼 긴 하루가 두 사람 앞에 펼쳐져 있기에 그들은 기다림 속에서 오히려 미묘한 기쁨을 누릴 수 있었다.

채러티가 하니의 쪽지에 응하려고 크레스턴 연못으로 그를 만나러 갔을 때, 그녀의 마음속에는 굴욕감과 분노가 들끓고 있었기에 그가 내뱉는 첫 번째 말로도 그녀와 쉽게 멀어질 수 있었다. 하지만 그는 적절한 표현을 찾아냈다. 그것은 바로 우정이라는 단순한 말이었다. 그 말 한마디로 그녀는 옳고 그녀의 보호자는 잘못된 사람이 되었다. 그는 자신과 로열 씨 사이에 어떤 일이 있었는지 암시하지는 않았다. 그저 노스도머에서는 탈것을 찾기 힘들었던 데다, 크레스턴강이 더 편리한 도심지여서 떠난 것처럼 얘기했다.

그는 로열 씨의 집을 나온 우울한 여름에 크레스턴 호수에 있는 하숙집 두어 곳의 말 보관소에서 관리인으로 일하는 주근깨 소년의 아버지에게 마차를 빌렸다고 했다. 그리고 그곳에서 마차로 돌아다닐 수 있는 거리에서 그림에 담고 싶은 집을 몇 채 발견했다고 했다. 그는 이웃 마을에 있을 때 가능한 한 자주 그녀를 볼 수 있는 즐거움을 포기할 수 없었다고 했다. 두 사람이 작별 인사를 할 적에 그녀는 계속 그의 안내자가 되겠다고 약속했다. 그리고 보름 동안 두 사람은 행복한 동료애를 다지며 언덕들을 천천히 훑고 다녔다.

이 마을 청년들과 처녀들은 우정을 쌓을 때 대화가 부족해지면 머뭇거리다 애무로 때우는 경우가 흔했다. 하지만 하니는 햐얏트의 집에서 돌아오는 길에 곤경에 처한 그녀를 위로할 때를 제외하고는 그녀에게 팔을 두르거나 갑작스러운 애무로 그녀를 힘들게 한 적이 없었다. 마치 꽃나무 옆에 있는 것처럼, 그녀 옆에서 숨 쉬는 것만으로도 그는 충분한 것 같았다. 그는 그녀와 함께 있으면 즐거웠다. 그녀의 젊음과 우아함을 느끼는 마음이 그의 두 눈에 드러나더니, 목소리까지 부드러워지는 것만 같았다. 그의 신중함은 냉정함을 암시하는 것이 아니라 자신과 같은 신분의 아가씨가 받을 만한 존중을 암시하는 것이었다.

속보 훈련을 받은 늙은 말이라 그런지 마차를 끌 때 너무 빨리 도는 바람에 산들바람이 살짝 불었다. 하지만 헵번에 도착했을 때는 바람이 불지 않아서 두 사람에게 아침 열기가 가득 쏟아졌다. 기차역 승강장에는 무더위에 지친 인파가 가득 들어차서 두 사람은 대기실로 피했다. 그곳에도 이미 더위와 연착된 기차를 기다리느라 지친 사람들이 몰려 있었다. 창백한 낯빛의 어머니들은 짜증 내는 아이들과 씨름하거나, 기차 선로에 홀린 큰 애들을 물러나게 하려고 애를 쓰고 있었다. 아가씨들과 아가씨들의 '친구들'은 서로 낄낄대고 밀치며 끈적한 봉투에서 꺼낸 사탕을 건넸다. 칼라가 없는 편안한 옷차림을 한 나이 든 남자들은 무거운 아이들을 한 팔로 옮기며 초췌한 눈으로 흩어진 가족들을 지켜보느라 땀을 흘리고 있었다.

마침내 기차가 덜커덩대며 들어오더니 기다리는 사람들을 집어삼켰다. 하니는 채러티를 획 들어 올려서 첫 번째 칸으로 데려갔다. 두 사람은 2인용 의자를 차지한 다음 기차가 으르렁대며 풍요로운 들판과 나른한 나무숲을 통과하는 동안 기분 좋게 뚝 떨어져 앉았다. 아침 안개는 마치 불꽃 주변을 맴도는 무색의 진동처럼 모든 것 너머에서 은근한 떨림이 되었다. 주변의 호화로운 풍경은 그런 아침 안개 때문에 풀이 죽어서 축 늘어진 것 같았다.

하지만 채러티에게 그날의 열기는 자극제가 되었다. 그 열기는 그녀의 가슴에서 타오르는 불꽃처럼 온 세상을 감쌌다. 기차가 이따금 요동칠 때마다 그녀는 하니에게로 확 떠밀렸다. 그럴 때마다 그녀가 입은 얇은 모슬린 위로 그가 입은 옷소매의 촉감이 느껴졌다. 그녀가 몸을 가누자 두 사람의 눈이 마주쳤다. 그날의 타오르던 열기는 숨결이 되어 두 사람을 감싸는 것만 같았다.

기차가 으르렁대며 네틀턴역으로 들어서더니 기차에서 내린 사람들이 밀물처럼 두 사람을 에워쌌다. 그 바람에 두 사람은 지저분한 '일꾼들'과 함께 기다란 커튼이 달린 대형 마차가 몰려 있는 더러운 광장으로 휩쓸려 나아갔다. 대형 마차를 끄는 말의 목덜미에는 술처럼 장식한 파리 잡는 그물이 달려 있었다. 말들은 따분한 듯 머리를 이리저리 흔들며 서 있었다.

한 무리의 마부들이 "이글 하우스로 가요."라고 소리치거나 "워싱턴 하우스로 가요." 혹은 "이쪽이 호수로 가는 길입니다."라고 하거나 "그레이탑으로 바로 출발합니다."라고 소리치고 있었다. 그들이 외치는 소리에다 폭죽이 터지는 소리, 딱총 폭발 소리, 장난감 총이 발사되는 소리, 소방관 밴드의 '메리 위도Merry Widow'*를 연주하는 굉음 소리까지 섞여 나오는 가운데 두 사람은 사람들에

* 헝가리의 레하르가 작곡한 3막의 희가극.

떠밀리며 깃발이 달린 마차에 올랐다.

광장 주변의 허름한 목조 호텔마다 걸려 있는 깃발과 종이 등이 보였다. 하니와 채러티가 중심가로 방향을 돌리자, 오래된 저층 상점들을 몰아내듯 들어선 벽돌과 화강암으로 단장한 상업 지구도 보였다. 중심가에 높이 솟은 기둥에 매달린 무수한 전선들이 더위 때문에 부르르 떨며 윙윙 진동하는 것처럼 보였다. 반대편에서 보면 공원 쪽으로 점점 가늘어지며 두 줄로 늘어선 깃발과 종이 등도 보였다.

이런 휴일에나 볼 수 있는 소음과 색깔 덕분에 네틀턴이 대도시로 변신한 것 같았다. 채러티는 스프링필드나 보스턴이라도 이렇게 웅장한 볼거리가 있을 것 같지 않았다. 그런데 바로 그 순간, 그녀는 멋진 청년의 팔에 매달린 애너벨 발치가 이런저런 현장을 요리조리 멋지게 빠져나가고 있는 것은 아닌지 궁금했다.

"우리 어디로 갈까요?" 하니가 물었다. 하지만 그녀가 행복한 눈빛으로 바라보자 답을 추측하고 이렇게 물었다. "먼저 주변을 둘러볼까요, 어때요?"

거리는 그들과 같은 여행객들과 다른 지역에서 온 여행객들, 네틀턴 주민들, 크레스턴의 공장에서 몰려온 노동자들로 몹시 붐볐다. 상점은 대부분 문이 닫혀 있었다. 하지만 술집이나 식당, 수도꼭지에서 탄산수가 솟구쳐 나오는 약국은 물론이고, 딸기 케이크와 코코넛 과자, 반짝이는 당밀 사탕 쟁반, 캐러멜과 껌 상자 따위가 가득한 제과점과 흐물흐물한 딸기와 바나나 바구니가 차곡차곡 쌓여 있는 과일 가게까지, 유리문이 활짝 열린 곳이 아주 많아서 상점이 닫힌 것을 눈치챈 사람은 거의 없었다. 문밖으로 오랜

지와 사과, 얼룩무늬 배, 칙칙한 라즈베리를 쌓아 올린 가판대를 내놓은 상점들도 있어서 과일 냄새와 퀴퀴한 커피 냄새, 맥주, 사르사파릴라*, 감자튀김 냄새가 물씬 풍겼다.

문이 닫힌 상점도 충분히 넓은 전면 유리를 통해 숨겨진 부유함을 넌지시 드러냈다. 물결치는 실크와 리본이 인조 이끼를 깐 해안 너머로 파도처럼 부서지듯 쌓여 있고, 그 위로 호화로운 모자들이 마치 열대의 난초들처럼 솟아난 상점도 보였다. 축음기의 분홍색 목구멍이 열리며 소리 없는 합창 속에 거대한 주름을 드러내거나, 보이지 않는 출발 신호원의 신호를 기다리는 것처럼 깔끔하게 줄지어 선 자전거들이 들어찬 상점도 있었다. 혹은 모조 가죽과 인조 보석과 셀룰로이드로 만든, 몇 단씩 쌓인 멋진 상품들이 은밀한 우아함을 드러내는 곳도 있었다. 그리고 사람들과 흥미진진하게 접촉할 수 있을 것 같은 커다란 공간 속에서 대담한 드레스를 입은 밀랍으로 만든 숙녀들이 친밀하지만 흠잡을 데 없는 몸짓으로 자신의 분홍빛 코르셋이나 속이 비치는 스타킹을 가리키는 상점도 있었다.

얼마 후 하니는 자신의 손목시계가 멈춘 것을 알아채고는 운 좋게도 아직 문이 열린 자그마한 보석 가게로 향했다. 손목시계를 점검하는 동안 채러티는 유리 진열창 너머로 몸을 기울였다. 검푸른 벨벳 천을 배경 삼아 달과 별처럼 빛나는 핀과 반지와 브로치가 보였다. 그녀는 이렇게 가까운 곳에서 보석을 본 적이 없었기

---

* 백합과의 청미래덩굴속에 속하며, 미국 중서부나 중남미, 호주 등에서 서식하며 그 뿌리로 음료수를 만든다.

에 유리 뚜껑을 들어 올려서 빛나는 보석들 사이로 손을 쑥 집어 넣고 싶었다. 하지만 손목시계 수리가 끝나는 바람에 그가 그녀의 팔을 잡으며 꿈속에서 끌어냈다.

"어떤 게 가장 좋아요?" 그가 그녀 옆의 진열대 너머로 몸을 기대며 물었다.

"잘 모르겠어요…." 그녀는 하얀 꽃이 달린 금빛 은방울꽃을 가리키며 대답했다.

"저 파란 브로치가 더 낫지 않아요?" 그가 제안하자, 그녀는 산속 호수처럼 파랗고, 주변에 작은 불꽃이 여러 개 달린 작고 둥그런 돌에 비하면 금빛 은방울꽃이 시시하다는 것을 바로 알아챘다. 그녀는 안목이 부족한 자신에게 화가 나서 얼굴이 붉어졌다.

"너무 예뻐서 쳐다보기도 두려웠나 봐요." 그녀가 대답했다.

그가 깔깔댔다. 두 사람은 상점 밖으로 나왔다. 그런데 몇 발짝 가지 않아서 그가 소리쳤다.

"오, 이런. 잊어버린 게 있네요." 그는 사람들 틈 속에 그녀를 남겨 두고 돌아섰다.

그녀가 분홍색 축음기의 나팔관을 들여다보고 있는데 그가 돌아와 팔짱을 꼈다.

"이 파란 브로치를 바라보는 걸 두려워할 필요는 없어요. 이제 이건 당신 거니까." 그가 얘기했다. 그리고 그녀는 손안으로 밀어 넣어지는 자그마한 상자 하나를 느낄 수 있었다. 너무 기뻐서 심장이 덜컹 뛰었지만 부끄러워서 그녀의 입에서는 말 더듬는 소리만 나왔다. 그녀는 남자친구에게 선물을 받아 내려고 머리를 굴리는 아가씨들의 이야기를 들은 기억이 났다. 그래서 자신이 유리 진열장 안에 들어 있는 예쁜 물건을 받고 싶어서 몸을 구부렸다고 하니가 생각할까 봐 갑자기 두려웠다.

두 사람은 거리를 좀 더 내려간 후 유리 출입문이 열려 있는 현관에 도착했다. 번쩍번쩍 빛나는 현관 마호가니 계단의 모서리마다 황동 우리가 딸려 있었다. "우리 뭘 좀 먹어야겠지요." 그가 얘기했다. 다음 순간 채러티는 전면이 거울로 되어 있고, 표면은 번쩍번쩍 빛나는 탈의실에 있었다. 화려하게 생긴 여자들이 파우더를 토닥거리고, 커다란 깃털 모자를 쫙 펼치고 있었다. 그녀는 그 여자들이 사라진 후에야 대리석 대야에 뜨거운 얼굴을 씻고, 사람들이 들고 있던 양산 때문에 푹 들어간 모자챙을 쫙 펼칠 용기를 낼 수 있었다.

그녀는 가게 안의 드레스가 너무 인상 깊어서 감히 자기 모습을 들여다볼 수 없었다. 그래도 결국 처다보았는데, 체리색 모자 밑으로 빛이 나는 얼굴과 투명한 모슬린 아래로 여린 어깨의 곡선이 드러나자 용기가 되살아났다. 그녀는 작은 상자에서 파란 브로치를 꺼내 가슴에 꽂은 후, 마치 플란넬 셔츠를 입은 젊은 남자들 옆에서 늘 모자이크 무늬로 장식한 현관을 거닐던 사람처럼 고개를 높이 들고 식당 쪽으로 향했다. 하지만 거만하게 치켜든 머리에 모브 캡*을 쓰고, 테이블 사이를 돌아다니는 검은 옷을 입은 허리 잘록한 여자 종업원을 보자 살짝 기가 죽었다. "한 시간은 기다려야 해요." 여자 종업원 중 한 명이 지나가면서 하니에게 얘기했다.

* 18~19세기에 여자들이 실내에서 쓰던 모자.

그는 미심쩍은 눈으로 주위를 둘러봤다.

"아, 그럼 더운데 여기 머물 순 없겠네요." 그가 결정을 내렸다. "다른 데를 찾아보죠." 채러티는 안도감을 느끼며 그를 따라 화려하지만 불친절한 곳을 벗어났다.

더위 속에서 오랫동안 저벅저벅 걸어 다녔음에도 몇 차례나 자리를 구하지 못하다가, 결국 뒷길에서 자칭 프랑스 레스토랑이라고 하는 자그마한 야외 식당인 '다른 데'를 찾아낼 수 있었다. 붉은강낭콩 나무 아래로 부서질 것 같은 테이블 두세 개가 보이고, 백일홍과 피튜니아 사이에 있는 뒷마당 쪽으로 나뭇가지가 구부러진 커다란 느릅나무 한 그루가 보이는 식당이었다. 두 사람은 여기서 기이한 맛이 나는 음식을 먹었다. 하니는 망가진 흔들의자에 등을 기대고 앉아서 음식이 나올 때마다 채러티의 잔에 연노란색 와인을 부어 주며 담배를 피웠다. 그는 그 와인이 프랑스의 아주 유쾌한 곳에서 마셨던 것과 정말 똑같은 맛이 난다고 얘기했다.

채러티는 그 와인이 사르사파릴라처럼 좋은 맛은 아니라는 생각이 들었다. 하지만 그가 하는 대로 따라 하는 것이 즐거워서 그와 단둘이 외국에 있다고 상상하며 한 모금 들이켰다. 가슴이 크고 머릿결이 좋은 여자가 유쾌하게 웃으며 시중을 들자 이런 상상이 더 깊어졌다. 여자는 하니에게 알아들을 수 없는 말로 얘기를 걸었는데, 친절한 그의 대답이 무척 놀랍고 아주 즐거운 것처럼 보였다. 다른 테이블에도 사람들이 앉아 있었다. 공장 노동자처럼 보이는 사람들은 평범하지만 상냥해 보였다. 이들은 새된 목소리로 자기들만 알아듣는 은어를 쓰며 하니와 채러티를 다정한 눈빛으로 바라봤다. 테이블 다리 사이로 머리털이 부분부분 벗겨진 분홍색 눈을 가진 푸들 한 마리가 보였다. 푸들은 음식 부스러기를 찾아서 코를 들이밀더니 터무니없게도 뒷다리를 딛고 일어섰다.

하니는 자리를 옮길 생각이 없어 보였다. 두 사람이 앉은 구석 자리가 덥기는 했지만 그늘도 있고 조용했기 때문이었다. 덜커덩 지나치는 전차 소리와 끊임없이 터지는 딱총 소리, 거리 악사들의 연주 소리, 확성기에 대고 고함치는 소리, 점점 많아지는 군중의 야단스러운 중얼거림이 큰길을 뚫고 들려왔다. 그는 의자에 몸을 기댄 채 담배를 피우다가 개를 어루만지며 김이 나는 깨진 찻잔 속 커피를 휘젓기도 했다. "이런 게 진짜야." 그가 얘기했다. 채러티는 그의 이야기를 듣고 그 음료에 대한 기존의 생각을 바로 바꿨다.

두 사람은 남은 시간을 어떻게 보낼지 계획을 세우지 않았다. 하니가 그녀에게 다음에 무얼 하고 싶으냐고 묻자, 그녀는 대답할 거리가 너무 많아서 당황스러웠다. 결국 그녀는 예전에 방문했을 때 가 보지 못한 호수에 가고 싶다고 고백했다. "아, 그럴 시간은 있어요. 이따 가면 더 즐거울 거예요." 그가 이렇게 대답하자, 그녀는 마일스 목사가 그녀를 데려갔을 때 보여 준 것처럼 영화를 보러 가자고 제안했다. 그녀는 하니가 살짝 당황할 줄 알았다. 하지만 그는 멋진 손수건으로 뜨뜻해진 이마를 닦으며 유쾌하게 얘기했다. "그럼 갑시다." 그는 분홍빛 눈을 가진 푸들을 마지막으로 어루만지며 자리에서 일어났다.

마일스 목사가 영화를 보여 준 곳은 하얀 벽에 오르간 하나가 다인 소박한 YMCA 건물이었다. 하지만 하니가 채러티를 데려간 곳은 눈이 부시게 화려했다. 그녀의 눈에 들어온 것은 모두가 번쩍번쩍 빛이 나는 것 같았다. 두 사람은 머리카락이 노란 미녀들이 야회복 입은 악당들을 무찌르는 거대한 그림들 사이를 지나서 관객들이 꽉 들어찬 벨벳 커튼이 달린 객석으로 들어갔다.

한동안 그녀의 머릿속에서 열기가 빙빙 원을 그리고, 빛과 어둠이 황홀하게 교차하더니 나중에는 모든 것이 합쳐졌다. 야자나무와 회교 사원의 뾰족탑, 공격하는 기병대원들, 으르렁대는 사자들, 우스꽝스러운 경찰관들, 인상 쓰는 여러 명의 살인자가 뒤얽힌 가운데 사람들에게 보여 줄 수 있는 세상 모든 것들이 그녀 앞에서 교차하는 것처럼 보였다. 우적우적 사탕을 씹는 얼굴들과 젊은이와 노인 혹은 중년의 누르스름한 얼굴 등, 수백 명이 서로 전염되는 똑같은 흥분을 느끼며 열을 내더니, 영화 속 광경의 일부가 되어 다른 이들과 함께 화면 위에서 춤을 추었다.

시원한 전차를 타고 어서 호수로 가고 싶다는 생각이 참을 수 없을 만큼 커진 두 사람은 간신히 극장을 빠져나왔다. 두 사람이 보도 위에 섰을 때는, 하니는 영화관의 열기 때문에 얼굴이 창백해져 있었고, 채러티도 그 열기로 인해 살짝 어리둥절한 상태였다. 이때 '호수까지 10달러에 모십니다.'라는 문구가 적힌 옥양목 띠를 두른 채 전기 마차를 몰며 지나가는 젊은이가 보였다. 채러티가 무슨 일이 일어나는지 알아차리기도 전에 하니가 손을 흔드는 바람에 두 사람은 전기 마차에 올랐다. "이십오 달러를 내시면 야구 경기장까지 모셨다가 끝나면 도로 모시고 올게요." 청년이 환심을 사려고 희죽 웃으며 제안했다. 하지만 채러티가 잽싸게 끼어들었다. "아, 그냥 호수에서 노를 젓는 게 낫겠어요." 거리에 사람이 너무 많아서 속도가 느렸다. 그래도 짐을 실은 대형 마차와 전차 사이로 꼼지락꼼지락 기어가는 작은 마차에 의기양양하게 앉아 있으니 그 순간이 아주 짧게 느껴졌다.

"다음은 레이크 애비뉴입니다." 전기 마차를 모는 젊은이가 어깨 너머로 소리쳤다. 채러티 일행이 삼각 모자를 쓰고 칼을 찬 우애공제회Knights of Pythias 회원들을 가득 태운 대형 마차를 따라가고 있을 때, 그녀가 고개를 들어 모퉁이를 보자 눈에 띄는 검정과 황금색 간판이 달린 벽돌집이 정면에 나타났다. 그녀가 '머클 박사 – 개인 상담 하루 종일 가능. 여성 간병인'이라고 적힌 간판 내용을 읽자 갑자기 앨리 호스의 말이 생각났다. "그 집은 윙 스트리트와 레이크 애비뉴 사이 모퉁이에 있어. 정면에 검은색 커다란 간판이 달려 있지…." 모든 열기와 황홀함 속에서 갑자기 한기가 훅 끼치며 온몸이 오싹했다.

10

드디어 호수가 나타났다. 나뭇가지를 축 늘어뜨린 나무들이 반짝반짝 빛나는 얇은 금속판 같은 호수를 품고 있었다. 채러티와 하니는 보트 한 척을 빌려서 선창과 휴게소를 벗어난 다음 호숫가의 그림자를 끼고 느릿느릿 표류했다. 햇살이 호숫물을 내리쬔 곳에서 햇살 몇 자락이 열기로 뒤덮인 하늘을 향해 눈이 부시게 다시 비추었다. 그래서 그늘이 조금만 져도 이곳과 대조적으로 까맣게 보였다.

호수가 너무 매끄러워서 호수 가장자리에 비친 나무 그림자는 단단한 표면에 에나멜을 씌운 것처럼 보였다. 하지만 태양이 점차 기울면서 호숫물도 점점 투명해졌다. 채러티가 몸을 기울여 홀린 듯한 시선으로 너무나 맑은 호수를 깊이 응시하자 나무 꼭대기와 바닥의 초록빛 풀이 뒤얽힌 듯 거꾸로 보였다.

두 사람은 호수의 맨 끄트머리 지점을 돈 다음 호수 후미로 들어가서 툭 튀어나온 나무 둥치에 뱃머리를 댔다. 그 너머로 초록빛 베일처럼 걸려 있는 버드나무가 몇 그루 보였다. 버드나무 너머로 햇빛을 받아 반짝이는 밀밭이 보이고, 지평선을 따라 확 트인 언덕이 밝게 드러났다. 채러티는 선미에 등을 기댄 채로 앉아 있었고, 하니는 노를 풀고는 배 밑바닥에 아무 말도 없이 누워 있었다.

크레스턴 연못에서 두 사람이 다시 만난 이후로 그는 이렇게 음울한 침묵에 자주 빠졌다. 말이 필요 없어서 대화가 중단되는 침묵과는 다른 것이었다. 이럴 때 그의 얼굴은 어둠 속에서 바라보았던 표정과 같았다. 그럴 때마다 그녀는 두 사람 사이의 알 수 없는 거리감을 느꼈다. 하지만 그는 그렇게 심하게 정신이 딴 데 팔려 있다가도 그녀가 그런 표정 때문에 기분이 오싹해지기 전에 갑자기 유쾌한 모습을 보이며 그런 그늘을 몰아냈다.

그녀는 그가 전기 마차를 모는 기사에게 건넨 10달러를 계속 생각하고 있었다. 두 사람은 10달러를 주고 20분 동안 즐거웠다. 그런데 그 가격으로 재미를 살 수 있다고 생각하는 사람은 아무도 없을 것 같았다. 10달러를 주면 그녀에게 약혼반지를 사 줄 수도 있었을 것이다. 스프링필드 출신인 톰 프라이 부인이 가진 다이아몬드가 박힌 반지는 가격이 겨우 8달러 75센트에 불과하다는 것을 그녀는 알고 있었다. 그런데 왜 그런 생각이 떠올랐는지 그녀는 알 수 없었다. 하니는 결코 그녀에게 약혼반지를 사 주지 않을 것이다. 두 사람은 친구이자 동지였지만 그 이상은 아니었다. 그는 그녀에게 철저히 공정했다. 그는 그녀가 오해할 만한 말은 단 한마디도 하지 않았다. 그녀는 어떤 아가씨의 손이 그의 반지를 기다리고 있을지 궁금했다.

호수 위로 점점 더 많은 배가 들어차기 시작했다. 덜커덩덜커덩 소리를 내며 계속 도착하는 전차가 야구장에서 사람들이 돌아오고 있다는 소식을 알렸다. 진줏빛 회색 물 위로 배 그림자가 길게 드리워지고 태양 주변의 흰 구름 두 개가 금빛으로 물들고 있었다. 들판에서 급하게 망치로 나무 비계를 두드리는 남자들이 맞은편 호숫가에 보였다. 채러티는 저게 어디에 쓰는 것이냐고 물었다.

"뭐, 불꽃놀이잖아요. 큰 쇼가 열릴 것 같아요" 하니는 그녀를 바라보더니 침울한 눈빛으로 미소를 지으며 얘기했다. "지금까지 멋진 불꽃놀이를 본 적이 없나요?"

"해처드 씨가 독립기념일에 늘 멋진 폭죽을 쏘아 올려요." 그녀가 모호하게 대답했다.

"아, 난 이렇게 큰 쇼와 환한 불이 들어오는 보트와 그 밖의 모든 것을 얘기하는 거예요." 그는 가차 없이 모욕했다.

그 장면을 상상하자 얼굴이 붉어진 그녀가 물었다. "그럼 호수에서 그런 것도 쏘아 올리나요?"

"그럼요. 우리 지나올 때 커다란 뗏목 보지 않았나요? 폭죽이 우리 발밑으로 떨어지며 궤도를 완성하는 걸 보면 꽤 멋질 거예요." 그녀가 아무 말도 하지 않자 그가 노걸이에 노를 집어넣었다.

"여기 머물려면 어서 가서 먹을 것을 사 오는 게 좋겠어요."

"그럼 불꽃놀이가 끝나면 우린 어떻게 돌아가죠?" 그녀는 기차를 놓치면 속상할 것 같아서 조심스럽게 물었다.

그가 기차 시간표를 찾아보더니 10시 기차를 확인하고는 그녀를 안심시켰다. "달이 너무 늦게 떠서 여덟 시가 돼도 어두울 거예요. 그럼 우린 한 시간 이상 시간이 있어요."

땅거미가 지자 호숫가를 따라 불빛이 들어오기 시작했다. 네틀턴에서 으르렁대며 나오던 전차는 커다란 구렁이가 되어 나무들 사이로 들어갔다 나오며 밝은 빛을 냈다. 호숫가 끄트머리에 있는 목조 식당들의 등불이 춤을 추고 있었다. 웃음소리와 고함과 어설프게 노를 젓는 소리로 황혼 무렵이 물들었다.

하니와 채러티는 호수 위에 지은 발코니 한구석에서 테이블 하나를 찾아냈다. 두 사람은 도무지 나오기 힘들 것 같은 차우더*를 끈기 있게 기다렸다. 색색의 구체들이 격자 모양으로 달린 아담하고 하얀 증기선이 호수 위아래로 승객을 실어 나르느라 물결을 이는 바람에 두 사람 바로 밑의 호숫물이 찰랑거리며 말뚝에 부딪혔다. 첫 손님을 태운 증기선은 이미 까맣게 멀어져 갔다.

갑자기 채러티 뒤에서 어떤 여자의 웃음소리가 들려왔다. 낯익은 웃음소리에 그녀는 고개를 돌렸다. 화려하게 차려입은 아가씨들과 비밀 결사 조직의 배지를 달고, 잘 빗어 넘긴 머리에 새 밀짚 모자를 뒤로 기울여 쓴 말쑥한 옷차림의 젊은 남자들이 발코니 쪽으로 사라지더니 테이블 하나를 요구하며 큰 소리로 떠들고 있었다. 좀 전에 웃음을 터뜨린 여자가 자리를 주도하고 있었다. 그녀는 길고 흰 깃털이 꽂힌 커다란 모자를 쓰고 있었는데, 모자챙 밑으로 눈화장을 한 두 눈이 채러티를 반갑게 알아보고 있었다.

"말해 봐, 이게 귀향 맞이 주간 행사가 아니라면." 그녀는 바로 곁에 있는 아가씨에게 말을 걸었다. 그들은 낄낄대며 흘깃거렸다. 채러티는 하얀 깃털이 꽂힌 모자를 쓴 아가씨가 줄리아 호스라는

* 생선이나 조개류, 채소를 넣고 끓인 걸쭉한 수프.

것을 바로 알아챘다. 싱그러움을 잃어버린 줄리아는 눈화장 때문에 얼굴이 더 야위어 보였다. 그래도 그녀의 입술 곡선은 여전히 아름다웠고 입술에 어린 비웃는 듯한 차가운 미소도 여전했다. 그녀는 마치 자신이 지금 바라보는 사람에게 비밀스러운 부조리가 있고, 바로 그것을 알아내기라도 한 것처럼 미소 짓고 있었다.

채러티는 이마까지 얼굴이 붉어져서 고개를 돌려 버렸다. 그녀는 자신을 비웃는 줄리아 때문에 모욕감을 느꼈고, 저런 사람의 조롱이 자신에게 영향을 미쳤다는 것에 화가 났다. 그녀는 시끄러운 저 무리가 자신을 알아봤다는 사실을 하니가 눈치챌까 봐 겁이 났다. 그들은 빈자리를 찾지 못하자 떠들썩하게 지나갔다.

공기 중에 부드러운 돌진이 일어나더니 파란 저녁 하늘에서 은빛 소나기가 쏟아졌다. 다른 쪽에서 희미한 원통형 폭죽이 나무들 사이로 하나씩 솟아올랐다. 머리카락 같은 불꽃이 달린 폭죽 하나가 전조처럼 지평선을 휩쓸고 지나갔다. 그렇게 간헐적인 불꽃 사이에서 벨벳 커튼 같은 어둠이 내리고 있었다. 월식 같은 어둠 사이로 사람들의 목소리가 억눌린 중얼거림으로 가라앉는 것 같았다.

채러티와 하니는 결국 새로 들어온 사람들에게 자리를 내줄 수밖에 없었다. 두 사람은 선착장 주변의 군중을 뚫고 나와야 했다. 한동안은 뒤늦게 도착한 사람들을 피할 수 없을 것 같았다. 결국 하니가 불꽃놀이가 더 잘 보이는 좌석 두 개를 마지막으로 확보했다. 두 좌석 중 하나는 줄 맨 끝에 있고 다른 하나는 그 위에 있었다. 채러티는 방해받지 않고 구경하려고 모자를 벗었다. 그녀는 불이 붙은 폭죽의 곡선을 따라 몸을 뒤로 젖힐 때마다 머리에 닿는 하니의 무릎을 느꼈다.

잠시 후, 산발적으로 일어나던 불꽃놀이가 중단되었다. 어둠이 오래 지속되었다. 그러더니 온 밤이 꽃으로 피어났다. 지평선 너머로, 금빛과 은빛의 아치가 획 나타났다가 서로 교차하는 순간 하늘 과수원에 불꽃이 활짝 피어나더니 불타는 꽃잎을 떨어뜨리고, 황금빛 열매가 달린 가지를 늘어뜨렸다. 마치 커다란 새가 보이지 않는 나무 꼭대기에 둥지를 트는 것처럼 초자연적인 흥얼거림이 공중에 계속 은은하게 가득 찼다.

이따금 소강상태가 찾아오면 달빛 물결이 호수를 휩쓸었다. 순식간에 수백 척의 배가 드러나고 잔잔하게 빛나는 잔물결에 호수는 강철처럼 어두워졌다. 마치 거대한 반투명 날개를 접은 것처럼 달빛 물결이 물러났다. 채러티는 너무 기쁜 나머지 가슴이 두근거렸다.

마치 사물에 잠재해 있던 아름다움이 그녀에게 모두 드러난 것 같았다. 그녀는 세상에 이보다 멋진 것을 상상할 수 없었다. 그때 옆에 있던 어떤 사람의 말소리가 들려왔다. "기다리면 특별히 고안한 불꽃을 보게 될 거야." 그녀는 바로 새로운 희망을 품게 되었다. 마치 굴곡진 하늘 전체가 눈부신 그녀의 눈을 누르는 거대한 뚜껑이 된 것 같았다. 그 뚜껑에서 보석 같은 빛이 끊임없이 쏟아지더니 다시 벨벳 같은 어둠으로 가라앉았다. 사람들의 입에서 뭔가를 기대하는 중얼거림이 흘러나왔다.

"지금이야, 지금!" 그녀 옆에 있던 어떤 사람이 같은 목소리로 흥분한 듯 소리쳤다. 무릎 위의 모자를 움켜잡고 있던 채러티는 황홀감을 억제하려고 모자가 으스러질 만큼 꽉 쥐었다.

한동안 밤하늘은 점점 더 까매졌다. 그러더니 별자리처럼 보이는 거대한 그림이 밤하늘에 기댄 채로 우뚝 솟아올랐다. '워싱턴 델라웨어강을 건너다Washington crossing the Delaware'라는 문구를 새긴 황금빛 두루마기가 올려졌다. 그리고 나라의 영웅이 엄숙한 거인처럼 팔짱을 낀 채 느릿느릿 움직이는 황금빛 선미에 꼿꼿이 서서 잔잔한 금빛 물결을 건너고 있었다. 관중석에서는 "아, 아, 아!" 하는 소리가 길게 터져 나왔다. 관중석이 갈라지더니 사람들은 더없이 행복한 두려움으로 떨었다.

"아, 아, 아." 채러티는 숨을 제대로 쉬지 못했다. 자신이 어디 있는지 잊어버린 그녀는 심지어 하니가 가까이 있다는 것조차 잊어버렸다. 그녀는 별에 사로잡힌 것 같았다. 영상이 사라지니 어둠이 내려왔다. 어둠 속에서 자신의 머리를 꽉 잡는 두 손이 느껴졌다. 얼굴이 뒤로 젖혀지고 하니의 입술이 그녀의 입술을 짓눌렀다. 그가 갑작스러운 열정으로 그녀를 감싸안더니 그녀의 머리를 자기 가슴에 대자, 그녀가 키스를 돌려주었다. 정체를 알리지 않았던 하니가 본모습을 드러냈다. 채러티를 지배하는 사람은 하니였지만, 오히려 그녀 자신이 하니의 신비스러운 힘을 새롭게 갖게 되었다고 느꼈다.

곧 사람들이 움직이기 시작했고, 그는 그녀를 놔줘야만 했다. "가요." 그가 혼란스러운 목소리로 말했다. 그는 옆자리로 허둥지둥 오더니, 땅바닥으로 뛰어내리려는 그녀를 한 팔로 안았다. 그가 그녀의 허리를 감싸안으며 땅으로 내려가려고 몰려드는 사람들을 막아 세웠다. 그에게 매달린 그녀는 아무 말도 하지 않았지만 마치 주변의 모든 군중과 혼란스러움이 아무 일도 아닌 것처럼 기분이 아주 좋았다.

"가요." 그는 같은 말을 했다. "우린 전차를 타야 해요."

그가 그녀를 이끌자 그녀는 꿈을 꾸듯 그를 따라갔다. 두 사람은 황홀경 속에 고립되어 있었기에, 자신들을 밀치며 지나가는 사람들을 느낄 수 없다는 듯 마치 한 사람인 것처럼 걸어갔다. 하지만 종착역에 도착할 즈음에는 환하게 빛나는 전차가 이미 덜커덩 소리를 내고 있었고, 플랫폼은 승객들로 시커멓게 보일 지경이었다. 전차 뒤에서 기다리는 차량에도 승객들은 만원이었다. 종착역 주변에도 인파가 너무 많아서 자리를 차지하려고 애를 써 봤자 소용이 없을 것 같았다.

"호수로 가는 마지막 배입니다." 부두에서 확성기 소리가 크게 울려 퍼졌다. 작은 증기선의 불빛이 어둠을 뚫고 일렁였다.

"여기서 기다려도 소용없어요. 우리 호수까지 뛰어갈까요?" 하니가 제안했다.

배의 하얀 옆면에서 건널 판자가 막 내려왔을 때, 두 사람은 호수 끄트머리로 되돌아갔다. 부두 끝에 있는 전등이 내려오는 승객들을 환하게 비추고 있었다. 그들 사이로 줄리아 호스와 그녀의 모자에 삐딱하게 꽂힌 하얀 깃털이 채러티의 눈에 들어왔다. 모자 챙 아래 얼굴이 음탕하게 웃고 있었다. 건널 판자에서 내리던 줄리아가 잠깐 멈춰 서더니 그늘이 생긴 두 눈으로 악의적인 눈빛을 쏘아 보냈다.

"안녕, 채러티 로열!" 줄리아가 소리쳤다. 그러더니 바로 어깨 너머를 돌아보며 얘기했다. "가족 파티라고 내가 얘기했지? 할아버지의 어린 딸이 그를 데려가려고 이리로 왔어."

사람들 사이에서 키득거리는 비웃음 소리가 나왔다. 그리고 그 사람들 위로 몸을 곧게 세우기 위해 필사적으로 난간에 몸을 기댄 채로 걸어오는 로열 씨가 보였다. 그는 그 일행의 젊은이들처럼 검은 프록코트의 단춧구멍에 비밀 결사 조직의 배지를 달고 있었다. 새 파나마모자가 머리를 반쯤 가리고 있었고, 구겨진 셔츠 앞부분에 좁다란 검정 타이가 반쯤 풀린 채로 달려 있었다. 갈색 얼굴에는 분노 때문에 생긴 붉은 반점이 어른거리고 입술은 노인처럼 푹 꺼졌으며, 탐색하듯 쏘아보는 눈길이 비참한 폐인처럼 보였다.

그는 줄리아 호스 바로 뒤에 있었다. 그녀의 팔 위에 얹혀 있는 한 손이 보였다. 그는 건널 판자를 떠나자마자 그녀를 떠나서 무리로부터 한두 걸음 떨어졌다. 그는 바로 채러티를 보았고, 여태 채러티를 안고 있는 하니에게로 천천히 시선을 옮겼다. 그는 두 사람을 노려보며 노망든 입술의 떨림을 애써 억제하려고 했다. 그는 술주정뱅이의 엄청난 위력으로 몸을 똑바로 세우더니 한쪽 팔을 쭉 펼쳤다.

"넌, 창녀야. 모자도 쓰지 않은 못된 창녀라구. 너 말이야!" 그는 느릿하지만 또박또박한 말투로 얘기했다.

줄리아 무리한테서 술에 취한 듯한 웃음소리가 터져 나왔다. 채러티는 자신도 모르게 두 손을 머리에 얹었다.

그녀는 관중석에서 나가려고 뛰어올랐을 때 무릎 위에 올려 둔 모자가 떨어졌던 기억이 났다. 모자도 없이, 흐트러진 옷차림으로 남자의 팔에 안겨서 가여운 후견인이 이끄는 술에 취한 무리와 마주한 자신의 모습이 갑자기 그려졌다. 그녀는 몹시 부끄러웠다. 그는 어린 시절부터 로열 씨의 '습관'을 알고 있었다. 그녀는 침실로 올라가다가 로열 씨가 팔꿈치에 술병을 낀 채 사무실에 앉아 우울하게 있는 모습을 본 적이 있었다. 햅번이나 스프링필드로 출장을 갔다가 집으로 돌아올 때면 몹시 우울해져서 걸핏하면 싸움을 걸던 모습도 생각났다. 하지만 그가 평판 나쁜 여자들이나 술집 건달들과 공개적으로 어울리다니 정말 새롭고 무시무시한 모습이었다.

"아…." 비참해진 그녀는 탄식을 내뱉으며 하니의 품에서 빠져나와 로열 씨 쪽으로 곧장 걸어갔다.

"아저씨, 저와 함께 가요. 지금 당장 집으로 가요."

그녀는 그의 욕설을 듣지 못한 것처럼 목소리를 낮추며 심각하게 얘기했다. 그러자 무리 중 한 아가씨가 소리쳤다. "말해 봐. 저 여자는 남자를 몇 명이나 원하는 거야?"

웃음소리가 또 터져 나왔다. 잠시 호기심 어린 침묵이 이어지는 동안 로열 씨는 계속 채러티를 노려보았다. 마침내 그의 입술이 씰룩이며 벌어졌다. "내가 말했지. 넌… 망할… 창녀야!" 그는 줄리아의 어깨에 몸을 기대며 또박또박 같은 말을 반복했다.

줄리아 무리 너머로 둥그렇게 모여 있던 사람들한테서 비웃고 야유하는 소리가 터져 나왔다. 그때 통로 쪽에서 소리치는 소리가 들렸다. "자, 이제 승선하세요. 모두 승선하세요!" 배로 다가가는 승객들과 내리는 승객들이 모여드는 바람에 촌극 속 배우들은 군중 속으로 밀려들었다.

채러티는 하니의 팔에 매달려서 자포자기한 듯 흐느끼고 있었다. 로열 씨는 이미 사라졌고 줄리아의 웃음소리만 멀리서 희미하게 들려왔다.

11

새벽 2시, 크레스턴에서 그녀를 태운 주근깨 소년이 붉은 집 문 앞에 잠에 겨운 말을 세우자 채러티가 마차 밖으로 나왔다. 하니는 크레스턴강에서 그녀에게 작별 인사를 한 후 주근깨 소년에게 그녀를 집까지 데려다주라고 맡겼다. 그녀는 안갯속을 헤매는 것처럼 여전히 비참했다. 두 사람이 네틀턴을 출발한 후로 무슨 일이 있었는지, 서로 무슨 말을 주고받았는지 정확히 기억나지 않았다. 그녀는 고통에 시달리는 동물 특유의 비밀스러운 본능이 너무 강해서 하니가 내리고 마차에 혼자 남게 되자 안도감이 들었다.

노스도머에 보름달이 걸려 있었다. 보름달은 언덕 사이의 우묵한 공간을 메우고, 들판 위로 투명하게 떠다니는 엷은 안개를 하얗게 물들이고 있었다. 채러티는 잠시 문 앞에 서서 저무는 밤을 내다봤다. 그녀는 떠나는 주근깨 소년을 바라보았다. 말 머리가 앞뒤로 무겁게 흔들리고 있었다. 그녀는 부엌문 근처로 가서 매트 밑에 넣어 놓은 열쇠를 더듬었다. 그리고 열쇠를 찾은 다음 문을 열고 안으로 들어갔다. 부엌은 어두웠기에 성냥갑을 찾아서 촛불을 켠 다음 위층으로 올라갔다. 그녀의 방 맞은편에 있는 로열 씨의 방은 불이 꺼진 채로 문이 열려 있었다. 그는 돌아오지 않은 게 분명했다. 그녀는 방 안으로 들어가서 빗장을 지른 다음, 허리춤에 걸린 리본을 느릿느릿 풀어내고 드레스도 벗어 버렸다. 호기심 어린 눈을 피하려고 새 모자를 숨겨 두었던 침대 밑의 종이 가방이 보였다.

그녀는 한동안 침대에 누웠지만 잠이 오지 않아 낮게 걸린 달을 빤히 바라보고 있었다. 그녀는 새벽녘에야 잠이 들었고 햇살이 얼굴을 비칠 때 잠에서 깨어났다.

그녀는 옷을 차려입고 부엌으로 내려갔다. 베레나만 혼자 있었다. 늙은 그녀는 귀머거리다운 눈빛으로 조용히 그녀를 흘끗거렸다. 로열 씨가 집에 돌아온 기미는 없었다. 몇 시간이 지나도 그는 돌아오지 않았다. 그녀는 방으로 올라간 다음 무릎에 두 손을 올려 둔 채 무기력하게 앉아 있었다.

뻐끔뻐끔 피어나는 무더운 공기가 골 지게 짠 무명 커튼을 휘젓고, 파리가 파르스름한 유리창에 붙어서 숨이 막히게 윙윙거렸다.

낮 1시가 되자, 채러티가 점심을 먹으러 내려올 것인지 확인하기 위해 베레나가 절뚝이며 올라왔다. 하지만 채러티가 고개를 흔들자 나이 든 부인은 이렇게 말하며 돌아갔다. "그럼 내가 덮어 둘게."

태양이 방향을 틀어 방을 나가자, 채러티는 창가에 앉아서 반쯤 열린 덧문 사이로 마을 거리를 내려다보았다. 머릿속에는 아무 생각도 들지 않았다. 그저 이런저런 수많은 이미지가 어둡게 소용돌이칠 뿐이었다. 그녀는 거리를 지나는 사람들을 바라보았다. 댄태가네 사람들이 소나무 몸통을 헵번으로 한가득 이송하고, 교회관리인의 늙은 하얀 말이 강둑의 풀을 뜯고 있었다. 그녀는 마치무덤 저편에서 이렇듯 익숙한 장면을 바라보는 것 같은 기분이 들었다.

그녀는 프라이네 집 대문을 나와 절뚝거리는 발걸음으로 느릿느릿 붉은 집 쪽으로 고르지 않은 길을 걸어오는 앨리 호스를 보면서 무감함에서 깨어났다. 채러티는 그 모습을 보자 단절된 현실감각을 회복했다. 그녀는 앨리가 그날의 일에 대해 들으러 온다는 것을 직감으로 알았다. 그녀가 비밀리에 네틀턴에 다녀온 것에 대해 아는 사람은 아무도 없었기에 앨리는 그 사실을 알고 몹시 우쭐했을 것이다.

앨리를 만나서 그녀와 눈을 마주며 그녀가 던지는 질문에 대답하거나 회피할 생각을 하자, 전날 밤 모험의 끔찍했던 기억이 모조리 채러티를 덮쳐 왔다. 과열된 악몽은 피할 수 없는 냉혹한 사실이 되어 버렸다. 바로 그 순간 가여운 앨리는 사악할 만큼 호기심을 보이고, 은밀한 악의를 품고 있는 데다, 허위적인 무의식까지 갖춘 노스도머 사람들을 대변하게 되었다. 줄리아와의 관계를 모두 끊어 내야 했지만 마음이 약한 앨리가 그녀와 몰래 연락하며 지낸다는 사실을 채러티는 알고 있었다. 줄리아가 부둣가의 추문을 이야기할 기회를 얻게 되었을 때, 몹시 기뻐했을 것임이 분명했다. 그 이야기는 과장되고 왜곡되어 노스도머에 이미 도달했을 것이 분명하다.

앨리는 걸음걸이가 몹시 느려서 프라이네 집 대문에서 나온 지 얼마 되지 않았을 때 나이 든 솔라스 부인에게 붙잡히고 말았다. 솔라스 부인은 원래 수다가 정말 심했는데, 헵번에서 새로 맞춘 치아에 제대로 적응할 수 없어서 말이 무척 느려졌다. 하지만 이러한 유예도 오래갈 리 없었다. 앨리는 10분이 더 지나면 문 앞에 도착할 것이고, 채러티는 부엌에서 앨리가 베레나에게 인사하는 소리를 들을 것이며, 계단 밑에서 자신을 부르는 소리도 듣게 될 것이다.

도망, 바로 도망치는 것만이 실현 가능한 유일한 해결책이라는 생각이 갑자기 들었다. 벗어나고 싶다는 갈망, 익숙한 얼굴과 그녀를 아는 이곳을 벗어나고 싶다는 갈망은 채러티가 괴로울 때마다 늘 생각하는 강한 염원이었다. 그녀는 낯선 장소와 새로운 얼굴을 만나면 인생이 확 바뀌고 쓰라린 기억들은 완전히 사라질 거라는 어린아이 같은 믿음을 갖고 있었다. 하지만 이런 충동은 지금 그녀를 사로잡은 냉정한 결의에 비하면 일시적인 변덕에 불과했다. 그녀는 자신을 공공연히 망신 준 남자의 지붕 아래서 잠시도 지낼 수 없다고 느꼈다. 또한 자신이 망신당한 사실을 곧 자세히 알게 될 사람들이 고소해할 걸 생각하니 그 사람들과 마주할 수도 없었다.

혐오감이 로열 씨를 불쌍히 여기던 마음을 삼켜 버렸다. 술에 취한 노인네가 한량들과 창녀들 앞에서 자신을 모욕하던 망신스러운 장면으로 인해 채러티의 모든 것이 움츠러들고 말았다. 그가 강제로 그녀의 방에 들어오려 했던 그 끔찍한 순간이 갑자기 아주 생생하게 떠올랐다. 예전에는 터무니없는 일탈이라고 여겼던 것이 이제는 방탕하고 모욕적인 삶 속에서 일어난 하나의 저속한 사건처럼 보였다.

이런 생각이 그녀를 재촉했다. 그녀는 낡은 캔버스 책가방을 꺼내서 옷가지 몇 개와 하니에게 받은 편지 꾸러미를 쑤셔 넣었다.

그녀는 바늘꽂이 밑에 둔 도서관 열쇠를 꺼내서 훤히 보이는 곳에 두었다. 그리고 서랍 뒤편에 넣어 둔, 하니가 예전에 주었던 파란 브로치를 더듬었다. 그녀는 노스도머에서 그 브로치를 착용할 엄두를 내지 못했다. 하지만 이제는 가출할 때 그녀를 보호해 줄 부적이라도 되는 것처럼 그 브로치를 가슴에 달았다. 이런 준비를 마치는 데 채 몇 분이 걸리지 않았다. 준비가 끝났는데도 앨리는 프라이네 모퉁이에서 나이 든 솔라스 부인과 여전히 이야기를 나누고 있었다.

그녀는 반항심이 들 때마다 혼자서 늘 이런 말을 했다. "그 산으로 갈 거야. 우리 가족에게로 돌아갈 거야." 전에는 진심으로 이런 말을 한 적이 없었으나, 이제는 현재 상황을 고려해 볼 때 다른 방도가 없는 것 같았다. 그녀는 낯선 장소에서 독립에 도움이 될 만한 일은 하나도 배우지 못했다. 일자리를 찾을 수 있는 계곡의 큰 도시에는 아는 사람이 한 명도 없었다.

해처드 씨는 아직도 돌아오지 않았다. 혹시 그녀가 노스도머에 있었더라도 채러티는 루시우스 하니를 보고 싶지 않아서 도망치려는 마음도 갖고 있었기에, 그녀에게 도움을 청하지는 않았을 것이다. 사람들로 붐비던 불빛 밝은 기차를 타고 네틀턴에서 돌아올 때, 두 사람 사이에 비밀을 교환하는 것은 불가능했다. 하지만 마차를 타고 헵번에서 크레스턴강으로 돌아올 때는 주근깨 소년이 있어 방해가 되기는 했어도 하니에게서 위로의 말을 들을 수 있었고, 그가 다음 날 그녀를 만날 생각이 있다는 것도 알았다. 그 순간 그녀는 그런 확신 속에서 희미한 위로를 찾았다. 하지만 쓸쓸한 시간이 찾아오자 그를 다시 만나는 것은 불가능하다는 생각이 들었다. 그와 우정을 쌓고 싶은 그녀의 꿈은 이제 끝나 버렸다. 지극히 불쾌하고 수치스러웠던 부둣가 장면이 결국 그녀가 광기에 사로잡힌 그 순간 진실의 빛을 비추어 준 셈이었다.

그녀의 후견인은 비웃는 군중 앞에서 말로 그녀를 발가벗기고 사람들이 보는 앞에서 그녀의 양심을 은밀히 책망한 것이나 마찬가지였다.

그녀는 이런 것들을 명료하게 인식하지 못했다. 다만 참혹함을 맹목적으로 몰고 갈 뿐이었다. 그녀는 아는 사람을 다시는 만나고 싶지 않았다. 특히 하니를 보고 싶지 않았다.

그녀는 집 뒤의 언덕길을 올라간 다음 크레스턴 도로로 이어지는 지름길 쪽에 있는 숲을 관통했다. 납빛 하늘이 들판에 무겁게 걸려 있었다. 숲속은 바람 한 점 통하지 않아서 숨이 막힐 듯 공기가 답답했다. 하지만 그녀는 그 산으로 가는 가장 빠른 지름길인 도로까지 가기 위해 끈기 있게 계속 걸어갔다.

그렇게 하려면 일이 마일 정도는 크레스턴 도로를 따라간 다음, 크레스턴 마을로 반 마일 안 되게 걸어가야 했다. 그녀는 하니를 만나는 것이 두려워서 빨리 걸었다. 하지만 그가 있다는 기색은 없었다. 그녀가 갈림길에 거의 도달했을 때 길가 나무들 사이로 커다랗고 하얀 천막의 옆면이 보였다. 그녀는 그 천막이 독립기념일이면 찾아오는 유랑 극단의 주거지인 줄 알았다. 하지만 가까이

다가가자, 뒤로 접힌 덮개 너머로 '복음 천막'이라는 문구가 적힌 커다란 간판이 보였다. 천막 안은 텅 비어 보였다. 그런데 하얀 얼굴을 늘어진 머리카락으로 가린 젊은 남자가 검은 알파카 코트를 입은 채로 덮개 밑에서 나오더니 그녀를 향해 미소를 지으며 다가왔다.

"자매님, 주님은 모든 것을 아십니다. 안으로 들어와서 그분께 당신의 죄를 고백하지 않으실래요?" 그는 한 손을 그녀의 팔에 올리며 넌지시 물었다.

채러티는 깜짝 놀라 뒤로 물러서며 얼굴을 붉혔다. 그녀는 전도사가 네틀턴에서 일어났던 일에 대해 들은 것이 분명하다는 생각이 들었다. 하지만 그런 가정이 터무니없다는 것을 알았다.

"고백할 것이 있기나 하다면요!" 그녀가 강하게 자조하며 쏘아붙였다. 젊은 전도사는 경악하며 중얼거렸다. "아, 자매님, 신성 모독은 안 됩니다."

하지만 그녀는 전도사의 손을 획 뿌리치며 아는 얼굴을 만날까 두려워서 벌벌 떨며 갈림길까지 달려갔다. 그녀는 곧 마을을 벗어났다. 그리고 숲 한가운데로 올라갔다. 그녀가 그날 오후에 그 산까지 15마일(약 24킬로미터)을 갈 수 있기를 바랄 수는 없었다. 그녀는 햄블린 쪽으로 가는 중간 지점에서 잠을 잘 수 있고, 그녀를 찾을 사람이 없는 곳을 알고 있었다. 그곳은 언덕의 갈라진 틈 사이로 난 경사지 한곳에 자리 잡은 버려진 작은 집이었다. 몇 년 전 그 아래에 있는 호두나무 숲으로 견과류를 주우려고 갔다가 본 집이었다.

그때 같이 갔던 일행은 갑작스럽게 들이닥친 폭풍우를 피하려고 그 집으로 들어갔다. 그녀는 여자아이들 놀래키는 걸 좋아하는 벤 솔라스가 이 집에 유령이 산다고 했던 게 기억이 났다.

그녀는 아침부터 아무것도 먹지 않은 데다가 이렇게 멀리까지 걸어 다니는 데 익숙하지 않아서인지 점점 지쳐서 정신이 혼미할 지경이었다. 그녀는 머리가 어지러워서 잠시 길가에 앉아 있었다. 그렇게 앉아 있는데 자전거 벨 소리가 들려왔고, 그녀는 다시 숲속으로 뛰어들려고 했다. 하지만 그녀가 움직이기도 전에 그 자전거가 도로의 곡선 구간을 뱅 돌았다. 곧이어 하니가 자전거에서 뛰어내리더니 두 팔을 펼치며 그녀에게로 다가왔다.

"채러티! 대체 여기서 뭐 하는 거예요?"

그녀는 그가 환영이라도 되는 것처럼 뚫어지게 쳐다보았다. 예기치 않게 그가 나타나자 몹시 놀라서 아무 말도 나오지 않았다.

"지금 어디로 가는 거예요? 내가 온다고 한 거 잊었어요?" 그가 계속 물으며 그녀를 끌어당기려고 했다. 하지만 그녀는 그의 포옹을 피했다.

"난 떠날 거예요. 당신을 보고 싶지 않아요. 나를 내버려두세요." 그녀는 거칠게 대답했다.

마치 이런 일을 예감했다는 듯 그녀를 바라보는 그의 얼굴이 점점 심각해졌다.

"떠난다고요? 나한테서, 채러티?"

"모두한테서요. 날 내버려두세요."

그는 의심스러운 눈길로 저 멀리 햇살이 흐트러진 곳까지 쭉 뻗어 있는 외딴 숲길을 위아래로 흘낏거리며 서 있었다.

"어딜 가려는 거예요?"

"집이요."

"집이라고요, 이 길로?"

그녀는 도전적으로 고개를 뒤로 젖히며 대답했다. "우리 집이요, 저 위에 있는. 저 산 말예요."

그녀는 대답하면서 그의 얼굴에 생긴 변화를 알아차렸다. 그는 더 이상 그녀의 말을 듣지 않았다. 네틀턴의 관람석에서 키스할 때 그의 눈에 어렸던 그런 열정적인 표정으로 그녀를 바라보고 있었다. 그는 다시 새로운 하니가 되었다. 그때의 포옹에서 불쑥 모습을 드러낸 새로운 하니는 그녀의 존재 자체만으로 너무 기쁜 나머지 그녀가 무슨 생각을 하든 뭘 느끼든 전혀 상관하지 않는 것 같았다. 그는 깔깔대며 그녀의 손을 잡았다. "내가 어떻게 당신을 찾았을까요?" 그가 명랑하게 묻더니 작은 편지 꾸러미를 꺼내서 당황한 그녀의 눈앞에 흔들었다.

"당신이 이걸 떨어뜨렸어요. 어린 사람이 참 정신이 없군요. 도로 한가운데에 이걸 떨어뜨렸잖아요. 여기서 멀지 않아요. 내가 자전거를 타고 지나가던 바로 그때 천막 교회를 운영하는 젊은 남자가 이걸 줍고 있었죠." 그는 그녀를 붙잡기는 했지만, 그래도 어느 정도 거리를 두고 뒤로 물러나서 근시안으로 힘들어하는 그녀의 얼굴을 자세히 바라봤다.

"정말 나한테서 달아날 수 있다고 생각한 거예요? 진심은 아니겠죠?" 그는 이렇게 말했다. 그리고 그녀가 대답하기도 전에 다시 그녀에게 키스했다. 격렬하지 않은 부드러운 키스였다. 거의 누이동생에게 하는 입맞춤 같았다. 마치 그녀의 혼란스러운 고통을 추측한 것처럼, 자신이 그런 고통을 이해한다는 사실을 그녀가 알아주기를 바라는 것 같았다. 그는 자신의 손가락으로 그녀의 손가락을 감았다.

"우리 좀 걸어요. 당신한테 할 말이 있어요, 할 말이 아주 많아요."

그는 소년처럼 유쾌하고 부주의하고 대담하게 얘기했다. 마치 두 사람이 부끄러워하거나 당황할 만한 일은 전혀 일어나지 않은 것 같았다. 그러자 잠시 외로운 고통에서 벗어난 그녀는 갑자기 마음이 놓여서 그의 기분에 굴복당하고 말았다. 하지만 그가 몸을 돌리며 그녀가 왔던 길로 잡아끌려 하자 그녀는 몸이 굳으며 갑자기 멈춰 섰다.

"돌아가지 않을래요." 그녀가 말했다.

두 사람은 아무 말 없이 잠시 서로를 바라보았다. 그가 부드럽게 대답했다. "알았어요. 그럼 우리 다른 길로 가요."

그녀는 꼼짝 않고 가만히 서서 땅만 바라보고 있었다. 그러자 그가 계속 얘기했다. "여기 어딘가에 버려진 작은 집이 있지 않나요? 언젠가 당신이 보여 주려고 했던 집이요." 그녀는 여전히 아무 말도 없었다. 그는 계속 달래는 투로 얘기했다. "우리 이제 그리로 가서 자리를 잡고 앉아 조용히 얘기 좀 해요." 그는 그녀의 옆구리에 놓인 손을 붙잡더니 손바닥에 입술을 대며 물었다. "당신이 날 보낼 수 있을 것 같아요? 내가 이해하지 못하는 거 같아요?"

햇볕에 탈색되어 유령이 나올 것처럼 벽 색깔이 우중충하게 잿빛으로 변한 작고 낡은 집은 길 위쪽 과수원 안에 자리를 잡고 있었다. 정원의 울타리 말뚝은 모두 부러졌지만 기둥 사이에 매달린 부서진 대문이 보였다. 그 집으로 향하는 길은 마구 자란 풀 위로 깔린 작고 연한 꽃을 피운 장미 덤불 덕분에 그나마 구분이 되었다. 문이 걸려 있던 자리에는 가느다란 벽기둥과 뒤얽힌 채광창이 뼈대를 이루고 있었다. 잡초 속에서 썩어 가는 문짝 위로 쓰러져 있는 사과나무도 한 그루 보였다.

집도 풍상에 시달려서 그런지 모든 것이 파리한 은빛으로 색이 바래어 있었다. 집은 오래 비워 둔 껍질처럼 메마르고 깨끗했다. 작은 방마다 무언가 인간적인 면을 유지하고 있는 것을 보면, 극히 예외적으로 잘 지어진 집이 분명했다. 고전적인 장식이 달린 깔끔한 벽난로의 목제 선반은 멀쩡해 보였다. 천장의 모서리는 회반죽 트레이서리의 얇은 필름이 보존되어 있었다. 하니가 뒷문에서 오래된 벤치를 찾아내서 집 안으로 끌고 왔다. 채러티는 벤치에 앉더니 나른한 무기력 상태로 머리를 벽에 기댔다. 그는 그녀가 배고프고 목이 마를 거라 짐작하고는 자전거 가방에서 초콜릿을 갖고 오더니, 음료수 컵에 과수원 샘에서 떠온 물을 따라 주었다. 그러고는 그녀의 발치에 앉아서 담배를 피우며 아무 말 없이 그녀를 바라보았다. 바깥에는 오후의 그림자가 풀밭에 길게 늘어지고 있었다. 마주한 빈 창틀을 통해 후덥지근한 저녁노을을 배경 삼아 캄캄한 형체를 드러내고 있는 그 산이 보였다. 이제 가야 할 시간이 되었다.

그녀가 자리에서 일어나자, 그도 벌떡 일어나더니 권위 있는 태도로 그녀의 팔을 낚아챘다.

"채러티, 이제 나와 함께 돌아가요."

그녀는 그를 바라보더니 고개를 흔들며 대답했다. "난 절대 돌아가지 않을 거예요. 당신은 몰라요."

"내가 무얼 모른다는 거요?" 그녀가 침묵하자 그가 계속 얘기했다. "그날 선창에서 일어난 일은 정말 끔찍했어요. 당신이 이러는 것도 당연해요. 하지만 그런다고 달라지는 건 아무것도 없어요. 그런 일 때문에 상처받지 말아요. 잊어버려야만 해요. 남자들을 이해해야 해요. 남자들은 때로는…"

"난 남자들을 알아요. 그래서 이러는 거예요."

그는 그녀가 예상한 것은 아니지만, 마치 그녀 때문에 감동한 것처럼 그녀의 대꾸에 얼굴빛을 살짝 붉히며 얘기했다. "음, 그렇다면 당신이 봐 줘야 할 게 있는데… 당신은 그걸 알아야 해요. 그 사람은 취했어요."

"나도 다 알아요. 전에도 그러는 걸 봤으니까요. 하지만 아저씨가 그걸 바란 게 아니었다면 감히 내게 그런 식으로 말하진 않았을 거예요."

"무얼 바란 게 아니라는 거죠, 무슨 뜻이죠?"

"내가 그 여자들처럼 되기를 바란 게 아니라면…" 그녀는 목소리를 낮추더니 그의 얼굴을 피했다. "그랬더라면 그 사람은 매춘할 필요가 없었을 거예요."

하니는 그녀를 빤히 쳐다보았다. 한동안 그녀의 말을 이해하지 못한 것 같았다. 그러다 그의 얼굴이 점점 어두워졌다. "못된 사냥개 같으니! 빌어먹게 질 낮은 사냥개야!" 그는 몹시 화가 나서 관자놀이까지 낯빛이 붉어졌다. "생각도 못 했어요. 세상에, 너무 사악하군요!" 그는 그런 사실을 알게 되니 생각이 움츠러들기라도 한 듯 이야기를 중단했다.

"절대 거기로 돌아가지 않을래요." 그녀는 끈덕지게 되풀이

했다.

"안 되지…." 그가 동의했다.

한참 동안 침묵이 이어졌다. 그러는 동안 그녀는 그가 지금 자신이 드러낸 이야기에서 더 많은 것을 알아내려고 자기 얼굴을 살펴보는 것 같다고 느꼈다. 부끄러워서 얼굴이 확 달아올랐다.

"당신이 저를 어떻게 생각하는지 저도 알아요." 그녀가 불쑥 말을 꺼냈다. "그런 이야기를 꺼냈으니…."

그런데 그녀는 말을 하다가 그가 더 이상 귀를 기울이지 않는다는 것을 다시 한번 알게 되었다. 그가 가까이 다가오더니 마치 금방이라도 닥칠 듯한 위급한 상황에서 그녀를 구하려는 듯 그녀를 꽉 붙잡았다. 그의 성급한 눈빛이 그녀의 눈에 드러났다. 그가 그녀를 끌어안자, 마구 뛰는 그의 심장 박동을 느낄 수 있었다.

"다시 키스해 줘, 어젯밤처럼." 그는 그녀의 얼굴 전체에다 입맞춤하려는 것처럼 그녀의 머리카락을 뒤로 젖히며 말했다.

12

8월 말의 어느 날 오후, 한 무리의 아가씨들이 해쳐드 씨의 방에 앉아 있었다. 여러 가지 깃발과 주홍, 파랑, 하얀색의 모슬린 천과 수확한 곡식 묶음과 빛이 나는 두루마기가 어우러진 방 안은 분위기가 좋았다.

노스도머 사람들은 귀향 주간을 준비하고 있었다. 이런 식의 감상적인 지방분권 행사는 아직 초기 단계이고, 선례도 거의 없는 데다가, 모범을 보이려는 욕구에는 전염성도 있어서, 이 문제는 해쳐드 씨의 지붕 아래서 오랫동안 열정적으로 토론하는 주제가 되었다. 귀향 주간을 축하하려는 동기는 어쩔 수 없이 노스도머에 머물러야 하는 사람들이 아니라 노스도머를 떠난 사람들에게 있었기에, 마을 사람들에게 적절한 수준의 열정을 일으키는 데에는 다소 어려움이 있었다. 그래도 해쳐드 씨의 흐릿하지만 단정한 응접실은 헵번과 네틀턴, 스프링필드와 그보다 더 멀리 떨어진 도시에서 계속 오고 가는 사람들의 중심지가 되었다. 방문객은 도착할 때마다 현관으로 안내되었고, 아가씨들이 멋지게 준비하는 과정도 흘낏 엿볼 수 있었다.

"모두 옛날 이름이야… 모두 옛 이름이라고…." 해쳐드 씨의 목발이 복도를 탁탁 두드리는 소리가 들렸다. "태가… 솔라스… 프라이…. 이쪽은 오르간석의 휘장에 별을 수놓는 오마 프라이예요."

"가만히 있어요, 아가씨들. 그리고 이쪽은 앨리 호스 양이에요. 바느질 솜씨가 가장 뛰어나지요. 채러티 로열 양이 상록수 화환을 만들고 있어요. 모든 걸 손수 만든다는 이 생각이 제 마음에 들어요. 여러분도 그렇죠? 외부에서 인재를 불러올 필요가 없잖아요. 나와 사촌지간인 루시우스 하니는 젊은 건축가예요. 아시다시피 여기서 식민지 시대의 주택과 관련된 책을 준비하고 있어요. 모든 일을 정말 똑똑하게 처리했어요. 그 친구가 읍사무소에 올릴 무대를 스케치했는데 꼭 와서 봐 주세요."

귀향 주간의 첫 번째 결과물 중 하나는 사실 루시우스 하니가 마을에 다시 나타났다는 사실이었다. 그가 그리 멀리 떨어지지 않은 곳에 있다는 소문이 막연하게 돌기는 했지만 노스도머에서 그를 봤다는 사람은 지난 몇 주 동안 한 명도 없었다. 그러다가 그가 머무르고 있다고 말이 돌았던 크레스턴강을 떠나 이 지역에서 영원히 사라졌다는 소문이 최근에 돌았다. 그런데 해쳐드 씨가 돌아온 직후에 그도 예전에 머물던 그녀의 집으로 돌아왔다. 그리고 귀향 주간 축제를 계획하는 일에 주도적인 역할을 맡았다. 그는 이 아이디어에 몹시 쾌활하고 적극적으로 임했다. 그가 지나치게 많이 그린 스케치와 무궁무진하게 세운 방책 덕분에 다소 느슨한 운동에 즉각적인 자극을 주었다. 그는 온 마을을 자신의 열정으로 감염시켰다.

"루시우스는 옛것에 대한 애정이 무척 커서 우리 모두에게 특권의식을 불러일으켰지요." 해쳐드 씨는 이런 말을 할 때마다 가장 마음에 드는 '특권'이라는 단어에 시간을 들였다.

그래서 그녀는 방문객을 응접실로 안내하기 전에, 훨씬 큰 도시에서도 아직 생각하지 못한 것을 노스도머처럼 작은 마을에서 먼저 자발적으로 귀향 주간을 시작해 챙기게 된 것은 매우 대담한 일이라는 얘기를 백 번쯤 했다. "그런데 결국 인구 규모보다 협회가 더 중요하지 않을까요? 물론 노스도머에는 협회가 아주 많아요. 역사협회와 문화협회(이 대목에서 그녀는 자손으로서 호노리우스를 위해 한숨을 내쉬었다), 교회협회 등등…. 그런데 백랍으로 만든 성찬식 세트가 1769년 영국에서 유래되었다는 사실을 방문객들이 알까요? 물질주의 시대에 오랜 이상과 가족과 삶의 터전으로 돌아가려는 사례를 만드는 것이 특히 중요해요." 그녀가 이렇게 장황하게 얘기할 때면 사람들은 복도를 반쯤 되돌아갔고, 아가씨들은 중단되었던 활동을 다시 시작했다.

채러티 로열이 행진에 쓸 솔송나무 화환을 짜던 날은 귀향 주간을 축하하기 바로 전날이었다. 해쳐드 씨가 노스도머의 아가씨들에게 축제 준비를 위한 협조를 요청했을 때 채러티는 처음에는 소극적인 태도를 보였다. 하지만 자신이 나타나지 않으면 추측이 난무할 것이 분명했기에, 내키지는 않았지만 일꾼 무리에 합류했다. 아가씨들은 처음에는 수줍어하고 당황했으며, 계획된 기념행사의 본질을 잘 몰라서 어리둥절해했지만, 자신이 맡은 일의 세부 사항이 재미있어 보이자 곧 흥미를 갖게 되었고, 주변의 주목까지 받게 되자 신이 났다. 아가씨들은 해쳐드 씨네 집에서 보내는 오후를 절대 놓치지 않으려고 했다. 아가씨들이 뭔가를 자르고, 꿰매고, 걸치고, 풀로 붙이는 동안 이들의 혀는 재봉틀 소리의 반주가 되어 주었다. 아가씨들의 수다에 가려서 채러티의 침묵은 드러나지 않았다.

하지만 그녀는 주변의 즐거운 소동을 여전히 알아차리지 못했다. 그녀가 그 산으로 향했다가 갑자기 나타난 하니 때문에 그날 밤 붉은 집으로 돌아온 후로는, 몸이 허공에 매달린 것처럼 허망한 마음으로 노스도머에서 살았다.

그녀가 그 산으로 가는 것이 불가능하다는 데 동의해서 돌아온 것 같았지만 결국은 돌아오는 것 말고 다른 방법은 미친 짓이라는 하니의 설득에 넘어간 것이었다. 그녀는 더 이상 로열 씨를 두려워하지 않았다. 비록 그의 사회적 위치를 생각해서 자신에게 아내가 되어 달라고 두 차례나 제안했다는 사실은 덧붙이지 않았지만, 그녀는 그를 두려워하지 않는다고 직접 밝혔다. 그 순간에는 로열 씨가 너무 미워서 하니의 눈앞에서 조금이라도 그의 잘못을 봐줄 만한 이야기는 조금도 할 수 없었다.

어쨌든 하니는 일단 그녀가 안전하다는 것에 만족하더니 그녀를 돌려보낼 구실을 아주 많이 찾아냈다. 첫 번째 이유이자 가장 반박할 수 없는 이유는 그녀에게 갈 곳이 없다는 사실이었다. 하지만 그가 가장 중점을 둔 것은 바로 도피는 인정과 같다는 이유였다. 네틀턴에서 일어난 불미스러운 사건이 소문이 되어 이미 노스도머에 도달했다면(거의 불가피한 일이다), 그녀의 실종이 달리 해석될 수 있을까? 그녀의 후견인은 공개적으로 그녀의 인격을 모독

했고, 그녀는 바로 그의 집에서 사라졌다. 이유를 찾는 사람들은 거기서 모진 결론을 찾아낼 수 있다. 하지만 그녀가 바로 집에 돌아와서 일상으로 돌아간 모습을 보여 준다면 그런 사고는 평판이 안 좋은 사람들과 어울리다가 들켜서 놀란 술에 취한 노인네의 격분으로 치부될 수 있다. 사람들은 로열 씨가 자신을 변명하려고 피후견인을 모욕했다고 얘기할 것이다. 그렇게 되면 그 추악한 이야기는 그의 애매한 방탕의 연대기 속에 자리를 잡게 될 것이다.

채러티는 그의 주장에 설득력이 있다고 생각했다. 하지만 그런 주장을 묵묵히 받아들인 것은 하니의 설득력 때문이 아니라 그의 바람 때문이었다. 버려진 집에서 밤을 보낸 후로 그녀는 하니가 바라거나 바라지 않는다는 사실이 제일 중요했다. 그런 이유 말고는 어떤 것을 하거나 하지 않을 이유는 상상도 할 수 없었다. 그녀의 마음속에서 일어나는 모순적인 충동은 모두 그의 의지를 운명적으로 받아들이는 것으로 어우러지고 말았다. 그가 그녀보다 우위에 있다고 생각해서 그런 것은 아니었다. 이미 그녀는 그보다 자신이 더 강하다는 것을 알게 된 순간들이 있었다. 하지만 남은 인생은 두 사람의 열정적인 영광의 주변을 맴도는 흐릿한 테두리에 불과하게 되었다. 그녀는 그런 생각을 멈출 때마다, 풀밭에 누워서 하늘을 너무 오래 응시할 때 느꼈던 기분을 느꼈다. 두 눈에 빛이 너무 많이 들어와서 주변의 모든 것이 흐릿해져 버렸다.

해쳐드 씨가 주기적으로 작업실로 불쑥 찾아와서 건축가인 젊은 사촌에 대해 넌지시 얘기할 때마다 채러티에게 같은 효과가 발생했다. 채러티는 두르고 있던 솔송나무 화환을 무릎에 떨어뜨리고 무아지경 상태로 앉아 있었다. 해쳐드 씨가 하니를 아주 잘 아는 것처럼, 마치 그에 대해 주장할 것이 있다거나 그와 관련해 무엇이든 다 아는 것처럼 얘기하는 건 너무도 터무니없는 일이었다. 그에 대해 제대로 아는, 그의 발바닥부터 너풀거리는 머리카락 끝까지 아는 사람은, 세상에 단 한 사람, 채러티 로열밖에 없었다. 그녀는 그의 눈빛과 목소리의 변화, 그가 좋아하는 것과 싫어하는 것을 알았다. 마치 어린아이가 매일 아침 눈을 뜨는 방의 벽에 대해 아는 것처럼 그에 대해 알아야 할 모든 것을 아주 세세히, 그것도 무의식적으로 알았다.

주변 사람 누구도 짐작하거나 이해하지 못할 이런 사실 때문에 그녀의 삶은 다른 사람과 다른, 누구도 침해할 수 없는 것이 되었다. 그녀의 비밀이 지켜지는 한 그 무엇도 그녀를 방해하거나 상처 입힐 수 없는 것과 같았다.

노스도머의 아가씨들이 앉아 있는 방은 하니의 침실이었다. 그는 귀향 주간을 준비하는 일꾼들에게 방을 내주기 위해 2층에서 지냈다. 하지만 가구는 옮기지 않아서, 채러티가 그 방에 앉아 있을 때면 한밤중에 정원에서 보았던 환상을 늘 눈앞에서 보게 되었다. 하니가 앉아 있던 탁자는 이제 아가씨들이 모이는 자리가 되었다. 그녀가 앉아 있는 자리는 그가 누워 있던 그 침대 옆에 있는 자리였다. 다른 아가씨들이 바라보지 않을 때, 그녀는 가끔 무언가를 줍는 척하며 자기 뺨을 그의 베개에 잠깐씩 대어 볼 때도 있었다.

해가 지고 아가씨들이 해산했다. 아가씨들의 일이 마무리된 것이다. 다음 날 아침 해가 뜨면 휘장과 화환은 못으로 고정하고 채색한 두루마기는 읍사무소에 설치할 예정이었다. 첫 번째 손님들이 해쳐드 씨네 밭에 설치된 천막에서 열리는 오찬회에 정시에 도착하려면 헵번에서 마차를 타고 와야 했다. 그 후에 식이 시작될 예정이었다. 피로와 흥분 때문에 얼굴이 파리해진 해쳐드 씨는 어린 조수들에게 감사 인사를 전하고, 목발에 기댄 채 현관에 서서 손을 흔들며 거리로 나서는 사람들을 바라보았다.

채러티는 첫 번째로 떠나는 사람들 사이에 끼어 살짝 빠져나갔다. 그러다 그녀는 출입구에서 자신을 부르는 앨리의 목소리를 들었다. 내키지 않았지만 몸을 돌렸다.

"지금 이리로 와서 네 옷 좀 입어 볼래?"

앨리는 아쉬운 듯 감탄하는 눈빛으로 채러티를 바라보며 얘기했다. "어제처럼 소매가 주름이 지지 않는지 확인하고 싶어."

채러티는 반짝이는 눈으로 그녀를 응시했다. "아, 예뻐." 그녀는 이렇게 대답하며 앨리의 항변은 듣지도 않은 채 걸음을 재촉했다. 그녀는 자신의 드레스가 다른 아가씨들 것처럼 예쁘기를 바랐다. '식'에 참여할 예정이었기에 사실 더 뛰어나기를 바랐다. 하지만 지금은 그런 문제에 마음을 쓸 겨를이 없었다.

그녀는 목에 열쇠를 걸고 도서관으로 갔다. 도서관 뒤 통로에서 자전거를 끌어낸 다음 거리 끄트머리로 향했다. 그녀는 다가오는 아가씨가 있는지 확인하려고 주위를 둘러보았다. 그들은 읍사무소 방향으로 떠나고 없었다. 그녀는 자전거 안장에 뛰어오른 다음 크레스턴 도로로 발길을 돌렸다. 크레스턴으로 가는 내리막길이 쭉 이어졌다. 그녀는 자주 본 적 있는 매처럼, 날개를 움직이지 않고 하강하듯이 페달에 두 발을 올린 채 밤공기를 가르며 나아갔다. 그녀는 해쳐드 씨네 문을 나선 지 20분 만에 집에서 도망치던 날 하니가 자신을 앞질렀던 그 숲길로 들어섰다. 몇 분 후 버려진 집의 출입구 앞에 도착한 그녀는 자전거에서 뛰어내렸다.

금가루를 뿌린 듯한 저녁노을 속에서 그 집은 유독 여러 계절에 걸쳐 씻기고 말린 연약한 조개껍질처럼 보였다. 그러나 채러티가 자전거를 끌고 다가간 뒤쪽에는 최근에 사람이 산 흔적이 보였다. 판자로 만든 투박한 모양의 문이 부엌 출입구에 걸려 있었다. 그 문을 밀고 안으로 들어가면 소꿉놀이 같은 소박한 살림살이가 보였다. 창가에도 역시 판자로 만든 테이블이 하나 보였고, 흙으로 만든 병에는 야생 과꽃 한 다발이 큼지막하게 꽂혀 있고, 캔버스 의자 두 개가 보였다. 그리고 한쪽 구석에 멕시코산 담요가 덮인 매트리스가 하나 보였다.

방에는 아무도 없었다. 채러티는 자전거를 집에 세워 두고 경사로를 올라간 다음 오래된 사과나무 아래에 있는 바위에 앉았다. 공기는 너무 고요했다. 이곳에 앉아 있으면 그녀는 도로를 타고 쭉 내려오는 자전거 벨 소리를 들을 수 있었다.

그녀는 하니보다 먼저 작은 집에 도착할 때면 늘 기분이 좋았다. 풀밭 위로 흔들리는 사과나무 그림자와 도로 밑으로 반구형 지붕을 만든 오래된 호두나무, 오후의 빛 속에 서쪽으로 비탈진 목초지 등, 그의 첫 키스로 이 모든 것을 날려 버리기 전에 은밀한 달콤함을 상세히 만끽할 수 있는 이 시간이 마음에 들었다. 고요한 이곳에서 보낸 시간과 관련 없는 것들은 꿈속 기억처럼 모두 흐릿했다. 경이롭게 펼쳐진 그녀의 새로운 자아와 빛을 향해 펼치는 오그라든 덩굴손 같은 그녀의 두 손만이 유일한 현실이었다. 그녀는 감수성을 잘 쓰지 않아서 감수성이 무뎌진 사람들 속에서 평생을 살았다. 처음에 그녀는 하니의 애정 표현보다 애정을 표현하는 말이 더 놀라웠다. 그녀는 늘 사랑이 뭔가 혼란스럽고 은밀한 것인 줄 알았다. 그런데 그는 사랑을 여름 공기처럼 밝고 공개적인 것으로 만들었다.

채러티가 그에게 버려진 집으로 가는 길을 알려 준 다음 날, 그는 짐을 꾸려서 크레스턴강을 떠나 보스턴으로 가고 있었다. 하지만 첫 번째 역에서 작은 가방만 하나 챙겨서 기차에서 뛰어내린 다음 언덕으로 기어 올라갔다. 비가 내리지 않는 황금빛 8월의 두 주 동안 그는 그 집에서 잠깐 머물며, 자신을 알아보는 사람 없는 계곡의 외딴 농장에서 달걀과 우유를 구하고 알코올램프로 요리를 했다. 그는 매일 해가 뜨면 일어나서 갈색 웅덩이로 뛰어들고, 버려진 집 위에 있는 강한 향이 나는 솔송나무 숲에 몇 시간씩 누워 있거나, 끝없이 보이는 언덕 사이에 동서로 펼쳐진 안개 긴 푸른 계곡 위로 높이 솟은 이글릿지의 등성이를 거닐며 시간을 보냈다. 그리고 오후가 되면 채러티가 그를 찾아왔다.

그녀는 저축한 돈의 일부를 내어 한 달 동안 자전거를 빌렸다. 그리고 매일 점심 식사를 마친 후 후견인이 사무실로 출근하자마자 도서관으로 급히 가서 자전거를 꺼낸 다음 크레스턴 도로로 내려갔다. 로열 씨가 노스도머 사람들처럼 자신이 자전거를 빌렸다는 사실을 똑똑히 알고 있다는 것을 그녀도 알고 있었다. 마을의 다른 사람들처럼 그도 그녀가 어디에 자전거를 쓰는지 알고 있을 것이 분명했다. 그녀는 신경 쓰지 않았다. 그가 너무 무력하다는 생각이 들어서 그가 자전거에 관해 물으면 사실대로 말하려고 했다. 하지만 네틀턴 선창에서 소동이 일어났던 그날 밤 이

후로 두 사람은 한마디도 나누지 않았다. 그는 그렇게 맞닥뜨린 지 사흘 만에 노스도머로 돌아왔다. 채러티와 베레나가 저녁 식사를 하려고 자리에 막 앉았을 때였다.

그는 의자를 끌어내더니 사이드보드 테이블에서 냅킨을 꺼낸 다음 고리를 뺐다. 그는 평소처럼 캐릭 프라이네 사무실에서 오후 시간을 보내고 돌아온 것처럼 무심하게 자리를 잡고 앉았다. 집 안의 오랜 습관 때문에, 그가 들어올 때 채러티가 쳐다보지 않아도 거의 자연스러워 보였다. 그녀는 그가 아직 식사 중일 때 자리에서 일어나 아무 말 없이 자기 방으로 올라가면서 침묵이 우연이 아니라는 것을 알려 줄 뿐이었다. 그 후로 그는 채러티가 방 안에 있으면 베레나에게 큰 소리로 상냥하게 말하는 습관을 들였다. 하지만 두 사람 사이에 그밖에 어떤 눈에 띄는 변화도 일어나지 않았다.

그녀는 하니를 기다리며 앉아 있는 동안 이런 것들을 연관 지어 생각하지는 않았다. 하지만 그와 함께 산불처럼 타오르는 시간을 보낼 때면 그런 것들이 음울한 배경처럼 그녀의 마음속에 남아 있었다. 어떤 것도 중요하지 않았다. 좋은 것이든 나쁜 것이든, 아니 그를 알기 전에는 그렇게 보였을지도 모르는 그 어떤 것도 이제는 중요하지 않았다. 그는 그녀를 사로잡았고, 새로운 세상으로 이끌었다. 정해진 시간이 되면 습관적인 행동을 수행하려고 그녀의 혼이 돌아왔는데도 모든 행동이 너무 희미하고 실체가 없어서 그녀는 함께 있는 사람들이 자신을 볼 수 있을지 때로는 궁금했다.

거무스름한 산 뒤로 태양이 미동 없는 황금빛으로 내려앉았다.

산비탈 위 목초지에서 짤랑짤랑 울리는 암소의 방울 소리가 들려
왔다. 연기 한 모금이 계곡 안 농장 너머에 걸렸다가 맑은 공기 위
로 흘러 사라졌다. 모든 것에 그림자가 드리워진 밝은 빛 속에서
들판과 숲이 몇 분 동안 비현실적으로 정확하게 윤곽을 드러냈다.
그리고 황혼이 그것을 완전히 가려 버리자, 그 작은 집은 시든 사
과나무 가지 아래서 잿빛 유령으로 변해 버렸다.

　채러티의 심장이 오그라들었다. 찬란했던 낮이 지나고 밤이 찾
아오면 갑작스러운 공포가 자주 찾아왔다. 마치 사랑이 떠난 후의
세상을 바라보는 것 같았다. 그녀는 바로 그 자리에 앉아서 헛되
이 연인을 지켜보게 될 날이 언제일지 궁금했다.

　골목길을 따라 그의 자전거 벨 소리가 들려왔다. 바로 출입구
로 향하는 그녀의 두 눈에 웃음이 가득했다.

　두 사람은 기다란 풀밭으로 돌아간 다음 집 뒤쪽에 있는 문을
밀어젖혔다. 처음 들어설 때 그 방은 꽤 어두워서 두 사람은 손을
맞잡고 더듬더듬 걸어가야 했다. 창틀을 통해 보이는 하늘은 방
안과 대조적으로 환해 보였다. 흙으로 빚은 항아리에 꽂힌 검은
과꽃 너머로 하얀 별 하나가 나방처럼 희미하게 반짝였다.

　"마지막 순간에 할 일이 정말 많았어." 그가 설명했다. "그리고
그 쇼 때문에 사촌 누나 집에서 머물려고 오는 사람을 만나려다
보니 크레스턴까지 마차를 몰고 가야 했어."

　그는 그녀를 안더니 그녀의 머리카락과 입술에 입을 맞추었다.
그의 애무로 인해 그녀의 몸속 깊은 곳에 있던 것들이 애써 빛을
찾아 나오더니 마치 햇볕 아래 꽃처럼 피어났다. 그녀가 손가락을
그의 손가락에 끼웠고, 두 사람은 임시로 만든 소파에 나란히 앉

왔다.

왜 늦었는지 변명하는 그의 말소리가 그녀의 귀에는 하나도 들리지 않았다. 그녀는 그가 없을 때는 엄청난 의심에 시달렸지만, 그가 나타난 순간 그가 어디에서 왔고, 무엇 때문에 늦었고, 누구 때문에 자신과 멀어졌는지 전혀 궁금하지 않았다.

마치 그녀의 인생이 그의 부재로 인해 중단된 것처럼, 그가 있었던 곳과 그와 함께 있었던 사람들이 그가 자리를 떠나는 순간 존재하지 않는 것만 같았다.

그녀에게 유창하고 명랑하게 얘기하던 그는 이제 늦은 것을 한탄하며 시간이 많이 걸린다고 투덜대다가 정이 많은 해처드 씨의 동요를 유쾌하게 흉내 냈다. "누님은 내일 읍사무소에서 로열 씨에게 연설을 부탁하려고 마일스 목사에게 급히 갔어. 그런데 끝날 때까지는 몰랐어." 채러티가 한마디도 없자 그가 덧붙였다. "결국 잘된 일인 것 같아. 그걸 할 사람은 달리 아무도 없으니까."

채러티는 대답하지 않았다. 사실 그녀의 후견인이 내일 행사에서 어떤 역할을 맡든 전혀 관심이 없었다. 빈약한 그녀의 세상에 사는 다른 주변 인물들처럼 그 사람도 그녀에게 점점 존재하지 않는 존재가 되어 갔다. 그녀는 이제 그를 미워하지도 않았다.

"내일은 당신을 멀리서 바라보기만 할 거야." 하니가 계속 얘기했다. "하지만 저녁에는 읍사무소에서 댄스파티가 있을 거야. 당신은 내가 다른 아가씨들과 춤추지 않겠다고 약속하기를 바라지?"

다른 아가씨라고? 다른 아가씨도 있나? 그녀는 그런 위험도 잊고 있었다. 그녀와 그는 두 사람만의 비밀스러운 세상에 너무 갇혀 있는 것 같았다. 그녀의 심장이 겁에 질려 움찔했다.

"네, 약속해 줘요."

그가 깔깔대더니 두 팔로 그녀를 안으며 물었다. "이런 바보, 그 아가씨들이 흉측하게 생겨도 안 된다는 거야?" 그는 그녀의 이마에서 머리카락을 밀어내더니 늘 그런 것처럼 그녀의 얼굴을 뒤로 젖히며 몸을 기울였다. 그 바람에 그의 머리가 그녀의 두 눈과 흐릿한 하늘 사이로 검게 드리워지고, 하늘에 하얀 별이 떠올랐다.

두 사람은 자전거를 타고 마을로 가는 어두운 숲길을 나란히 달려갔다. 아주 둥글고 빛나는 달이 느지막하게 떠오르자 우아한 잿빛 산비탈이 시커먼 덩어리로 바뀌고, 더 위쪽 하늘은 너무 밝아서 별이 물에 비친 것처럼 흐릿하게 보였다. 노스도머에서 반 마일 떨어진 숲 끄트머리에 도착하자, 하니가 먼저 자전거에서 뛰어내렸다. 품속에 채러티를 안고 마지막 입맞춤을 하더니 그녀가 홀로 걸어갈 동안 기다렸다.

두 사람이 평소보다 늦게 도착하는 바람에 채러티는 자전거를 도서관에 두는 대신 나무 헛간 뒤편에 받쳐 두고 붉은 집의 부엌으로 들어갔다. 혼자 앉아 있던 베레나는 채러티가 안으로 들어오자 불가해한 눈으로 그녀를 바라보더니, 선반에서 우유 한 잔과 접시를 꺼내어 테이블 위에 조용히 놓았다. 채러티는 고개를 끄덕이며 감사를 표시한 후 자리에 앉아서 굶주린 듯 파이와 우유 잔을 비웠다. 그녀는 밤에 급히 오느라 얼굴은 벌게졌고, 반짝이는 부엌 램프 때문에 두 눈이 부셨다. 그녀는 갑자기 잡혀서 우리에 갇힌 밤의 새가 되어 버린 기분이었다.

"그분은 저녁때 나가서 아직 안 들어오셨어." 베레나가 말을 꺼냈다. "읍사무소에 가셨거든."

채러티는 알아차리지 못한 사실이었다. 그녀의 혼은 아직 숲속을 날아다니고 있었다. 그녀는 접시와 잔을 씻은 다음 더듬더듬 어두운 계단을 올라갔다. 그녀가 문을 열자 궁금증이 밀려들었다. 그녀는 밖으로 나갈 때 오후의 열기를 피하려고 덧문을 닫았었다. 그런데 덧문이 살짝 열려서 흔들리고 있었고, 그 틈으로 들어온 기다란 달빛이 방 안을 가로지르고 있었다. 달빛은 그녀의 침대에 머물며 그 위에 펼쳐 놓은 순백색 실크 드레스를 비추고 있었다. 채러티는 이 드레스에 감당할 수 없을 만큼 많은 돈을 썼다. 다른 아가씨들의 드레스를 능가해야 하는 드레스였다. 그녀는 노스도 머 사람들에게 자신이 하니의 흠모를 받을 자격이 있다는 것을 보여 주고 싶었다. 드레스 위로, 베개 위에 개켜 놓은 하얀 베일이 보였다. 베일은 식에 참석하는 젊은 여성들이 과꽃 화환 아래에다 써야 하는 것이었다. 베일 옆에는 앨리가 비밀스러운 보물을 보관하는 오래된 트렁크에서 꺼내 온 날렵한 하얀 새틴 구두가 놓여 있었다.

채러티는 펼쳐진 순백색 드레스를 뚫어지게 바라보며 서 있었다. 그 모습을 보고 있으니 하니를 처음 만났던 날 밤에 찾아왔던 환상이 떠올랐다. 그녀는 그런 환상을 더 이상 보지 못했다. 더 따뜻한 화려함이 그런 환상을 대신했다. 앨리가 그녀의 침대 위에 이렇게 하얀 것들을 온통 펼쳐 놓은 것은 어리석은 짓이었다. 마치 하티 태가가 스프링필드에서 톰 프라이와 결혼할 때 입었던 웨딩 드레스를 이웃들이 볼 수 있도록 쫙 펼쳐 놓은 것과 같았다.

채러티는 새틴 구두를 들어서 기이한 듯 바라보았다. 낮에 본다면 구두는 분명 살짝 닳아 보였겠지만 달빛에 비추니 상아로 조각한 것처럼 보였다. 그녀는 바닥에 앉아서 구두를 신어 보았다. 비록 굽이 높아서 일어섰을 때 살짝 비틀거렸지만, 구두는 완벽하게 맞았다. 그녀는 우아한 구두 덕분에 놀랍도록 굴곡지고 좁아진 자신의 발을 내려다보았다. 그녀는 이런 구두를 난생처음 보았다. 네틀턴의 상점 진열장에서도 본 적이 없었다. 아니, 딱 한 번 있었다. 같은 모양의 구두를 신은 애너벨 발치를 본 적이 있었다.

그녀는 굴욕감 때문에 얼굴이 확 달아올랐다. 앨리는 발치 양이 노스도머에 행차할 때면 가끔 그녀를 위해 바느질을 해 주었다. 그리고 버릴 옷을 선물로 받았을 것이다. 앨리의 비밀 트렁크에 들어 있는 보물들은 그녀가 일해 준 사람들이 준 것이었다. 하얀 새틴 구두도 애너벨 발치의 구두가 분명했다.

그녀가 그 자리에 서서 침울하게 자기 발을 내려다보고 있는데 창문 밑에서 띠링, 띠링, 띠링, 하고 자전거 벨 소리가 세 번 울렸다. 하니가 집으로 가는 길에 들려주는 비밀 신호였다. 그녀는 높은 구두를 신은 채 창가로 비틀비틀 걸어가서 덧문을 활짝 열고 밖으로 몸을 내밀었다. 그가 그녀에게 손을 흔들며 달려갔다. 달빛이 비치는 텅 빈 도로를 내려가는 그에 앞서 아무 생각 없이 춤을 추며 지나가는 그의 검은 그림자가 보였다. 그녀는 해쳐드네 가문비나무 밑으로 그가 사라질 때까지 바라보며 그 자리에 그대로 기대어 있었다.

13

사람들로 붐비는 읍사무소는 몹시 더웠다. 채러티는 오마 프라이가 이끄는 하얀 모슬린 행렬 속에서 세 번째로 행진하고 있었다. 그녀는 녹색 카펫이 깔린 무대 위를 움직이면서 무대를 에워싼 화환 모양의 기둥이 일으키게 될 놀라운 효과를 의식하고 있었다. 그리고 행진의 진행을 지켜보기 위해 고개를 돌리는 앞줄에 앉은 이들의 낯선 얼굴도 의식하고 있었다.

하지만 그녀가 엄청난 과꽃 다발과 황금빛 막대기를 앞에 두고 무대 뒤에 서서, 마일스 목사의 교회에서 오르간 연주자로 활약하는 램버트 솔라스의 긴장된 시선에 응답할 때까지 낯선 얼굴은 온통 어리둥절한 눈빛과 흐릿한 색깔로만 보일 뿐이었다. 하모늄을 연주하기 위해 네틀턴에서 올라온 램버트는 하모늄 뒤에 앉아서 지휘자다운 눈빛으로 떨고 있는 아가씨들을 훑어보고 있었다.

잠시 후, 분홍빛 혈색의 마일스 목사가 마치 널찍한 하얀 가운 위로 떠 있는 것처럼 무대 뒤에서 불쑥 튀어나오더니 머리를 숙인 채 앞줄에 앉은 사람들 위로 자리를 잡았다. 그가 열정적으로 짧게 기도한 후 물러나자, 램버트는 아가씨들에게 주의라도 주듯이 격하게 한 번 고개를 끄덕였다. 그러자 아가씨들이 '즐거운 나의 집Home, Sweet Home'을 바로 따라 했다.

채러티는 노래를 부르는 게 즐거웠다. 난생처음으로 그녀의 은밀한 황홀함이 속에서 터져 나와 세상에 도전장을 내미는 것 같았다. 핏속의 반짝임과 여름철 땅의 호흡, 숲의 바스락거림, 일출 무렵 새들의 생기 넘치는 노랫소리, 한낮의 음울한 나른함이 힘찬 합창에 이끌려 미숙한 그녀의 목소리로 바뀌는 것 같았다.

그러다 갑자기 합창이 끝나고 해쳐드 씨의 진홍빛 장갑이 복도를 향해 은밀한 신호를 보내는 동안 식이 잠시 중단되었다. 그리고 순서에 따라 등장한 로열 씨가 무대 계단을 오른 다음 꽃으로 장식한 단상에 나타났다. 그는 채러티를 가깝게 지나쳤다. 그녀는 엄숙한 그 얼굴에 자신이 어린 시절 경외심을 갖고 매혹되었던 위엄이 서려 있다는 것을 알아챘다. 세심하게 솔질하고 다림질한 프록코트와 좁다란 검정 타이가 보였다. 끝단이 지나치게 딱 맞는 것을 보면 타이를 매는 데 오랜 시간이 걸렸음이 분명했다. 네틀턴에서 보았던 그날 밤 이후로 정면에서 그를 보는 게 처음이라서 그녀는 몹시 충격을 받았다. 엄숙하고 인상적인 그의 태도에 선창에서 보였던 유감스러운 모습은 전혀 드러나지 않았다.

그는 잠시 단상에 서서 손끝을 단상에 댄 채, 청중을 향해 몸을 살짝 숙였다. 그러고는 몸을 똑바로 세워 연설을 시작했다.

그녀는 처음에는 그가 하는 이야기에 전혀 관심을 보이지 않았다. 호노리우스 해쳐드에게 바치는 의무적인 찬사를 비롯해 몇 몇 문장의 일부나 우렁찬 인용문, 유명한 인물들에 대한 은근한 암시 등이 무관심한 그녀의 귀를 스쳐 지나갔다.

그녀는 유명한 사람들이 앉아 있는 앞줄에서 하니를 찾아보려 애를 썼다. 하지만 그는 보이지 않았다. 마일스 목사와 중요해 보이는 낯선 숙녀의 부축을 받으며 꽃으로 장식한 책상 밑에 앉아 있는, 장갑 색깔에 맞춰 진줏빛 회색 모자를 쓰고 있는 해쳐드 씨 근처에도 그는 보이지 않았다. 채러티는 무대 한쪽 끝에 있었는데, 그녀가 앉아 있는 자리에서 첫 번째 줄의 다른 한쪽 끝은 하모늄을 가리려고 둔 나뭇잎 모양의 차단막에 가려서 보이지 않았다. 그녀는 주위의 다른 것에 신경 쓰지 않기 위해 차단막 구석 주변이나 작은 틈새 사이로 하니를 찾아보려고 노력했다. 하지만 그 노력은 허사로 돌아갔고, 점차 그녀는 후견인의 이야기에 귀를 기울였다.

그녀는 후견인이 공적인 자리에서 하는 연설을 한 번도 들어본 적은 없었지만, 큰 소리로 글을 읽거나 캐릭 프라이의 사무실 난로 주변에 있는 행정위원들에게 의견을 늘어놓을 때 나오는 우르릉대는 목소리에는 익숙했다. 오늘 그의 말투는 그녀가 예전에 알던 것보다 더 풍부하고 근엄했다. 그는 듣는 사람들이 본인의 생각에 조용히 참여할 수 있도록 중간중간 쉬어 가며 천천히 얘기했다. 채러티는 빛처럼 반응하는 청중의 얼굴을 감지했다.

그는 연설의 끝부분에 도달하고 있었다. "여러분 중 대부분은," 그가 말했다. "그러니까 오늘 여기로 돌아와서 이 작은 곳과 접촉을 취한 여러분은 경건한 순례를 위해 왔을 뿐입니다. 그리고 바로 바쁜 도시로 돌아가 더 큰 의무를 가득 지고 살아갈 것입니다. 하지만 노스도머로 돌아오는 길이 이 방법만 있는 것은 아닙니다. 우리 중 일부는 젊은 시절에 이곳을 떠나, 여러분처럼 바쁜 도시에서 더 큰 의무를 지고 살다가, 이곳에 다시 돌아왔습니다. 영원히 돌아왔지요. 여러분이 아시는 것처럼 저도 그런 사람 중 하나입니다…."

그가 잠시 말을 멈추자 홀 안에 긴장감이 돌았다. "제 이야기는 재미가 없지만 교훈이 있습니다. 제 이야기는 이미 다른 곳에서 삶을 꾸리고 있는 사람들을 위한 것이 아닙니다. 이렇게 조용한 언덕을 떠나 생존의 현장 속으로 뛰어들려고 계획 중인 젊은이들을 위한 것입니다. 예측할 수 없는 일들로 인해 이 젊은이들은 언젠가 이 작은 마을과 오래된 농장으로 영원히 돌아오게 될지도 모릅니다…." 그는 주변 사람들을 둘러보더니 심각한 얼굴로 되풀이했다. "영원히 말입니다. 제가 말하고 싶은 요점은 이것입니다. 노스도머는 가난한 작은 동네입니다. 거대한 풍경 속에 거의 묻힐 뻔한 곳입니다. 하지만 어쩌면 지금은 더 큰 도시가 되었을지도 모릅니다. 거대한 풍경에 어울리는 곳으로 말입니다. 되돌아오려는 사람들이 마음속에 이런 마음을 갖고 온다면 말이지요. 좋은 이유로 돌아오고 싶다면 그렇다는 말입니다. 나쁜 이유나 무심함으로 돌아온 것이 아니라요…. 신사 여러분, 상황을 있는 그대로 봐 주세요. 우리 중 몇몇은 다른 곳에서 실패했기 때문에 고향 마을로 돌아왔습니다. 한 가지 혹은 다른 여러 가지 상황이 우리와 맞지 않았지요. 우리가 꿈꾸던 것들이 실현되지 않았습니다. 하지만 우리가 다른 곳에서 실패했다고 해서 그것이 이곳에서 실패할 이유가 되지는 않습니다. 이곳보다 큰 곳에서 겪은 경험이 설사 실패로 돌아갔더라도, 우리는 노스도머를 더 큰 곳으로 만들기 위해 서로를 도와야 합니다. 그리고 지금도 야망에 부응해서, 오래된 집을 등지려고 준비하는 젊은 여러분에게 저는 이 말을 전해 드리고 싶습니다. 만약 여러분이 고향으로 돌아오려고 한다면 고향을 위해 돌아오는 것도 가치가 있습니다. 그렇게 하려면 여러분은 이곳을 떠나 있는 동안에도 이곳을 계속 사랑해야만 합니다. 설사 여러분의 의지에 반해서 이곳으로 돌아온다고 해도, 쓰라린 운명의 장난이나 신의 섭리라고 생각해야 합니다. 여러분은 그것을 최대한 이용하고, 고향을, 마을을 최대한 이용해야 합니다. 잠시 후… 음… 신사 숙녀 여러분, 여러분에게 가치 있는 저만의 방법을 알려 드리겠습니다. 제가 오늘 '이 자리에 있으니 참 좋네.'라고 말한 것처럼 여러분도 이렇게 말할 수 있다고 저는 믿습니다. 여러분, 모두 저를 믿어 주세요. 우리가 사는 이곳을 돕는 최고의 길은 바로 우리가 이곳에서 기쁘게 사는 것입니다."

그가 말을 멈추자 청중들 사이로 감정에 겨운 중얼거림과 놀라서 소곤대는 소리가 흘러나왔다. 사람들이 기대한 내용은 전혀 아니었지만 기대 이상의 감동을 받았다. "들어 봐요, 들어 봐요." 홀 한가운데서 목소리가 터져 나왔다. 청중의 응원 소리가 그 목소리를 잠재웠다. 그 소리도 잠잠해질 무렵, 마일스 목사가 근처에 있는 누군가에게 하는 소리가 들렸다. "바로 남자의 이야기지요." 그리고 그는 안경을 닦았다.

로열 씨는 단상 뒤로 물러나더니 하모늄 앞에 의자 몇 개가 놓인 줄에 앉았다. 황금 가지 뒤에 앉아 있던 해쳐드 씨와 먼 친척 관계인 백발의 말쑥한 신사가 로열 씨의 뒤를 이어서 오크로 만든 오래된 참나무 양동이와 인내심 많은 백발의 어머니들과 나무 열매를 주우러 다니던 사내아이들 같은 아름다운 이야기를 들려주었다.

로열 씨가 갑자기 의자를 뒤로 밀자 하모뉴 앞줄에 있던 단풍나무 가지 하나가 우지끈 떨어졌다. 그 바람에 첫 번째 줄 끄트머리가 드러나더니 채러티의 눈에 그 자리에 앉은 하니가 보였다. 그 옆에는 고개가 그를 향하고 있는 숙녀 한 명이 있었다. 숙녀의 얼굴은 늘어진 모자챙에 가려져 있었으나 채러티는 그 얼굴을 볼 필요도 없었다. 그녀의 늘씬한 모습과 모자챙 아래 쌓여 있는 금발머리와 팔찌가 달린 주름지고 기다란 하얀 장갑만 흘긋 보고도 바로 그 숙녀를 알아봤다. 나뭇가지가 떨어지자 발치 양이 무대쪽으로 고개를 돌렸다. 미소를 짓고 있는 얇고 예쁜 입술에 옆 사람이 속삭이고 있던 어떤 내용을 곰곰이 생각하는 모습이 머물러 있었다.

누군가 앞으로 나와서 떨어진 나뭇가지를 다른 것으로 바꾸자 발치 양과 하니의 모습이 다시 감춰졌다. 하지만 채러티가 두 사람의 얼굴을 보고 나자 다른 것은 아무것도 눈에 들어오지 않았다. 두 사람은 채러티가 처한 현실을 순식간에 노골적으로 드러낸 셈이었다. 그녀의 연인이 부서지기 쉬운 차단막 뒤에서 보여 준 애정표시로 그와 다른 사람들(다른 여자들)과의 관계, 그의 의견, 그의 편견, 그의 원칙, 모든 남자의 삶 속에 그물처럼 얽힌 영향력과 관심과 야망 같은, 헤아리기 어려운 인생의 모든 불가사의가 정체를 드러냈다. 이 중에서 그녀가 아는 것은 그가 말해 준 건축에 대한 열망을 제외하면 하나도 없었다.

그녀는 그가 중요한 사람들과 연락하고, 복잡한 관계에 연루되었다고, 늘 추측했다. 하지만 그녀는 그런 추측은 자신의 이해를 넘어서는 것이어서, 그런 문제는 모두 본인의 생각 끄트머리에 걸린, 어둠 속에서 빛을 내는 안개 같은 것이라고 느꼈다. 빛나는 그의 존재와 그의 얼굴에 드러난 빛과 그림자, 그녀에게 다가올 때 그녀를 끌어 담으려는 것처럼 넓어지고 깊어지는 그의 근시안, 무엇보다 그녀를 에워싸는 그의 말 속에 비치는 넘치는 젊음과 부드러움이 모든 것을 가리며 가장 앞선 곳에 자리를 차지하고 있었다.

이제 그녀는 그가 자신에게서 떨어져 나가 미지의 것에 이끌리고, 그녀의 입술에 장난스러운 공모의 미소를 자주 일으켰던 그런 이야기를 지금 다른 아가씨에게 속삭이는 모습을 본 것이다. 그녀를 사로잡은 감정은 질투가 아니었다. 그녀는 그의 사랑을 지나치게 확신하고 있었다. 오히려 미지의 것에 대한 두려움, 심지어 지금 그를 그녀에게서 끌어내고 있는 불가사의한 모든 매력, 그것들과 싸울 수 없는 자신의 무력감에 대한 공포심이었다.

그녀는 그에게 자신이 가진 모든 것을 주었다. 하지만 그것을 삶이 그에게 준 다른 선물과 비교할 수 있을까? 이제 그녀는 자신과 처지가 같은 아가씨들에게는 이런 일이 일어난다는 것을 알아차렸다. 그 아가씨들은 자신의 전부를 주었으나 그것으로는 충분하지 않았다. 그걸로는 짧은 순간밖에 살 수 없었다.

질식할 만큼 실내가 점점 더워지고 있었다. 그녀는 숨이 막히는 파도 속에서 그 열기가 자신에게 내려앉은 것처럼 느껴졌다. 북적이는 홀 안의 얼굴들이 마치 네틀턴의 스크린 위로 번쩍이던 영

상처럼 춤을 추기 시작했다. 한순간 로열 씨의 얼굴이 전반적인 흐릿함에서 벗어났다. 그는 하모늄 앞의 자기 자리로 다시 돌아갔다. 그리고 그녀의 얼굴을 바라보며 가까이에 앉았다. 그의 얼굴은 그녀가 느끼는 혼란스러운 감정의 중심부를 꿰뚫을 것처럼 사나워 보였다. 그녀에게 속이 울렁거리는 느낌이 밀려들더니 치명적인 불안감이 찾아왔다. 작은 집에서 빛살처럼 보낸 불같은 시간이 이제는 눈부신 두려움이 되어 도로 그녀에게 휘몰아쳤다.

그녀는 후원자로부터 시선을 돌리려고 애를 쓰다가 해쳐드 씨의 먼 친척의 연설이 끝났고, 마일스 목사가 다시 날개 같은 옷자락을 펄럭거리고 있다는 것을 알아차렸다. 마일스 목사의 장황한 연설이 당황한 그녀의 머릿속으로 단편적으로 떠다녔다. "신성한 추억을 충분히 수확하고… 시련의 순간에 여러분의 생각이 기도하는 마음으로 돌아갈 신성한 시간이여… 오 주여, 멀리서 여기 고향으로 돌아와 재회하게 된 축복의 날, 저희가 겸손하게 열렬히 감사를 드립니다. 오 주여, 나이 든 사람들의 친절과 지혜, 청년들의 용기와 근면, 이렇게 순수한 아가씨들의 독실함과 순수함 속에 앞으로도 귀향의 기쁨을 계속 간직할 수 있게 해 주세요…." 마일스 목사가 그들을 향해 하얀 날개를 펄럭였다. 그와 동시에 램버트가 격하게 고개를 끄덕이며 '올드 랭 사인Auld Lang Syne'의 첫 소절을 두드렸다. 정면을 응시하던 채러티가 꽃을 떨어뜨리더니 로열 씨의 발 옆으로 쓰러지고 말았다.

14

노스도머의 축하 행사에는 그곳의 행정구역인 마을들까지 자연스럽게 포함되었다. 그래서 그 축하 행사는 도머와 크레스턴 두곳과 언제나 첫눈이 가장 먼저 내리는 그 산의 북쪽 비탈지에 있는 외딴 작은 마을인 햄블린까지 모두 퍼져 나갔다. 세 번째 날에는 크레스턴과 크레스턴강에서 연설과 행사가 열렸고, 네 번째 날에는 주요 공연자들이 사륜 짐마차를 타고 도머와 햄블린으로 향할 예정이었다.

채러티는 축하 행사가 진행되던 네 번째 날에 버려진 작은 집으로 처음 돌아왔다. 그녀는 축하 행사가 시작되기 전날 숲 끄트머리에서 하니와 헤어진 후로 단둘이서 그를 본 적이 없었다. 그녀는 그 기간에 여러 가지 기분을 느꼈다. 하지만 읍사무소에서 잠시 그녀를 사로잡았던 공포심은 의식의 끄트머리로 사라져 버렸다. 그녀가 졸도한 것은 강당이 숨 막히게 더웠고 연사들이 말을 계속 중언부언 이어갔기 때문이었다. 열기에 영향을 받은 다른 사람들은 식이 끝나기 전에 자리를 떠야만 했다. 오후 내내 천둥이 쳤고 나중에 사람들은 강당을 환기하기 위해 뭐든 해야 한다고 말했다.

그날 저녁 그녀는 댄스파티가 열리는 자리에 마지못해서 갔다. 자리를 비우는 것이 두려워서 갔지만 가자마자 바로 안심했다. 그녀는 무도회장에 들어서자마자 자신을 기다리던 하니를 만났다. 그는 다정하고 유쾌한 눈빛으로 다가와 왈츠를 추며 그녀를 사로잡았다. 그녀의 발은 온전히 음악에 맞춰져 있었다. 춤은 마을 젊은이들과 함께 배운 것이 전부였지만, 그의 발걸음에 맞춰 스텝을 밟는 것이 전혀 어렵지 않았다. 두 사람이 무대를 돌자 헛된 두려움이 떨어져 나갔다. 심지어 그녀는 자신이 지금 애너벨 발치의 구두를 신고 춤을 추고 있다는 사실까지도 잊고 있었다. 왈츠가 끝나자 하니는 마지막으로 채러티의 손을 잡은 후에 이제 막 들어오는 해쳐드 씨와 발치 양을 맞으려고 그녀의 곁을 떠났다. 채러티는 발치 양이 나타난 순간 잠시 괴로웠지만 오래 지속되지는 않았다. 자신이 훨씬 아름답고, 하니도 그것을 알고 있다는 사실에 의기양양해져서 걱정은 사라졌다. 어울리지 않는 드레스를 입은 발치 양은 누렇게 뜬 얼굴이 초췌해 보였다. 채러티는 발치 양의 연한 속눈썹 사이로 드러난 눈빛에 걱정스러운 기색이 있다고 생각했다. 그녀는 해쳐드 씨 근처에 자리를 잡고 앉았는데, 춤을 출 마음이 전혀 없어 보였다. 채러티도 춤을 자주 추지는 않았다. 하니는 해쳐드 씨가 다른 아가씨에게도 춤출 기회를 주라고 부탁했다고 채러티에게 설명했다. 하지만 그는 다른 아가씨와 춤을 추러 나갈 때마다 채러티에게 허락을 구하는 형식을 취했다. 그로 인해 채러티는 그와 무도회장을 빙그르르 돌 때보다 비밀스러운 승리감을 더 온전히 느낄 수 있었다.

그녀는 버려진 집에서 그를 기다리면서 이 모든 것을 떠올리고 있었다. 늦은 오후는 몹시 더웠다. 그녀는 모자를 옆에 던져 놓고, 나무 아래보다 실내가 더 시원했기에 멕시코산 담요 위에 몸을 쭉 펼쳤다. 그녀는 팔베개를 하고 누워서 나무가 빽빽한 그 산의 능선을 바라보고 있었다. 태양이 이지러지면서 파편처럼 조각 난 햇살이 산등성이 뒤로 보이는 하늘을 가득 채웠다. 그녀는 곧 오솔길로 접어드는 하니의 자전거 벨 소리가 들리기를 기대했다. 그는 사촌이랑 사촌의 친구들과 함께 마차 대신 자전거를 타고 햄블린으로 갔다. 그렇게 하면 일찍 빠져나와서, 햄블린으로 가는 도로에 있는 버려진 집에 들를 수 있기 때문이었다. 두 사람은 도로 위의 은신처에 숨은 채, 붐비는 길을 돌아가는 사륜 짐마차 굴러가는 소리를 농담 삼아 서로 미소를 지었다. 그녀는 이렇게 유치한 환희에도 무모하게 마음이 놓였다.

그렇지만 채러티는 읍사무소에 있을 때, 자신 앞에 펼쳐졌던 공포스러운 환상을 다 잊지는 못했다. 그와의 관계가 영원히 지속될 것 같은 감각은 사라졌고, 이제 하니와 함께하는 매 순간 의심이 넘치게 될 것이다.

그 산은 불타는 듯한 일몰을 배경 삼아 보랏빛으로 물들고 있었다. 마치 떨리는 칼날 같은 빛으로 석양과 그 산이 나뉜 것처럼 보였다. 불꽃에 에워쌓인 벽 위로 보이는 하늘은 그늘진 차가운 산정 호수처럼 모두 순수한 옥빛을 띠고 있었다. 채러티는 누워서 그 모습을 올려다보며 첫 번째 흰 별을 바라보고 있었다.

그녀의 두 눈이 위쪽 하늘을 바라보고 있는데, 찬란한 아름다움이 가득한 자리를 획 스쳐 지나가는 어떤 그림자를 알아챘다. 해가 지는 창문을 지나간 사람은 분명 하니였다. 그녀는 몸을 반쯤 일으키려다가 팔을 베고 있던 머리 때문에 몸이 도로 젖혀졌다. 그 바람에 머리카락을 고정해 둔 핀이 미끄러지듯 떨어지자 머리카락이 가슴 쪽으로 흘러내렸다. 그녀는 입술로 졸린 미소를 지으며 나태한 눈꺼풀을 반쯤 감은 채로 가만히 누워 있었다. 맹꽁이자물쇠를 더듬는 소리가 들려서 그녀가 소리쳤다. "자물쇠 체인 뺐어요?" 그때 문이 열리고 로열 씨가 방 안으로 들어왔다.

그녀는 몸을 일으켜서 쿠션을 등지고 앉았다. 두 사람은 아무 말 없이 서로를 바라보았다. 로열 씨가 빗장을 걸고 몇 걸음 다가왔다. 채러티는 벌떡 일어났다. "여긴 무슨 일로 왔어요?" 그녀가 더듬더듬 물었다.

마지막으로 타오르는 저녁노을이 후견인의 얼굴을 비추자, 타오르는 듯한 노란 빛 때문에 그 얼굴은 잿빛으로 보였다.

"네가 여기 있는 걸 아니까." 그가 간단히 대답했다.

그녀는 머리카락이 풀어져서 가슴까지 내려온 것을 알아차렸다. 그녀는 흐트러진 모습을 추슬러야만 그와 얘기할 수 있을 것 같았다. 그녀는 더듬더듬 핀을 찾아서 머리를 고정하려 했다.

로열 씨는 그런 모습을 조용히 바라보고 있었다.

"채러티," 그가 이야기를 꺼냈다. "그 사람은 곧 여기로 올 거야. 우선 나와 얘기 좀 하자."

"아저씨는 나에게 얘기할 권리가 없어요. 난 내 마음대로 할 수 있다고요."

"맞아. 그런데 무얼 네 마음대로 한다는 거냐?"

"대답하지 않을래요, 다른 어떤 것도요."

그는 시선을 돌리며 환한 방을 호기심 어린 눈으로 바라보며 서 있었다. 테이블 위 단지에 꽂힌 보라색 과꽃과 붉은 단풍잎이 눈에 띄었다. 벽에 설치된 선반에 놓인 램프 하나와 주전자, 컵과 컵 받침 몇 개도 보였다. 테이블 주위로 캔버스 의자도 몇 개 보였다.

"여기가 너희가 만나는 곳이구나." 그가 말했다.

그의 조용하고 절제된 말투 때문에 그녀는 당황스러웠다. 그녀는 그가 난폭하게 나오면 똑같이 난폭하게 맞설 준비를 하고 있었는데, 그가 상황을 이렇게 차분하게 받아들이자 무기를 쓸 수가 없었다.

"채러티, 내가 너에게 아무런 권리도 없다고 넌 늘 말했지. 그걸 바라보는 두 가지 방법이 있을 거야. 하지만 난 그런 것 때문에 너와 말다툼할 생각은 없어. 나는 단지 최선을 다해서 널 키웠어. 딱 한 번, 부적절한 반 시간만 빼면 너에게 공정하게 대했지. 그 반 시간으로 나머지 세월을 저울질하는 건 공정하지 않아. 너도 알잖니? 네가 모른다면 내 지붕 아래서 계속 살지는 않았을 거야. 이런 너의 행동이 나에게 어떤 종류의 권리를 주는 것 같구나. 너를 곤란한 상황에서 빼내야 한다는 권리 말이야. 난 너에게 다른 걸 고려하라고 요구하는 게 아니야."

그녀는 말없이 듣기만 하다가 살짝 웃으며 말을 꺼냈다. "내가 곤란해질 때까지 기다리는 게 낫겠네요." 그는 그녀의 말을 잠시 되새기는 것처럼 가만히 있었다.

"할 말 다 했니?"

"네, 다 했어요."

"그럼, 내가 기다려야겠구나."

그가 천천히 몸을 돌렸다. 그러자 그녀가 기다리던 일이 일어나고 말았다. 문이 열리고 하니가 안으로 들어왔다.

그는 깜짝 놀란 얼굴로 잠깐 멈춰 섰다. 그러다 바로 감정을 억제하고 대범한 얼굴로 로열 씨에게 다가갔다.

"저를 만나러 오셨나요, 선생님?" 그가 자기 집인 것처럼 테이블 위에 모자를 던지며 차분하게 물었다.

로열 씨가 다시 느릿느릿 방 안을 둘러보더니 두 눈이 젊은 하니에게로 향했다.

"이게 자네 집인가?" 그가 물었다.

하니는 깔깔대며 대답했다. "음, 누구의 것이든 될 수 있지요. 전 가끔 스케치를 하려고 여기로 옵니다."

"로열 양의 방문도 받겠지?"

"저를 찾아오셨다면….."

"결혼할 때 저 아이를 데려올 집이 여기인가?"

숨이 막힐 듯 답답하고 엄청난 침묵이 흘렀다. 화가 나서 몸이 부들부들 떨리던 채러티는 앞으로 나서려다가 가만히 서 있었다. 기가 꺾여서 말이 나오지 않았다. 나이 든 로열 씨가 가만히 바라보자 하니의 두 눈이 아래로 떨어졌다. 하지만 그는 곧 눈을 치켜뜨더니 로열 씨를 바라보며 얘기했다. "로열 양은 아이가 아닙니다. 로열 양이 아이인 것처럼 얘기하다니 좀 터무니없지 않나요? 전 로열 양이 누구에게 물어볼 필요 없이 내키는 대로 오고 갈 자유가 있다고 믿습니다." 그는 잠시 말을 멈추었다가 덧붙였다. "전 로열 양이 물어보고 싶은 것에 대해 대답할 준비가 되었습니다."

로열 씨가 그녀에게로 몸을 돌리며 이야기를 꺼냈다. "언제 너와 결혼할 건지 저 사람에게 물어봐. 그러면…." 또다시 침묵이 흘렀다. 로열 씨가 웃음을 터뜨렸다. 중간에 긁히는 소리가 섞이며 중간중간 끊기는 웃음소리였다. "네가 감히 그럴 리 없지!" 그가 갑자기 화를 내며 소리쳤다. 그는 채러티에게로 다가가더니 오른팔을 들어 올렸다. 위협이 아니라 애처로운 훈계였다.

"네가 감히 그럴 리 없지. 너도 그걸 알아, 넌 그 이유를 알아!" 그는 다시 젊은 하니에게로 몸을 휙 돌리며 얘기했다. "그리고 저 아이에게 결혼해 달라고 청하지 않는 이유를 당신도 알고 있어. 왜 결혼을 청할 마음이 없는지, 그 이유를 알지. 당신은 그럴 필요가 없기 때문이야. 다른 남자들도 다 마찬가지야. 그걸 모를 만큼 어리석은 사람은 나밖에 없어. 그리고 누구도 나와 같은 실수를 반복하지 않을 거야. 적어도 이글카운티에 그런 사람은 없어. 모두가 알고 있거든. 저 아이가 어떤 애인지, 어디 출신인지도. 저 아이의 엄마가 네틀턴 출신이고, 그 산 사람 중 한 명을 따라서 그의 거처까지 갔다가 이교도처럼 그와 거기서 살았다는 사실을 모두 알고 있어. 난 십육 년 전에 거기서 그 여자를 봤어. 이 아이를 데리러 갔을 때였지. 난 이 아이의 엄마가 사는 삶에서 이 아이를 구하려고 갔어. 그런데 차라리 그 개집 구석에 내버려두는 편이 나았을 거다." 그는 잠시 말을 멈추고 음울하게 두 젊은이를 빤히 쳐다보다가 가장자리에 불이 붙은 듯한 위협적인 그 산을 바라보왔다. 그러고는 두 젊은이가 소박한 저녁을 차려놓는 테이블 옆에 앉더니 두 손으로 얼굴을 감쌌다. 하니는 창가에 기대더니 얼굴을 찌푸렸다. 그는 손가락 사이에 들린 작은 꾸러미에서 빠져나온 줄 하나를 빙글빙글 돌리고 있었다. 로열 씨가 거친 숨을 한 번, 아니 두 번 들이쉬는 소리가 채러티의 귀에 들렸다. 그는 바로 자리에 서 일어나더니 방을 가로질러 걸어갔다. 두 젊은이를 쳐다보지는 않았다. 두 사람은 그가 문 쪽으로 가서 걸쇠를 더듬는 모습을 보 았다. 그는 어둠 속으로 사라졌다.

그가 가고 난 후 긴 침묵이 이어졌다. 채러티는 하니가 말을 꺼 내기를 기다렸지만 그는 애초에 할 말이 없는 것 같았다. 드디어 그가 아무 맥락 없는 이야기를 꺼냈다. "그 사람이 어떻게 찾아냈 을까?"

그녀는 아무 말도 하지 않았다. 그는 들고 있던 꾸러미를 던져 놓은 다음 그녀에게로 다가왔다.

"정말 미안해, 자기야. 이런 일이 생겨서…."

그녀는 자신만만하게 고개를 뒤로 젖히며 얘기했다. "난 한 번 도 미안한 적이 없어요, 단 한 순간도!"

"그래."

그녀는 그의 품에 안기기를 기다렸지만 그는 망설이며 그녀에 게서 돌아섰다. 마지막으로 타오르던 빛이 그 산 뒤로 사라졌다. 방 안의 모든 것이 잿빛으로 변하며 형체가 불분명해졌다. 과수원 아래 움푹 파인 곳에서 가을의 습기가 올라오더니 상기된 두 사람 의 얼굴에 한기를 내리고 있었다. 방 안을 거닐던 하니가 몸을 돌 려 테이블 옆에 앉았다.

"이리 와." 그가 긴박하게 말했다.

채러티가 그의 옆자리에 앉았다. 그가 꾸러미를 묶은 줄을 풀더니 샌드위치를 꺼냈다.

"햄블린의 애찬식*에서 훔쳐 왔어." 그가 웃으며 샌드위치를 그녀에게 내밀었다. 그녀도 웃으며 하나를 받아서 먹기 시작했다.

"차 끓이지 않았어?"

"아니요." 그녀가 대답했다. "잊어버렸는데….".

"아, 그럼 물을 끓이기엔 너무 늦었네." 그는 더 이상 말하지 않았다. 서로 마주 앉아 아무 말 없이 샌드위치만 먹었다. 어둠이 작은 방 안에 내려앉자, 하니의 얼굴이 살짝 흐릿하게 보였다. 그가 갑자기 테이블 너머로 몸을 기대더니 그녀의 손을 만지며 말을 꺼냈다.

"한동안 떠나 있어야겠어, 한 달 아니면 두 달쯤. 해결할 일이 있어. 그리고 돌아올게…. 그때 우리 결혼하자."

그의 목소리가 낯선 사람 같았다. 그녀가 알고 있던 목소리의 진동이 전혀 없었다. 그녀의 손은 그의 손 밑에 무기력하게 놓여 있었다. 그녀는 그 손을 그대로 둔 채 고개를 들어 대답하려고 했다. 하지만 목구멍에 아무 말도 남아 있지 않았다. 마치 기이하게 사라진 말 때문에 몹시 놀란 것처럼 두 사람은 꼼짝하지 않고 앉아 있었다. 결국 하니가 몸을 살짝 떨며 자리에서 벌떡 일어나더니 이야기를 꺼냈다. "세상에! 정말 습하네. 우리 더 이상 여기 올 수 없겠어." 그는 선반 쪽으로 가더니 양초가 꽂힌 촛대 하나

* 초기 기독교 신자들이 성찬식이 끝난 뒤 음식을 함께 먹던 잔치.

를 꺼내서 불을 붙였다. 그러고는 빈 창틀에 경첩이 풀린 덧문을 받치더니 테이블 위에 촛대를 놓았다. 찌푸린 그의 이마에 촛불이 기묘한 그늘을 드리우고, 그의 입술에서 찡그린 미소가 보였다.

"하지만 그동안 좋았잖아. 그렇지 않아, 채러티? 뭐가 문제야? 왜 거기 서서 나를 쳐다보는 거야? 그동안 좋았잖아?" 그는 그녀에게로 다가오더니 품에 그녀를 안았다. "그리고 다른 날들이 있을 거야, 다른 날들이 많이 있겠지. 즐거울 거야, 아주 행복할 거야. 그렇지 않아, 자기야?"

그는 그녀의 고개를 뒤로 돌려서 귀밑 목선을 더듬더니 머리카락과 두 귀와 입술 여기저기에 입을 맞추었다. 그녀는 그에게 필사적으로 매달려 있었다. 그가 소파 위 무릎 쪽으로 그녀를 끌어당기자, 그녀는 마치 바닥이 안 보이는 어떤 심연 속으로 두 사람이 함께 빨려 들어가는 것만 같았다.

15

그날 밤, 두 사람은 평소처럼 숲의 끄트머리에서 작별 인사를 했다.

하니는 다음 날 일찍 출발할 예정이었다. 그는 자신이 돌아올 때까지 두 사람의 계획을 아무에게도 말하지 말아 달라고 채러티에게 부탁했다. 그런데 이상하게도 그녀는 그렇게 미루는 것이 다행스러웠다. 수치심이 납덩어리처럼 무겁게 그녀에게 매달리며 다른 모든 감각을 마비시키자, 그녀는 거의 아무런 감정도 없이 그에게 작별 인사를 고할 수 있었다. 다시 돌아오겠다는 그의 반복된 약속은 상처가 되어 돌아올 지경이었다. 그녀는 그가 다시 오겠다는 말을 의심하지 않았다. 그녀의 의심은 훨씬 깊고 정의하기도 어려웠다.

두 사람이 처음 만났을 때 그녀의 상상 속에서 휙 스쳐 지나갔던 미래에 대한 환상을 본 이후로, 그녀는 그가 자신과 결혼하리라는 생각을 해 본 적이 없었다. 그녀는 그런 생각을 머릿속에서 떨쳐 낼 필요가 없었다. 애초에 그런 생각이 있지도 않았다. 만약 그녀가 앞날을 생각해 본 적이 있다면 두 사람의 격차가 너무 깊고, 그 격차를 가로지른 그들이 가진 열정의 다리가 무지개처럼 실체가 없는 거라는 사실을 본능적으로 느꼈을 것이다. 하지만 그녀는 앞을 내다본 적이 거의 없었다. 그래서 그녀는 정신이 없을 만큼 하루하루가 너무 풍요로웠다. 이제 그녀는 처음으로 모든 것이 달라질 것이며, 그녀 자신이 하니에게 다른 존재가 될 거라는 느낌을 갖게 되었다. 그녀는 다른 이들과 뚝 떨어진 완벽한 존재로 남는 대신 다른 사람들과 비교될 것이고, 그는 그녀에게 미지의 것들을 기대하게 될 것이다. 그녀는 자존심이 너무 강해서 겁이 나지는 않았으나 자유로운 그녀의 영혼은 꺾여 버렸다.

하니는 돌아올 날짜를 정하지 않았다. 먼저 주변을 둘러보고, 상황을 해결해야 한다고 얘기했다. 그는 확실히 말할 만큼 상황이 해결되면 곧바로 편지를 주겠다고 약속했다. 그리고 그녀에게 주소를 남겨 주며 편지를 써 달라고 부탁했다. 그런데 그녀는 그 주소를 보고 몹시 놀랐다. 뉴욕 5번가에 있는 이름이 긴 클럽이었다. 그것 때문에 두 사람 사이에 넘을 수 없는 장벽이 쌓인 것 같았다. 처음 며칠 동안은 종이 한 장을 꺼내 놓고 그 종이를 바라보며 무슨 말을 해야 하나, 애써 생각하려고 했다. 하지만 그녀는 편지가 목적지에는 절대 도착할 수 없을 것 같은 느낌이 들었다. 그녀는 헵번보다 더 먼 곳에 있는 사람에게 편지를 쓴 적이 없었다.

하니의 첫 번째 편지는 그가 떠나고 약 열흘 후에 도착했다. 다정하지만 심각한 그 편지는 크레스턴강에서 주근깨 소년을 통해 받았던 쾌활한 쪽지와는 비슷한 구석이 없었다. 그는 돌아오겠다는 의지를 확실히 밝혔지만, 날짜를 정하지는 않았다. 채러티는 그 편지를 읽자, 그가 '상황을 해결할' 때까지 그들의 계획을 누설하면 안 된다는 합의가 생각났다. 그때가 언제인지 그가 예측할 수는 없었지만, 그 길이 확실해지자마자 그가 돌아올 거라고 그녀는 확신할 수 있었다.

그녀는 그 편지가 헤아릴 수 없을 만큼 먼 곳에서 왔고, 오는 길에 그 의미를 대부분 잃어버린 것 같은 기이한 느낌을 받으면서 그것을 읽었다. 그녀는 크레스턴 폭포가 그려진 컬러 그림 엽서를 답장으로 보냈다.

"채러티가 사랑을 담아." 그녀는 이 글이 한심하고 부적절하다고 느껴졌다. 또한 자신의 의견을 표현할 능력이 없어서 그에게 차갑고 꺼리는 듯한 인상을 줄 수밖에 없다는 사실을 절망적으로 이해했다. 하지만 그녀도 어쩔 수가 없었다. 그녀는 로열 씨가 그에게 그 말을 강요하기 전까지 그의 입술에서 결혼하자는 말이 단한 번도 나온 적이 없다는 사실을 잊을 수가 없었다. 그에게 예속되어 자발성을 모두 잃어버리게 만든 그의 마력을 떨쳐 버릴 힘이 없었고, 자신이 피할 수 없는 운명을 수동적으로 기다리는 신세가 된 것 같았다.

그녀가 붉은 집으로 돌아왔을 때 로열 씨는 보이지 않았다. 그녀가 하니와 헤어진 다음 날 아침 방에서 내려왔을 때, 후견인이 우스터와 포틀랜드로 떠났다고 베레나가 얘기해 주었다.

지금은 로열 씨가 대변하는 보험 대리점에 업무를 보고해야 할 시기였기에 돌연한 출발만 아니라면 특별한 일은 아니었다.

그녀는 그가 집에 없어서 다행이라는 생각 말고는 그에 대해 아무 생각도 들지 않았다.

노스도머 사람들이 잠깐의 유명세에서 헤어 나올 동안 그녀는 처음 며칠 동안은 아무도 만나지 않았다. 마을의 동요가 진정될 동안 아무도 그녀를 주목하지 않았다. 하지만 충실한 앨리를 오래 피할 수는 없었다. 귀향 주간 축제가 끝나고 며칠 동안 채러티는 앨리를 피하려고, 도서관에서 근무하지 않을 때는 온종일 언덕을 돌아다녔다. 그런데 장마철이 시작되면서 폭우가 내린 어느 날 오후, 친구가 집에 있을 거라고 확신한 앨리가 바느질감을 갖고 붉은 집에 슬쩍 들렀다.

두 아가씨는 채러티의 2층 방에 앉아 있었다. 채러티는 무릎 위에 빈손을 올린 채로 흐릿한 꿈 같은 것에 빠져 있었다. 그녀는 맞은편에 앉은 앨리를 반쯤 의식하고 있었다. 골풀로 만든 낮은 의자에 앉은 앨리는 무릎에 바느질감을 고정해 두어서 일감 너머로 몸을 구부릴 때면 얇은 입술이 삐죽 나왔다.

"게이징에 리본을 다는 건 내가 생각한 거야." 앨리는 지금 손질하는 블라우스를 바라보려고 몸을 뒤로 젖히며 자랑스럽게 얘기했다. "이건 발치 양 옷이야. 아주 좋아했어." 앨리는 잠시 말을 멈추었다가 새된 목소리를 묘하게 떨면서 덧붙였다. "줄리아의 옷을 보고 아이디어를 얻었다는 말은 차마 못 하겠더라."

채러티는 무기력하게 눈을 치켜뜨며 물었다. "너 아직 줄리아를 가끔 만나니?"

앨리는 무심결에 그 이야기를 한 것처럼 얼굴을 붉히며 대답했다. "아, 오래전에 그 애가 이런 게이징 리본이 달린 옷을 입고 나왔을 때 본 거야….”

잠시 침묵이 이어졌고, 앨리는 곧 말을 계속했다. “발치 양이 이번에 내게 많은 일을 맡기고 떠났어.”

“왜… 그 여자는 떠난 거야?” 채러티가 불안한 마음으로 물었다.

“몰랐어? 햄블린에서 축하 행사를 마친 다음 날 아침에 떠났잖아. 하니 씨와 함께 마차를 타고 일찍 떠나는 걸 내가 봤어.”

또다시 침묵이 이어졌다. 똑똑 창문을 때리는 빗소리가 계속 이어지고 앨리의 싹둑싹둑 가위질 소리도 중간중간 이어졌다.

생각에 잠겨 있던 앨리가 웃음을 터트리며 말을 꺼냈다. “그 여자가 떠나기 전에 내게 뭐라고 했는지 아니? 나를 스프링필드로 보내서 자기 결혼식에 쓸 물건을 만들어 달라고 할 거래.”

채러티는 다시 무거운 눈꺼풀을 들어 올리더니 앨리가 손가락을 움직일 때마다 같이 이리저리 움직이는 그녀의 파리하고 뾰족한 얼굴을 빤히 바라보며 물었다.

“그 여자가 결혼한대?”

앨리는 블라우스를 무릎에 내려놓더니 그것을 빤히 내려다보며 앉아 있었다. 그녀는 갑자기 입술이 메마른 것처럼 혀로 살짝 입술을 적셨다.

“음, 내가 그렇게 생각하는 건… 그 여자가 한 말을… 너 몰랐어?”

“내가 왜 알아야 해?”

앨리는 대답하지 않았다. 그녀는 블라우스 위로 몸을 숙이더니 가위 끝으로 시침실을 뽑아내기 시작했다.

"나도 몰라. 근데 여기 사람들이 그 여자가 하니 씨랑 약혼했다고 하더라."

채러티는 웃음을 터트리며 일어나더니 두 팔을 머리 위로 느릿느릿 뻗었다.

"사람들이 결혼한다고 말한 사람들이 죄다 결혼한다면 넌 매일 웨딩드레스를 만들어야 할걸." 그녀가 비꼬듯 얘기했다.

"왜… 넌 안 믿는 거야?" 앨리가 조심스럽게 물었다.

"내가 믿는다고 사실이 되는 건 아니잖아. 내가 안 믿는다고 사실이 아닌 것도 아니고."

"그렇기는 하네. 난 파티가 열린 그날 밤, 그 여자가 드레스가 맞지 않아서 우는 걸 보고 알았을 뿐이야. 그래서 절대 춤을 안 추려고 했던 거야."

채러티가 자리에서 일어나더니 앨리의 무릎에 놓인 레이스로 된 블라우스를 멍하니 내려다보고 있었다. 그러더니 갑자기 몸을 굽혀서 그 옷을 낚아챘다.

"글쎄…. 어느 쪽이든 그 여자가 이 옷을 입고 춤을 추지는 못할걸." 채러티가 갑자기 난폭하게 말했다. 그러고는 힘센 두 손으로 레이스 블라우스를 움켜쥐더니 두 조각으로 찢어 버렸다. 그녀는 넝마가 된 옷을 바닥에 휙 던졌다.

"아, 채러티!" 앨리가 벌떡 일어나며 소리쳤다. 두 아가씨는 찢어진 블라우스를 사이에 두고 서로의 얼굴을 한동안 마주 보았다. 앨리가 눈물을 쏟으며 이야기를 꺼냈다.

"아, 이제 그 여자한테 뭐라고 얘기해? 내가 어떻게 해야 하냐고? 이건 진짜 레이스야!" 그녀는 새된 소리로 흐느끼며 울부짖었다.

채러티는 무자비하게 앨리를 노려보았다. "그러니까 이걸 여기로 가져오지 말았어야지." 그녀는 가쁜 숨을 내쉬며 말했다.

"난 다른 사람 옷이 정말 싫어. 그 사람이 정말로 거기 있는 것 같아." 채러티가 괴로워서 숨을 헐떡이며 소리칠 때까지 두 사람은 다시 한번 서로를 노려보았다. "가! 가라고, 가 버려! 안 그럼 너까지 미워할 거야!"

앨리가 떠난 후 그녀는 훌쩍이며 침대 위로 풀썩 쓰러졌다.

긴 폭풍이 지나간 후 북서쪽에서 돌풍이 몰아쳤다. 폭풍이 잠잠해지자 언덕이 처음으로 암갈색 빛을 띠더니 하늘은 점점 더 파란빛으로 물들었다. 그 언덕을 배경 삼아 마치 휘몰아친 눈더미처럼 쌓여 있는 커다란 흰 구름이 보였다. 바스락거리는 단풍잎이 해쳐드 씨의 잔디밭을 처음으로 뒹굴기 시작하고, 해쳐드 기념 도서관을 휘감은 아메리카 담쟁이덩굴이 하얀 현관을 진홍빛으로 물들였다. 지금은 모든 것이 득의양양한 황금빛 9월이었다. 불타는 듯 빨간 담쟁이덩굴이 진홍빛과 선홍빛 물결 속에 산비탈로 조금씩 퍼지고, 낙엽송은 불꽃 주변의 연노랑 후광처럼 은은하게 타오르고, 까만 솔송나무는 눈부시게 밝은 숲을 배경 삼아 쪽빛으로 바뀌었다.

메마른 불꽃처럼 반짝이는 별들이 너무 높이 떠 있어 더 작고 더 선명해지는 가을밤이 되니 날씨가 추워지는 것 같았다. 채러티는 긴 시간 동안 잠들지 못한 채 침대에 누워 있다 보면, 마치 회전하는 저 불꽃에 묶여서 까만 하늘 주변을 맴도는 별들과 함께 하늘을 맴도는 신세가 된 것 같을 때가 가끔 있었다. 밤이 되면 그녀는 많은 것을 계획했다. 이때 하니에게 편지를 썼다. 하지만 그에게 하고 싶은 말을 표현할 방법을 몰랐기에 그 내용을 종이에 옮긴 적은 단 한 번도 없었다. 그래서 그녀는 기다렸다. 그러다 앨리와 이야기를 나누고 나서 하니가 애너벨 발치와 약혼했다는 확신이 들었다. 그리고 '상황을 해결하는' 과정에 약혼의 파기가 포함되어 있다는 생각이 들었다. 불같은 질투가 지나간 후, 그녀는 이런 사실에 두려움을 느끼지 않았다. 그녀는 하니가 돌아올 거라고 여전히 확신했다. 그리고 그가 사랑하는 여자는 자신이지 발치 양이 아니라고, 최소한 그 순간만은 확신했다. 하지만 그 아가씨는 채러티가 도저히 이해할 수도 없고 성취할 수도 없는 모든 것을 대변하는 존재이므로 여전히 경쟁자로 남아 있었다.

애너벨 발치는 설사 하니가 결혼해야 할 아가씨는 아니더라도 적어도 적합한 상대는 되었다. 채러티는 자신을 그의 아내로는 단 한 번도 상상해 볼 수 없었다. 그런 상상을 붙잡고, 매일 그 상상을 좇으며 살 수는 없었다. 하지만 애너벨 발치가 그와 그런 관계를 맺는 것은 완벽하게 그려 볼 수 있었다.

이런 걸 생각할수록 운명은 피할 수 없다는 생각이 그녀를 짓눌렀다. 그녀는 자신이 처한 환경에 맞서 싸우는 것이 쓸데없다고 느껴졌다. 그녀는 지금까지 순응하는 법을 전혀 몰랐다. 오로지 깨뜨리고 찢고 파괴할 뿐이었다. 앨리와 있었던 장면을 떠올리면 스스로의 유치한 야만성이 부끄럽기만 했다. 하니가 그 모습을 봤더라면 어떻게 생각했을까? 그녀는 복잡한 머리로 그 상황을 곰곰이 생각했지만, 문명인이라면 그런 입장이 되었을 때 어떻게 행동했을지 상상할 수 없었다. 그녀는 알 수 없는 힘에 자신이 너무 부당하게 대항한다는 느낌이 들었다.

결국 그녀는 이런 감정에 취해서 갑작스럽게 행동을 취하게 되었다. 그녀는 베레나가 잠자리에 든 어느 날 밤, 로열 씨의 사무실에서 종이 한 장을 갖고 와 부엌의 램프 옆에 앉더니 하니에게 첫 번째 편지를 쓰기 시작했다. 내용은 무척 짧았다.

당신이 애너벨 발치와 결혼 약속을 했다면 그녀와 결혼하기를 바라요. 당신은 내가 몹시 낙담할까 봐 겁을 먹고 있겠지요. 난 당신이 옳게 행동하기를 바랍니다.

당신의 사랑
채러티.

그녀는 다음 날 아침 일찍 편지를 부쳤다. 며칠 동안은 마음이 이상하게 가벼웠다. 그러다가 왜 아무런 답장도 받지 못하는지 그 이유가 궁금했다.

하루는 이 일에 대해 곰곰이 생각하며 도서관에 홀로 앉아 있는데, 벽처럼 쌓여 있는 책들이 그녀 주위를 빙글빙글 돌더니 자단 책상이 팔꿈치 아래로 흔들렸다. 어지럼증이 생기더니 읍사무소에서 행사가 있던 날 느꼈던 것과 비슷한 구역질이 따라왔다. 그런데 그날 읍사무소에는 사람도 몹시 많고 날씨도 무척 더웠지만, 지금 도서관은 아무도 없고 계속 재킷을 걸쳐야 할 만큼 날이 싸늘했다.

그녀는 바로 5분 전만 해도 몸이 아주 좋았는데, 지금은 곧 죽을 것만 같았다. 그녀가 힘없이 뜨고 있던 레이스 조각이 손가락 사이로 떨어지더니 코바늘까지 바닥에 달그락하고 떨어졌다. 그녀는 축축한 손으로 관자놀이를 누르며 어지럼증과 구역질이 지나갈 때까지 책상에 몸을 기대고 있었다. 증세는 점점 가라앉았다. 몇 분 후 그녀는 겁에 질려 몸을 떨며 자리에서 일어나더니 더듬더듬 모자를 찾은 다음 밖으로 비틀비틀 나왔다. 그녀가 질질 몸을 끌며 길가 집까지 걸어가는 동안 가을 햇살이 그녀 주위로 빙글빙글 돌며 끝없이 으르렁거렸다.

그녀가 붉은 집에 거의 다 왔을 때 문 앞에 서 있는 마차 한 대가 보였다. 그녀의 심장이 뛰었다. 하지만 밖으로 나온 사람은 여행 가방을 손에 든 로열 씨밖에 없었다. 그는 다가오는 그녀를 보며 현관에서 기다렸다.

그녀는 자신의 외모에 낯선 모습이라도 있는 것처럼 그가 자신을 유심히 지켜보고 있다는 것을 알았다. 그녀는 편안하게 보이기 위해 필사적으로 머리를 뒤로 젖혔다. 두 사람의 눈이 마주치자 그녀가 말을 꺼냈다. "이제 오셨어요?" 마치 아무 일도 없었던 것처럼 그가 대답했다. "그래, 이제 왔다." 그는 그녀보다 앞서 걸으며 사무실 문을 밀었다. 그녀는 방으로 올라갔다. 한 계단 한 계단 옮길 때마다 발에 접착제라도 붙은 것처럼 계단이 그녀를 붙잡는 것 같았다.

이틀 후 채러티는 네틀턴역에서 내렸다. 역에서 내린 그녀는 지저분한 광장 안으로 들어갔다. 잠깐 찾아왔던 추위는 짧게 끝났다. 마치 그녀와 하니가 지금 이 광장에서 만났던 독립기념일처럼 오늘은 날이 더웠다. 광장에는 피곤해 보이는 그때처럼 오래된 마차와 짐꾼들이 낙담한 채 줄지어 서 있고, 기갑에 파리채를 두른 마른 말들이 음울하게 머리를 앞뒤로 흔들고 있었다. 그녀는 식당과 당구장 너머로 보이는 요란한 간판을 알아보았다. 시내 중심가를 지나 반대편 공원까지 가늘게 늘어진 높은 깃대에 걸린 기다란 전선도 알아보았다. 고개를 숙인 채 전선이 가리키는 방향을 따라 걸어가자 모퉁이에 벽돌 건물 한 채가 서 있는 넓은 가로수길이 나왔다.

그녀는 그 길을 건너며 벽돌 건물의 정면을 몰래 흘낏 올려다보았다. 그리고 다시 돌아와서 청동으로 테를 두른 가파른 계단 위에 있는 열린 문으로 들어갔다. 그녀가 2층 계단참에서 초인종을 누르자, 부스스한 머리에 프릴이 달린 앞치마를 두른 혼혈 아가씨가 나타나더니 그녀를 복도로 안내했다. 복도 안쪽에는 뒷다리로 서 있는 여우 인형이 손님들에게 황동으로 만든 명함꽂이를 내밀고 있었다. 복도 뒤쪽에 '진료실'이라고 적힌 유리문이 보였다. 채러티는 요란한 젊은 여성들의 사진을 담은 커다란 금테 액자가 여러 개 놓이고, 고급스러운 소파가 딸린 아주 잘 꾸며진 방 안에서 몇 분을 기다린 후에야 진료실로 안내되었다.

채러티가 유리문 밖으로 나오자 머클 박사가 따라오더니 조금 작지만 안락해 보이는 소파와 금테 액자가 더 많이 보이는 다른 방으로 안내했다. 머클 박사는 작고 반짝이는 갈색 눈에 어마어마하게 숱이 많은 검은 머리카락을 이마까지 늘어뜨린 통통한 여자로, 치아가 부자연스러울 만큼 희고 가지런했다. 가슴에 금목걸이 몇 줄과 장신구를 걸친 그녀는 화려한 검은 드레스를 입고 있었다. 그녀의 두 손은 크고 매끄러웠는데 모든 동작이 아주 잽쌌다. 그녀에게서 사향과 석탄산* 냄새가 났다.

그녀가 완벽한 치아를 모두 드러내며 채러티를 향해 미소를 지었다.

"이리 앉아요, 아가씨. 기운 차릴 음료를 좀 갖다줄까요? 싫다고요. 음, 그렇다면 잠시 누우세요. 지금 당장은 할 게 아무것도 없어요. 하지만 한 달쯤 지나 아가씨가 다시 돌아온다면, 우리 집으로 데려가서 이틀이나 사흘쯤 데리고 있을 수 있어요. 그럼 아무 문제 없을 거예요. 아이고, 다음번에는 이렇게 조바심칠 일 없을 거예요."

채러티는 두 눈을 크게 뜨며 머클 박사를 응시했다. 가짜 머리에 가짜 치아, 살기 어린 가짜 미소를 짓는 이 여자가 상상도 할 수 없는 범죄에 면죄부를 주는 것 말고 줄 게 뭐가 있을까? 채러티는 그때까지 희미한 자기혐오와 엄청난 육체적 고통만을 의식하고 있었다. 그런데 지금 갑자기 모성애라는 엄청난 놀라움이 그녀를 덮쳤다. 그녀는 자신의 상태를 착각하지 않을 방법을 달리 알지 못했기에 이렇게 무시무시한 장소에 온 것이었다. 이 여자는 그녀를 줄리아처럼 비참한 존재로 여겼다. 이 생각이 너무나 끔찍해서 하얗게 질린 그녀가 몸을 바들바들 떨며 자리에서 벌떡 일어나는데, 엄청난 분노가 그녀를 휩쓸었다.

머클 박사는 여전히 미소를 지으며 자리에서 일어났다. "뭘 그렇게 급히 달아나려고 해요? 자긴 그냥 여기 이 소파에 당장 눕기만 하면 돼요." 머클 박사는 잠시 말을 멈추고 어머니 같은 미소를

---

* 살균제나 소독제로 쓰는 화학 물질.

지었다. "나중에 집에서 어떤 이야기가 나온다던가, 잠시 집을 나오고 싶다면… 짝을 찾고 있는 여자 친구가 보스턴에 있어요. 아가씨는 그 친구한테 딱 맞는 사람이에요, 아가씨."

채러티는 문으로 향했다. "저는 더 있고 싶지 않아요. 여기로 다시 돌아올 생각도 없어요." 그녀는 말을 더듬으며 문손잡이를 잡았다. 하지만 머클 박사가 잽싸게 다가오더니 문지방에서 그녀를 밀어냈다.

"아, 좋아요. 그렇다면 오 달러 내세요."

채러티는 굳게 다문 머클 박사의 입술과 엄격한 얼굴을 무력하게 바라보았다. 마지막 저금을 자신이 망쳐 버린 발치 양의 블라우스 값으로 다 써 버린 뒤라서, 기차표와 진료비를 내기 위해 친구에게 4달러를 빌려야만 했다.

채러티는 진찰을 받는 데 2달러 이상 들 수 있다는 생각은 전혀 하지 못했다.

"전 몰랐어요… 그 정도 돈은 없어요." 채러티는 눈물을 터뜨리며 머뭇머뭇 얘기했다.

머클 박사는 이번에는 이를 드러내지 않고 짧게 웃더니, 자신이 재미로 이런 시설을 운영하는 줄 아느냐고 짧게 물었다. 그녀는 문에 단단한 어깨를 기대며 포로와 협상하는 엄숙한 간수처럼 말을 했다.

"나중에 돌아와서 정산하겠다고 얘기하는 거야? 그런 얘기 참 많이 들었지. 주소를 알려 줘. 자기가 돈을 못 내면 청구서를 자기 식구들한테 보낼 거야. 뭐라고? 지금 무슨 얘기를 하는지 알아들을 수가 없네. 그것도 안 된다고? 이런, 돈도 못 내는 아가씨가 참

까다로워." 그녀는 잠시 말을 멈추더니 채러티가 블라우스에 꽂고 있는 파란 원석이 달린 브로치를 빤히 쳐다보았다.

"그런 보석을 달고 다니면서 밥벌이를 해야 하는 여자에게 그런 식으로 말하는 게 부끄럽지도 않나 봐? 나도 이게 성미에 맞진 않아, 그저 호의를 베풀려고 하는 거지. 그 브로치를 담보로 맡기겠다면 나도 싫다고는 안 할게. 그럼, 당연하지. 내 돈을 갚으면 그때 이걸 돌려받을 수 있어."

집으로 오는 길에 채러티는 예상치 못한 정적을 느꼈다. 그 여자의 손에 하니의 선물을 넘긴 것은 정말 끔찍한 일이었다. 하지만 그녀가 가져온 소식을 생각하면 그렇게 비싼 대가를 치른 편은 아니었다. 그녀는 기차가 익숙한 풍경을 지나갈 때 눈을 반쯤 감은 채로 앉아 있었다. 예전 여행의 추억이 낙엽처럼 그녀 앞을 날아다니고, 그녀의 핏속에서 잠자는 낟알처럼 익어 가는 것 같았다. 그녀는 이제 홀로 있는 게 어떤 느낌인지 다시는 알 수 없을 것이다. 모든 것이 갑자기 명확하고 단순해지는 것 같았다. 하니의 아이를 가진 어머니가 되니, 자신을 하니의 아내로 상상하는 것이 이제 더 이상 어려운 일도 아니었다. 또한 자신의 절대적 권리에 비하면 애너벨 밸치의 요구는 소녀의 감상적인 바람에 지나지 않았다.

그날 저녁 붉은 집의 문 앞에서 그녀는 어둠 속에서 자신을 기다리는 앨리를 알아보았다. "오늘 우체국에 갔는데 막 문을 닫으려고 하는 거야. 그런데 윌 태가가 너한테 편지가 한 통 왔다고 하더라. 그래서 내가 갖고 왔어."

앨리는 그 편지를 내밀며 아주 불쌍하다는 듯이 채러티를 바라보았다. 애너벨 발치의 블라우스를 찢어 버린 사건 이후로 앨리의 눈빛에는 친구를 두려워하는 듯 감탄하는 기색이 새롭게 생겼다.

채러티는 깔깔대며 그 편지를 낚아챘다. "아, 고마워. 잘… 자." 그녀는 달려가며 어깨너머로 소리쳤다. 한순간이라도 머뭇거리면 앨리가 자신을 바짝 쫓으리라는 것을 알기 때문이었다.

그녀는 서둘러 위층으로 올라가서 어두운 방 안으로 더듬더듬 들어갔다. 성냥을 더듬어서 촛불을 켜는데 두 손이 덜덜 떨렸다. 편지 봉투가 너무 단단하게 붙어 있는 바람에 가위를 찾아 길게 잘라서 열어야 했다. 그녀는 드디어 편지를 읽었다.

그리운 채러티

당신의 편지를 받았어요. 말할 수 없을 만큼 감동이 컸어요. 내가 최선을 다할 거라고 믿어 주지 않을래요? 말로 설명하기 어려운, 아니 해명하기 어려운 일들이 있어요. 그런데 당신의 넓은 마음 때문에 모든 일이 더 쉬워졌어요.

그렇게 이해해 줘서 진심으로 고맙다는 말밖에 할 말이 없어요. 내가 옳은 일을 하기를 바란다는 당신의 말은 내게 더할 나위 없이 큰 힘이 되었어요. 만약 우리가 꿈꾸었던 것을 실현할 희망이 있다면 당신은 바로 나를 다시 만날 수 있을 거예요. 그리고 난 아직 그 희망을 잃지 않았어요.

그녀는 편지를 급하게 읽었다. 그리고 다시 읽고 또 읽었다. 매번 더 천천히 고심해서 읽었다. 표현이 너무 아름다워서 네틀턴에서 성경 그림에 대해 얘기한 신사의 설명처럼 이해하기가 어려웠다. 하지만 그녀는 편지의 요지가 마지막 몇 마디에 있다는 것을 서서히 알아차렸다. "우리가 꿈꾸었던 것을 실현할 희망이 있다면…."

그렇다면 그는 그것을 확신조차 못 한 것일까? 그녀는 편지 속 단어 하나하나와 조심스러운 표현 하나하나가 모두 애너벨 발치의 우선권을 고백하는 것임을 이제 깨달았다. 그가 그녀와 약혼한 것은 사실이었다. 또한 그 약혼을 깨뜨릴 방법을 아직 찾지 못한 것도 사실이었다.

그녀는 그 편지를 읽으면서 그가 이것을 쓰기 위해 얼마나 많은 대가를 치러야 했을지 이해했다. 그는 성가신 요구를 애써 피하려고 하지 않았다. 그는 정직하게 참회하는 마음으로 상반된 의무 사이에서 고군분투하고 있었다. 그녀는 그가 자유로운 몸이 아니라는 사실을 숨겼다고 생각했지만 그를 책망하지는 않았다. 그의 행동에서 자신보다 더 책망할 부분을 찾아볼 수는 없었다. 그녀는 처음부터 그가 자신을 원한 것보다 더 그를 원했다. 두 사람을 휩쓴 힘은 그 숲의 잎사귀를 흩트리는 커다란 돌풍만큼이나 저항하기 힘든 것이었다. 그런 격변 속에서 두 사람 사이에 변함없이 확고하게 서 있는 사람은 애너벨 발치라는 파괴할 수 없는 인물밖에 없었다.

그녀는 그 사실을 인정하는 하니를 직면한 채 그 편지를 빤히 쳐다보며 앉아 있었다. 몸에 오한이 일고 엄청난 흐느낌이 목구멍까지 올라오더니 머리부터 발끝까지 몸이 떨렸다. 그녀는 잠시 엄청난 고통의 물결에 사로잡혀서, 그 공격에 맞서 싸우겠다는 맹목적인 투쟁심 외에 다른 것은 아무것도 의식할 수 없었다. 그러고 는 몹시 가슴 아프게도 자신의 가여운 연애를 차근차근 조금씩 떠올리기 시작했다. 그녀가 했던 어리석은 이야기들과 하니의 유쾌한 대답, 불꽃놀이 사이로 어둠이 찾아온 순간의 첫 키스, 둘이 함께 골랐던 파란 브로치, 전도사로부터 도망치다가 떨어뜨린 편지를 두고 그가 놀렸던 일들이 떠올랐다.

이런 모든 기억과 다른 또 수천 가지의 기억이 그녀의 머릿속에서 윙윙대더니, 그가 정말로 가까이 있는 것 같았다. 그녀의 머리카락 속을 더듬는 그의 손가락과 그녀의 머리를 뒤로 젖힐 때 마치 꽃처럼 그녀의 뺨에 닿던 그의 따뜻한 숨결이 너무 생생하게 느껴졌다. 이런 것들은 그녀의 것이었다. 그녀의 핏속을 흐르며 그녀의 일부가 되었고, 그녀의 자궁 속에서 아이를 키우고 있었다. 이렇게 얽힌 삶의 실타래를 산산이 찢어 버리는 것은 불가능했다. 이런 확신이 들자 그녀는 점점 강해졌다. 그녀는 하니에게 쓰려고 했던 편지의 첫마디를 머릿속에서 만들어 내기 시작했다. 그녀는 당장 편지를 쓰고 싶었다. 몹시 흥분한 그녀는 편지지를 찾으려고 서랍 속을 뒤졌다. 하지만 편지지가 한 장도 없어서 아래층으로 내려가야 했다.

그녀는 당장 그 편지를 써야 한다는, 자신의 비밀을 글로 적어두면 마음이 편안하고 안심이 될 거라는 미신적인 느낌이 들었다. 그래서 초를 들고 로열 씨의 사무실로 내려갔다.

그는 저녁을 먹고 나면 캐릭 프라이네로 걸어가곤 했기에 이 시간에 사무실에서 그를 만나기란 어려웠다. 그녀가 불 꺼진 방의 문을 밀자, 들고 있던 촛불이 어둠 속에서 등받이가 높은 의자에 앉아 있는 그의 모습을 비추었다. 그는 두 팔을 의자 팔걸이에 늘어뜨리고 머리는 살짝 숙이고 있었다. 하지만 채러티가 안으로 들어서자 바로 고개를 들었다. 두 사람의 눈이 마주치자 울어서 붉어진 눈과 여행의 피로와 여러 가지 감정 때문에 사나워진 자신의 얼굴이 생각나서 그녀는 깜짝 놀랐다. 하지만 피하기에는 이미 너무 늦었기에 그 자리에 서서 조용히 그를 바라보았다.

그가 의자에서 일어나더니 두 손을 내밀며 그녀를 향해 다가왔다. 너무 예상치 못한 자세여서 그녀는 그가 자신의 두 손을 잡도록 내버려두었다. 두 사람은 그렇게 말없이 서 있었다. 결국 로열 씨가 무겁게 말을 꺼냈다.

"채러티, 날 찾고 있었니?"

그녀는 불쑥 손을 빼며 뒤로 물러섰다. "제가요? 아니요…."

그녀는 초를 그의 책상 위에 놓으며 말했다. "편지지가 필요해서요. 그게 다예요." 그의 얼굴이 굳어지더니 두툼한 눈썹이 앞으로 튀어나왔다.

그는 아무 대답도 없이 책상 서랍을 열더니 편지지 한 장과 편지 봉투를 꺼내서 그녀에게 내밀었다. "우표도 줄까?"

그녀가 고개를 끄덕이자 그가 우표를 주었다. 그가 우표를 줄 때 일부러 자신을 바라보고 있다는 것을 그녀도 느낄 수 있었다. 그녀는 깜박이는 촛불에 비쳐서 부은 얼굴이 뒤틀려 보이고 눈 그늘이 과장돼 보인다는 것을 알고 있었다. 그녀가 편지지를 낚아채는데 그의 냉혹한 시선 때문에 안심된 마음이 사라졌다. 그녀는 그런 시선 속에서 자신의 상태를 암울하게 인식하고, 그가 하니에게 자신과 결혼하라고 그 방에서 강요했던 그날의 모순된 기억도 해독한 것 같았다. 그의 얼굴은 그녀가 애인에게 편지를 쓰려고 종이를 가지러 왔다는 것을 안다고 말하는 것 같았다. 그녀의 애인은 그가 경고한 대로 그녀를 버리고 떠나 버렸다. 그녀는 경멸감을 느끼며 그에게서 돌아선 그날이 기억났다. 그가 만약 진실을 헤아린다면, 아무리 해묵은 원한이라도 풀린다는 것을 그녀는 알고 있었다. 그녀는 돌아서서 위층으로 달아났다. 하지만 방으로 돌아왔을 때, 머릿속에서 기다리고 있던 모든 말들이 사라져 버렸다.

그녀가 하니에게로 갈 수 있었다면 상황이 달려졌을 것이다. 그녀는 자신을 드러내기만 하면 그의 기억이 그녀를 대변할 거라고 생각했다. 그런데 그녀에게는 남은 돈이 없었다. 그런 여행을 떠나기 위해 돈을 빌릴 사람도 없었다. 편지를 쓰고 그의 답장을 기다리는 것 말고는 할 수 있는 일이 없었다. 그녀는 한참 동안 백지를 내려다보기만 했다. 하지만 자신의 마음을 제대로 표현할 말을 찾을 수 없었다.

하니의 편지에 그녀 덕분에 일이 쉬워졌다는 내용이 있었다. 그녀도 그렇게 되어 기분이 좋았다. 그녀는 일을 어렵게 만들고 싶지 않았다. 그녀는 자신에게 그런 능력이 있다는 것을 알고 있었다. 그녀의 두 손에 그의 운명이 놓여 있었다. 그녀가 할 일은 그에게 진실을 말하는 것밖에 없었다. 하지만 자신을 억눌러야만 하는 진실이었다. 단지 5분 동안 로열 씨를 대면했을 뿐인데, 그녀는 마지막 환상이 벗겨지고 노스도머 사람들의 관점으로 돌아가게 되었다. '상황을 바로잡기 위해' 결혼한 여자의 운명이 그녀 앞에 분명하고 가혹하게 드러났다.

채러티는 마을의 사랑 이야기가 그런 식으로 끝나는 것을 너무 많이 봐 왔다. 가여운 로즈 콜스의 비참한 결혼도 그중 하나였다. 그녀 혹은 홀스턴 스케프에게 무슨 이익이 있었을까? 두 사람은 목사가 결혼식을 진행한 그날부터 서로를 미워했다. 나이 든 스케프 부인은 며느리를 모욕하고 싶을 때마다 이렇게 얘기했다. "저 아기가 겨우 두 살이라고 누가 생각이나 하겠어? 일곱 달 된 아기의 덩치 좀 봐, 너무 놀랍지 않아?" 노스도머는 불구덩이에 빠진 사람에게는 관용을 베풀지만 그런 지경에서 벗어난 사람에게는 조롱을 퍼부었다. 채러티는 줄리아 호스가 구출되기를 거부한다는 걸 항상 이해하고 있었다.

줄리아의 선택 말고 다른 대안은 없는 것일까? 채러티의 영혼은 호화로운 소파와 창백한 안색의 금박 액자 속 여인들의 모습때문에 움츠러들었다. 그녀가 아는 기존의 질서 속에서 혼자만의 모험을 선택할 여지는 전혀 없었다.

그녀는 옷도 벗지 않은 채 희미한 잿빛이 덧문의 검은 널조각 사이사이로 들어와 몇 가닥의 줄무늬를 갈라놓을 때까지 의자에 앉아 있었다. 그녀는 의자에서 일어나더니 덧문을 밀어서 빛이 들어오게 했다. 새날이 밝자, 피할 수 없는 현실이 더 날카롭게 인식되었다. 그리고 행동을 취해야 한다는 생각이 들었다. 그녀는 거울 속 모습을 바라보았다. 가을 새벽빛에 하얗게 보이는 얼굴과 초췌한 뺨, 그늘진 두 눈, 스스로는 결코 알아차리지 못했지만 머클 박사의 진단으로 명백해진 상태를 보이는 조짐들이 보였다. 그녀는 이런 흔적들이 항상 다른 이들을 지켜보는 마을 사람들의 눈에 띄지 않으리라고 바랄 수는 없었다. 그녀는 체형이 변하기 전에 얼굴에 먼저 그런 흔적들이 드러날 것을 알고 있었다.

그녀는 창가에 몸을 기대며 어둠 속 텅 빈 풍경을 내다봤다. 덧문을 내린 잿빛의 집들과 묘지 너머 띠를 두른 솔송나무숲까지 산비탈을 오르는 잿빛 도로와 비 오는 하늘을 배경으로 묵직하게 보이는 검은 그 산이 드러났다. 동쪽 숲 위로 빛이 넓게 펼쳐졌다. 그런데 그 위로도 구름이 걸쳐져 있었다. 그녀는 저 들판 너머 언덕의 험난한 곡선 구간까지 천천히 시선을 옮겼다. 그녀는 활기 없는 저 둥근 곳을 정말 자주 바라보며, 그 안에 갇힌 사람들에게는 어떤 일이 일어날 수 있을지 궁금했다.

그녀는 거의 무의식적으로 결정을 내렸다. 그녀의 두 눈이 둥그런 언덕을 따라가자, 그녀의 마음도 과거의 여정을 따라갔다. 그녀는 자신의 핏속에 있는 어떤 것 때문에 그 산만이 유일하게 자신의 질문에 대한 해답이 되고, 자신을 에워싼, 자신을 괴롭히는 모든 것을 피할 수 있는 필연적인 탈출구가 된다는 생각이 들었다. 어쨌든 비 오는 새벽에 그곳이 어렴풋이 보이기 시작했다. 그곳을 오래 바라볼수록 결국 그곳으로 가게 될 거라는 사실을 그녀는 더 명확하게 이해했다.

16

비가 그치고 한 시간 후 채러티가 출발할 때 들판 너머로 햇살이 눈부시게 비쳤다. 하니가 떠난 후 그녀는 자전거를 크레스턴의 주인에게 돌려주었기에 그 산으로 가는 길을 끝까지 걸어갈 수 있을지 확신이 서지 않았다. 버려진 작은 집은 그 산으로 가는 길에 있었다. 하지만 그곳에서 밤을 보낸다는 생각을 하니 참을 수가 없어서, 진이 다 빠지지만 않는다면 장작을 쌓아 두는 헛간에서 잠을 잘 수 있는 햄블린까지 쭉 걸어갈 작정이었다. 그녀는 조용히 여행을 준비했다. 출발하기 전에 억지로 우유 한 잔을 마시고 빵한 조각을 먹었다. 그리고 하니가 그녀의 자전거 가방에 항상 넣어 두던 작은 초콜릿 한 통을 캔버스 가방에 넣었다. 그녀는 다른 사람들의 주의를 끌지 않고 목적지까지 도착하기 위해 무엇보다기력을 유지하고 싶었다.

연인에게로 날아가듯 자주 찾던 그 도로를 그녀는 1마일씩 1마일씩 되짚어갔다. 크레스턴 고속도로에서 숲길이 갈라져 나오는 갈림길에 들어서자, 오래전에 접어서 다른 곳으로 옮겨 놓은 복음 천막이 생각나더니, 뚱뚱한 전도사가 했던 말 때문에 무의식적으로 공포에 휩싸였던 기억이 떠올랐다. "주님은 모든 것을 아십니다. 이리 오셔서 당신의 죄를 자백하세요." 지금 그녀에게 죄의식은 전혀 없었다. 단 무관한 사람들의 시선으로부터 자신의 비밀을 지키고, 노스도머 사람들의 가혹한 관례를 모르는 사람들 속에서 다시 삶을 시작하고 싶은 필사적인 바람만이 있을 뿐이었다. 이런 충동은 생각을 통해 차근차근 진행되지는 않았다. 그녀는 그저 자신의 아이를 지켜야 하고, 자신과 아이를 괴롭힐 사람이 없는 그런 곳으로 몸을 숨겨야 한다는 사실만 알고 있었다.

시간이 갈수록 발이 점점 무거워졌지만 그녀는 계속 걸었다. 마치 잔인한 우연이 일어나서 그녀에게 버려진 작은 집으로 가는 길을 한 걸음 한 걸음 되짚게 하려고 강요하는 것 같았다. 과수원이 보이는 곳에 도착한 다음, 늘어진 나뭇가지 사이로 비딱하게 기울어진 은회색 지붕이 눈에 들어오자, 그녀는 기운이 빠져서 길가에 주저앉았다. 그녀는 다시 출발할 용기를 얻은 다음, 한참 동안 자리에 주저앉아서 무너진 대문과 새빨간 들장미 열매가 마구 달린 장미 덤불을 지나칠 힘을 모았다. 빗방울이 몇 방울 떨어지자, 어둑한 방 안에 앉아서 서로를 껴안았던 따뜻한 밤과 키스를 하는 동안 지붕 위로 후두둑 떨어지던 여름 소나기 소리가 생각났다. 결국 그녀는 더 머물다가는 비 때문에 그 집에서 밤을 지새울 수밖에 없다는 사실을 깨닫고 자리에서 일어났다. 그녀는 하얀 대문과 엉망이 되어 버린 정원이 보일 때는 시선을 돌리며 계속 걸었다.

시간은 더디게 흘러가고 그녀의 걸음걸이도 갈수록 느려졌다. 그녀는 이따금 걸음을 멈추고 쉬면서 빵을 조금 먹거나 길가에서 주운 사과를 먹었다. 1야드(약 92센티미터)씩 걸을 때마다 몸이 점점 더 무거워지는 것 같았다. 벌써부터 뱃속 아기가 이렇게 짐이 된다면 나중에 이 아이를 어떻게 데리고 다닐 수 있을지 걱정이 되었다. 신선한 바람이 불더니 비를 뿌렸다. 그 바람은 그 산에서 매섭게 불어닥쳤다. 곧 구름이 다시 내려오더니 하얀 화살 같은 게 그녀의 얼굴을 때리고 지나갔다. 햄블린에 내리는 첫눈이었다. 외딴 마을의 지붕이 겨우 반 마일 앞에 보였다. 채러티는 그곳을 넘어 그날 밤에 그 산까지 가겠다고 다짐했다. 일단 정착지에 도착하면 리프 하얏트를 찾아서 자신을 어머니에게 데려다달라고 할 작정이었다. 그것 말고는 특별히 마음먹은 계획 같은 건 없었다. 아기도 그녀가 태어난 것처럼 태어날 것이다. 앞으로의 인생이 어떻든 어머니는 과거를 떠올릴 수밖에 없고, 자신이 겪었던 곤경을 겪고 있는 딸을 받아들일 수밖에 없을 것이다.

갑자기 엄청난 현기증이 한 번 더 덮쳐 왔고, 그녀는 강둑에 주저앉으며 나무 몸통에 머리를 기대었다. 기다란 도로와 흐린 풍경이 시야에서 사라지더니, 그녀는 엄청난 어둠 속에서 몸이 뱅글뱅글 도는 것만 같았다. 그리고 그런 것도 사라져 버렸다.

그녀가 눈을 뜨자 옆에 세워진 마차 한 대가 보였다. 마차에서 한 남자가 뛰어내리더니 당황한 얼굴로 그녀를 빤히 쳐다보고 있었다. 서서히 의식이 돌아오자 그녀는 그 남자가 리프 하얏트라는 것을 알아봤다.

그녀는 그가 자신에게 무언가를 묻고 있다는 것을 희미하게 의식했다. 그래서 얘기할 기운을 찾으려고 조용히 그를 바라보았다. 드디어 목소리가 목구멍에서 울리자, 그녀가 속삭이듯 이야기를 꺼냈다. "난 저 산으로 갈 거야."

"저 산으로 간다고?" 그는 조금 비켜서며 그녀의 말을 따라했다. 그리고 그가 몸을 비키자, 그 뒤로 마차 안에 있던 분홍빛 얼굴에 그리스인다운 코, 황금빛 안경을 쓰고 무거운 코트를 걸친 익숙한 사람이 보였다.

"채러티! 너 지금 여기서 대체 뭘 하는 거니?" 마일스 목사가 말 등에 달린 고삐를 던지더니 마차에서 내리며 소리쳤다.

그녀는 무거운 눈꺼풀을 들어 올리며 대답했다. "어머니를 보러 가는 길이에요."

두 남자는 서로를 흘낏 바라보더니 한동안 아무 말도 하지 않았다.

그러다 마일스 목사가 말을 꺼냈다. "얘야, 너 아픈 것 같구나. 게다가 길도 멀어. 이게 현명한 일인 것 같니?"

채러티는 자리에서 일어나며 말했다. "어머니를 만날 거예요."

리프 하얏트의 얼굴에 억지스러운 미소가 희미하게 번졌다. 마일스 목사는 다시 한번 머뭇거리더니 물었다. "그럼, 너 알고 있구나. 소식을 들었지?"

그녀는 마일스 목사를 빤히 쳐다보며 대답했다. "무슨 말씀인지 모르겠어요. 전 어머니에게 가고 싶은 거예요."

마일스 목사는 사려 깊게 그녀를 쳐다보고 있었다. 그녀는 그의 표정이 달라졌다는 생각이 들자 피가 이마로 솟았다. "전 그냥 어머니에게 가고 싶어요." 그녀가 다시 한번 말했다.

마일스 목사가 한 손을 그녀의 팔에 올리며 얘기했다. "얘야, 네 어머니가 죽어 가고 있단다. 그래서 리프 하얏트가 나를 데리러 온 거야. 마차에 타고 우리와 함께 가자."

그는 채러티가 자기 옆자리에 앉도록 도와주었다. 리프 하얏트가 뒷자리에 올라탄 다음 세 사람은 햄블린으로 향했다. 처음에 채러티는 마일스 목사가 무슨 말을 하는지 거의 알아듣지 못했다. 마차에 앉을 자리를 찾아서 몸이 편안해지고, 그 산으로 안전하게 갈 수 있다는 안도감이 들었을 때는 그의 이야기를 확실히 알아차릴 수 없었다. 하지만 머리가 맑아지니 이해가 되기 시작했다. 그녀는 그 산과 계곡 간에 교류가 거의 없다는 것을 알고 있었다. 누군가 죽어 갈 때 그 목사님 말고는 그곳으로 올라가는 사람이 아무도 없다는 걸 자주 들어 알고 있었다.

그리고 이제 그녀의 어머니가 죽어 가고 있었다. 그녀는 세상 어떤 곳과 마찬가지로 그 산에서도 홀로 지냈을 것이다. 그 순간 그녀는 피할 수 없는 고립감을 느꼈다. 그리고 이렇게 암울한 일을 수행하는 사람이 다름 아닌 마일스 목사라는 사실이 기묘하고 놀라웠다. 그는 그 산으로 올라가는 걸 좋아할 사람으로는 보이지 않았다. 하지만 지금 그녀의 옆자리에 앉아서, 단호한 손으로 말을 지휘하며, 마치 두 사람이 함께 그런 상황에 있는 것이 아주 자연스러운 일인 것처럼, 그녀에게 안경 너머로 따뜻한 눈빛을 보내고 있었다.

잠시 그녀는 말을 할 수가 없었다. 그도 이런 사정을 이해하는 듯 그녀에게 어떤 질문도 던지지 않았다. 그녀는 이내 눈에서 눈물이 솟구치더니 뺨으로 흘러내리는 게 느껴졌다. 그도 그런 모습을 본 것이 분명했다. 그가 한 손을 그녀의 두 손 위에 얹으며 낮은 목소리로 말했다. "뭣 때문에 속이 상했는지 말해 주지 않겠니?"

그녀는 고개를 저었고 그도 고집을 부리지 않았다. 하지만 잠시 후 다른 사람이 엿들을 수 없게 그가 낮은 목소리로 물었다. "채러티, 노스도머로 내려오기 전 어린 시절에 대해 뭔가 아는 게 있니?"

그녀는 감정을 억제하며 대답했다. "어느 날 로열 씨가 한 말을 들었을 뿐이에요. 우리 아버지가 감옥에 가는 바람에 저를 데려왔다고 했어요."

"그 이후에 그곳에 가 본 적은 없니?"

"없어요."

마일스 목사는 잠시 조용히 있다가 다시 이야기를 꺼냈다. "네가 지금 나와 같이 가서 다행이다. 어쩌면 네 어머니의 살아 있는 모습을 볼 수 있을지도 모르지. 네가 오는 걸 어머니가 알고 있을지도 모르고…."

그들은 햄블린에 도착했다. 눈보라가 길가의 거친 풀과 북쪽으로 향한 지붕의 모서리를 스치며 남긴 하얀 얼룩이 눈에 띄었다. 그 산의 화강암 옆면 아래에 자리 잡은 마을은 가난하고 황량했다. 세 사람은 그곳을 떠나자마자 오르막길을 오르기 시작했다. 가파르고 바퀴 자국이 많이 난 길이어서, 세 사람이 길을 오르는 동안 말은 걸어서 갔다. 그들 아래 있던 세상은 숲과 들판이 얼룩덜룩하게 쫙 펼쳐진 곳과 폭풍 치는 검푸른 먼 거리 속으로 점차 작아져 갔다.

채러티는 그 산으로 올라가는 광경을 자주 상상했지만 이토록 넓은 지역이 드러날 줄은 전혀 몰랐다. 이렇게 낯선 땅이 사방으로 펼쳐진 모습을 보자 하니가 멀리 있다는 생각이 새롭게 들었다. 그녀는 그가 세상의 가장 바깥쪽인 것처럼 보이는 언덕의 마지막 산줄기 너머 아주 멀리 떨어진 곳에 있다는 것을 알았다. 그러자 그를 찾기 위해 자신이 어떻게 뉴욕까지 갈 꿈을 꾸었는지 의아 했다.

길을 올라갈수록 그 지역은 점점 더 황량해졌다. 세 사람은 여러 달 동안 눈 밑에 있으며 빛깔이 바랜 들판을, 마차를 타고 지나 갔다. 골짜기 아래로 몸을 떠는 하얀 자작나무 몇 그루와 진홍빛 열매를 비추는 마가목이 보였다. 하지만 겨우 자란 소나무 몇 그 루가 화강암 바위를 어둡게 만들었다. 바람이 그 산비탈로 세차게 불어왔다. 말은 고개를 숙이고 옆구리를 팽팽하게 부풀린 채 바람 에 맞섰다. 마차가 이따금 심하게 흔들려서 채러티는 마차의 옆면 을 꽉 쥐어야만 했다.

마일스 목사는 다시 이야기를 꺼내지 않았다. 혼자 있고 싶어 하는 그녀의 마음을 알아차린 것 같았다.

잠시 후, 그들이 따라가던 길이 갈라지자 마일스 목사는 주저하 며 말고삐를 잡아당겼다. 뒷자리에 앉아 있던 리프 하얏트가 고개 를 길게 빼고 바람에 맞서며 소리쳤다. "왼쪽이요." 그들은 성장이 멈춘 낮은 소나무 숲속으로 들어간 다음 그 산의 반대편으로 내 려가기 시작했다.

그들이 일이 마일 정도 더 가자 공터가 나왔다. 돌이 많은 들판 의 바위 사이로 웅크린 듯 들어선 낮은 집 두세 채가 마치 바람에 맞서려고 저절로 뭉친 것처럼 모여 있었다. 통나무와 거친 판자로 지은 집은 거의 헛간에 가까웠는데, 지붕 밖으로 주석으로 만든 난로 연통이 툭 튀어나와 있었다. 태양이 지면서 황혼은 이미 낮은 세상으로 떨어졌으나 눈부신 노란 석양이 외딴 산비탈과 웅크린 듯 모인 집들을 비추고 있었다. 하지만 다음 순간 석양은 사라지고 어두운 가을 땅거미 속에 풍경만 남았다.

"저쪽이에요." 리프가 기다란 팔을 마일스 목사의 어깨 위로 뻗으며 소리쳤다. 마일스 목사는 왼쪽으로 몸을 돌리더니 소리쟁이와 쐐기풀이 마구 자란 맨땅을 지나 가장 낡은 헛간 앞에 섰다. 한쪽 창문 밖으로 툭 튀어나온 난로 연통의 구부러진 팔이 하나 보였다. 깨져서 누더기와 종이로 막아 놓은 창문도 보였다.

이런 곳에 비하면 늪지대의 갈색 집은 풍요를 상징했을지도 모를 일이었다.

채러티 일행이 탄 마차가 다가가자 황혼 무렵의 어둠 속에서 잡종견 두세 마리가 거세게 짖으며 뛰어나왔다. 문간에 구부정하게 앉아 있던 젊은 남자가 그 자리에서 일어나더니 일행을 뚫어지게 쳐다보았다. 채러티가 황혼 무렵에 바라본 젊은 남자의 얼굴은 그날 갈색 집의 난로 옆에서 잠을 자던 바쉬 하얏트의 얼굴처럼 부석부석해 보였다. 젊은 남자는 개를 조용히 시키려고 하지는 않았지만, 마일스 목사가 마차 밖으로 나올 동안 술에 취한 무기력에서 깨어나려는 듯 문에 기대고 있었다.

"여기 맞니?" 목사가 낮은 목소리로 리프에게 묻자 리프가 고개를 끄덕였다.

마일스 목사가 채러티 쪽으로 몸을 돌렸다. "얘야, 잠시만 말을 붙잡고 있거라. 내가 먼저 들어가 보마." 그는 말고삐를 그녀 손에 쥐어 주며 말했다. 그녀는 말고삐를 순순히 받아들더니 자리에 앉으며 마일스 목사와 리프가 집 쪽으로 갈 동안 어두워지는 눈앞의 풍경을 똑바로 응시했다. 두 사람은 몇 분 동안 문 앞의 남자와 얘기를 나누었다. 그리고 마일스 목사가 되돌아왔다. 채러티가 보니 마일스 목사의 매끈한 분홍빛 얼굴에 겁먹은 엄숙함이 서려 있었다.

"채러티, 네 어머니는 돌아가셨단다. 넌 나와 함께 가는 게 낫겠다." 그가 말했다.

그녀가 마차에서 내려 마일스 목사를 따라갈 동안 리프는 말을 다른 곳으로 데려갔다. 그녀는 문 쪽으로 다가가면서 혼잣말을 되뇌었다. "이곳이 내가 태어난 곳이야, 내가 속한 곳이지." 그녀는 햇살이 비치는 계곡 너머 그 산을 바라볼 때면 이렇게 혼잣말을 했었다. 그때는 아무런 의미도 없는 말이었는데 지금은 현실이 되어 버렸다. 마일스 목사가 그녀의 팔을 부드럽게 잡고 그 집에서 유일하게 방처럼 보이는 곳으로 들어갔다. 방이 너무 어두워서 두 개의 통 위에 판자를 얹어서 만든 테이블 주위로, 앉거나 팔다리를 벌리고 아무렇게나 누워 있는 10여 명의 사람들만 겨우 알아볼 수 있었다. 마일스 목사와 채러티가 안으로 들어오자 그들은 무기력하게 고개를 들었다. 한 여자가 굵은 목소리로 얘기했다. "여기 목사님이 오셨어요."

그러나 움직이는 사람은 아무도 없었다.

마일스 목사는 잠시 서서 주위를 둘러보았다. 그리고 문 앞에서 만났던 젊은 남자 쪽으로 몸을 돌렸다.

"시신이 여기 있나요?" 마일스 목사가 물었다.

젊은 남자는 대답 대신 사람들 쪽으로 고개를 돌렸다. "초는 어디 있어? 초를 갖다 놓으라고 내가 얘기했잖아!" 그는 테이블에 몸을 기대고 누운 여자에게 갑자기 사납게 얘기했다. 여자는 대답하지 않았지만 다른 남자가 자리에서 일어나더니 초가 꽂힌 병을 구석에서 갖고 왔다.

"이걸 어떻게 켜죠? 난롯불이 꺼졌거든요." 아가씨가 투덜댔다.

마일스 목사는 무거운 외투 속을 더듬더니 성냥을 꺼냈다. 그가 초에 성냥불을 대자, 잠시 후 야행성동물의 머리처럼 어둠 속에서 툭 튀어나온 듯한 희미한 빛이 고통에 겨운 파리한 얼굴들 위로 둥그렇게 떨어졌다.

"메리는 저쪽에 있어요." 누군가가 말했다. 마일스 목사가 초가 꽂힌 병을 들고 테이블 뒤로 건너갔다. 채러티는 그를 따라 방 한 구석에 놓인 매트리스 앞에 섰다. 그 위에 여자가 누워 있었다. 그런데 여자는 죽은 사람처럼 보이지 않았다. 마치 술에 취해서 지저분한 침대에 쓰러져 잠이 든 것처럼 보였다. 그녀는 누더기 같은 엉망진창의 옷을 입은 채로 그 자리에 누워 있었다. 머리 위로 홀러덩 뻗은 한쪽 팔이 보이고, 찢어진 치마 아래로는 끌어올린 한쪽 다리가 드러나고, 무릎까지 맨살을 드러낸 다른 쪽 다리도 보였다. 발목 부근까지 돌돌 말려 내려온 다 떨어진 스타킹을 신은 한쪽 다리는 부은 채로 번들거렸다. 여자는 바닥에 등을 대고 누워 있었는데, 두 눈이 마일스 목사의 손에 들려 가볍게 흔들리는 촛불을 깜박임 없이 빤히 보고 있었다.

"저 여잔 그냥 쓰러졌어요." 한 여자가 다른 사람의 어깨 너머로 말했다. 그러자 젊은 남자가 덧붙였다. "그냥 안으로 들어왔다가 저 여자를 발견했어요.”

볼품없이 긴 머리카락을 가진 나이 든 남자가 희미하게 웃는 얼굴로 사람들 사이를 밀치며 말을 꺼냈다. “그게 이렇게 된 거야. 내가 전날 밤 저 여자한테 이렇게 얘기했어. 이렇게 얘기했다니까, 내 말 안 듣고 관두지 않으면….”

누군가 노인을 뒤로 잡아끌어서 벽 앞에 놓인 긴 의자에 대고 앉혔다. 그는 그 자리에 쓰러지며 아무도 들어 주지 않는 이야기를 중얼거렸다.

침묵이 흘렀다. 테이블에 몸을 기댄 채로 축 늘어져 있던 젊은 여자가 갑자기 무리에서 벗어나더니 채러티 앞에 섰다. 그녀는 다른 사람들보다 더 건강하고 활기차 보였다. 햇빛에 거칠어진 얼굴에도 뾰로통한 아름다움이 보였다.

“이 여잔 누구야? 누가 이 여자를 여기로 데려왔어?” 그녀는 초를 미리 준비하지 않았다고 자신을 꾸짖었던 젊은 남자를 의심하는 듯한 눈빛으로 빤히 쳐다보며 물었다.

마일스 목사가 대답했다. “내가 데려왔어. 이 아이는 메리 하얏트의 딸이야.”

“뭐라고요? 이 여자도요?” 젊은 여자가 조롱했다. 젊은 남자는 그녀를 향해 몸을 돌리며 거칠게 얘기했다. “입 닥쳐, 제기랄. 아니면 여기서 나가든지.” 그는 예전의 무관심으로 되돌아가더니 벽에 머리를 기대며 긴 의자에 털썩 앉았다.

마일스 목사가 초가 꽂힌 병을 바닥에 내려놓더니 무거운 외투를 벗었다. 그는 채러티를 향해 말했다. “이리로 와서 나 좀 도와라.”

그는 매트리스 옆에 무릎을 꿇고 앉더니 죽은 여인의 눈꺼풀을 눌렀다. 채러티는 몸이 부들부들 떨리고 속이 울렁거렸지만 마일스 목사 옆에 무릎을 꿇고 앉아서 어머니의 시체를 수습하려고 애를 썼다. 그녀는 무시무시하게 번득이는 다리 위로 스타킹을 끌어올리고, 낡고 뒤집힌 장화까지 찢어진 치마를 끌어내렸다. 그렇게 시체를 수습하면서 어머니의 얼굴을 바라보았다. 얇지만 부풀어 오른 얼굴과 얼어붙은 것처럼 벌어진 입술 사이로 부러진 이가 보였다. 시체에 인간다운 구석은 전혀 없었다. 그녀는 마치 도랑에 빠져 죽은 개처럼 그곳에 누워 있었다. 죽은 어머니를 만질수록 채러티의 두 손이 차가워졌다.

마일스 목사는 죽은 여자의 두 팔을 가슴에 올리고 자신의 외투를 덮어 주었다. 그러고는 자신의 손수건으로 그녀의 얼굴을 덮은 다음 초가 꽂힌 병을 머리맡에 놓았다. 일을 다 마친 후 그는 자리에서 일어났다.

"관이 없나요?" 마일스 목사는 뒤쪽에 모여 있는 사람들을 향해 몸을 돌리며 물었다.

잠시 어리둥절한 침묵이 흘렀다. 사나운 젊은 여자가 소리를 높였다. "당신이 가져왔어야죠. 여기 사는 우리가 그걸 어디서 구합니까, 나도 알고 싶네!"

마일스 목사는 다른 사람들을 바라보며 다시 물었다. "관을 준비할 생각도 못 했나요?"

"내가 하고 싶은 말이야. 그걸 가지면 잠을 더 잘 자겠지." 늙은 여자가 중얼거렸다. "그런데 저 여자는 침대를 가져 본 적도 없어."

"난로도 저 여자 게 아니었어." 볼품없는 머리카락을 가진 노인이 방어적으로 얘기했다.

마일스 목사는 사람들로부터 몸을 돌려 몇 걸음 떨어졌다. 그는 주머니에서 책 한 권을 꺼낸 다음 잠시 머뭇거린 후 그것을 펼쳐서 읽기 시작했다. 희미한 촛불이 책장을 비출 수 있도록 팔 길이만큼 책을 아래로 낮춰서 들고 있었다. 채러티는 매트리스 옆에 계속 무릎을 꿇은 채로 앉아 있었다. 어머니의 얼굴이 손수건으로 덮여 있어서 가까이에 머물기가 수월했다. 어머니가 죽음의 단계에 이르는 과정을 너무나 끔찍하게 보여 주고 있는 살아 있는 사람들의 얼굴을 피하기에도 수월했다.

"나는 부활이요 생명이니," 마일스 목사가 책을 읽기 시작했다. "나를 믿는 자는 죽어도 살겠고… 내 살갗이 없어진 뒤 벌레들이 내 몸을 멸할지라도, 내 육체 안에서 하나님을 보리라….'

내 육체 안에서 하나님을 보리라! 채러티는 손수건으로 가린 얼굴의 벌어진 입술과 돌처럼 차가운 두 눈, 스타킹을 끌어올린 번득이는 다리를 생각했다.

"우리가 세상에 아무것도 가지고 온 것이 없으매 또한 아무것도 가지고 가지 못하리니….'

뒤쪽에 있는 사람들 쪽에서 갑자기 중얼거리는 소리와 실랑이하는 소리가 났다. "저 난로는 내가 갖고 왔어." 볼품없는 머리카락을 가진 노인이 다른 사람들을 밀치며 얘기했다. "내가 크레스턴에 가서 사 왔어. 그러니까 여기서 갖고 나갈 권리는 나한테 있어. 아니라고 말하는 놈은 누구든 내가 해치울 거야."

"앉아, 염병할!" 긴 의자에 앉아서 벽에 기댄 채 졸고 있던 키가 큰 젊은이가 소리쳤다.

"사람이 그림자같이 다니고 헛된 일로 소란하며 재물을 쌓으나 누가 거둘는지 알지 못하나이다….”

“음, 그분 것이지.” 뒤쪽에 있던 여자가 겁을 먹고 징징댔다.

키 큰 젊은이가 휘청거리며 일어섰다. “입 다물지 않으면 모두 내보낼 거야, 죄다 말이야.” 그는 욕설을 퍼부으며 소리쳤다. “계속 하세요, 목사님. 저들 때문에 당황하지 마세요.”

“이제 그리스도께서 죽은 자 가운데서 다시 살아나사 잠자는 자들의 첫 열매가 되셨도다… 보라, 내 너희에게 비밀을 말하노니, 우리가 다 잠잘 것이 아니요, 마지막 나팔 소리에 순식간에 홀연히 다 변화하리니… 이 썩을 것이 반드시 썩지 아니할 것을 입겠고, 이 죽을 것이 죽지 아니함을 입으리로다. 이 썩을 것이 썩지 아니함을 입고, 이 죽을 것이 죽지 아니함을 입을 때에는 사망을 삼키고 이기리라고 기록된 말씀이 이루어지리라….”

전능한 말씀이 고개 숙인 채러티의 머리 위로 하나씩 떨어지더니, 공포를 달래고 심란함을 잠재우며 뒤쪽에 있는 술에 취한 사람들을 제압한 것처럼 그녀를 제압했다. 마일스 목사가 마지막 말을 읽더니 책을 덮었다.

“무덤은 준비되었나요?” 그가 물었다.

마일스 목사가 성경을 읽는 동안 집 안으로 들어왔던 리프가 고개를 끄덕이며 “네.”라고 대답한 후 매트리스의 옆면을 앞으로 밀었다. 죽은 여자와 일종의 혈연관계인 것 같은 젊은 남자가 긴 의자에 앉아 있다가 다시 일어나자, 난로의 주인도 그를 따랐다. 두 사람이 매트리스를 들어 올렸다. 하지만 움직임이 불안정해서 시체를 덮은 마일스 목사의 외투가 바닥으로 떨어지는 바람에 무력하고 비참한 시체의 가여운 모습이 드러났다. 채러티가 외투를 집어서 다시 어머니를 덮어 주었다. 리프가 손전등을 갖고 왔다. 손전등을 얘기했던 노파가 그것을 들고는 사람들이 나갈 수 있게 문을 열어 주었다. 바람이 그친 그날 밤은 무척 어둡고 날이 몹시 추웠다. 노파가 앞장서 걷는데, 손에 든 손전등이 흔들리자 새까만 어둠 속에 휩싸였던 마른 풀 한 무더기와 거친 잡초가 눈앞에 흐릿하게 펼쳐졌다.

마일스 목사가 채러티의 팔을 잡고 시체를 누인 매트리스 뒤를 따라 나란히 걸어갔다. 드디어 손전등을 들고 있던 노파가 걸음을 멈추자, 매트리스를 들고 구부정하게 서 있는 사람들의 어깨와 그들이 몸을 굽히고 서 있는 흙더미 위로 쏟아지는 불빛이 채러티의 눈에 들어왔다. 마일스 목사가 채러티의 팔을 놓아주더니 솟아오른 흙더미 반대편의 움푹 꺼진 곳으로 다가갔다. 남자들이 몸을 구부려 매트리스를 무덤 속에 집어넣을 동안 마일스 목사가 다시 추도사를 시작했다.

"여인에게서 태어난 사람은 생애가 짧고 걱정이 가득하며… 그는 자라나서 시들며… 그림자처럼 지나가며… 하지만 오, 가장 거룩하신 주여, 가장 전능하신 주여, 거룩하시고 자비로우신 구원자여, 저희를 영원한 죽음의 쓰라린 고통 속에 내버려두지 마소서…."

"살살해… 그 여자 아래로 갔어?" 난로 주인이 새된 소리로 얘기하자 젊은 남자가 어깨너머로 소리쳤다. "거기 손전등 좀 들어 올려요, 할 수 있죠?"

흙을 덮지 않은 무덤 위로 손전등이 불안하게 떠도는 동안 잠시 아무도 움직이지 않았다. 누군가 몸을 굽혀서 마일스 목사의 외투를 끌어냈다. "아니야, 손수건은 그냥 놔둬요." 그가 끼어들었다. 리프가 삽을 들고 앞으로 나오더니 삽질을 시작했다.

"전능하신 하나님은 자비심이 크셔서 사랑하는 자매의 영혼을 그에게로 데려가심을 기뻐하시니라. 그러므로 우리도 그녀의 육체를 이 땅에 맡기니라. 흙은 흙으로, 재는 재로, 먼지는 먼지로…." 리프가 무덤 속에 흙덩이를 내동댕이칠 때, 솟구쳤다가 구부러지는 그의 여윈 어깨가 손전등 불빛으로 드러났다. "이런, 땅이 벌써 얼었네." 그가 손바닥에 침을 뱉더니 얼굴에 흐르는 땀을 누더기가 된 셔츠 소매로 문대며 중얼댔다.

"우리 주 예수 그리스도는 자신을 통해 사악한 우리의 몸을 영광스러운 당신의 몸처럼 변화시킬 것입니다. 이는 모든 것을 자신에게로 복종시킬 수 있는 권능의 역사를 따른 것입니다." 마지막 삽질로 퍼낸 흙이 메리 하얏트의 사악한 육체에 떨어졌고, 삽에 몸을 기댄 채 서 있는 리프의 어깨뼈가 아직도 들썩거렸다.

"주여, 우리에게 자비를 베푸소서. 그리스도는 우리에게 자비를 베푸시니, 주님은 우리에게 자비를 베푸시니…."

마일스 목사가 노파의 손에서 손전등을 받아들더니 둥그렇게 모인 흐릿한 얼굴들을 쭉 비추었다. "이제 여러분 모두 무릎을 꿇으세요." 채러티가 처음 들어 보는 권위적인 목소리로 그가 명했다. 그녀가 무덤 끄트머리에 무릎을 꿇고 앉자, 다른 사람들도 주저하며 뻣뻣하게 그녀 옆에 무릎을 꿇고 앉았다. 마일스 목사도 무릎을 꿇었다. "이제 저와 함께 기도하세요. 여러분이 아는 기도입니다." 그가 기도를 시작했다.

"하늘에 계신 우리 아버지…." 여자 한두 명이 그 기도를 더듬

더듬 따라 했다. 마일스 목사가 주기도문을 마치자, 볼품없는 머리카락을 가진 남자가 키가 큰 젊은이의 목덜미 위로 몸을 던지며 말을 꺼냈다. "이런 식이었어. 그 전날 내가 그 여자에게 얘기했지, 그 여자에게 얘기했다고…." 회상은 흐느낌 속에 끝이 났다.

마일스 목사는 다시 외투를 입었다. 그러고는 거친 흙더미 옆에 순종하듯 무릎을 꿇고 앉아 있는 채러티에게 다가갔다.

"얘야, 넌 가야 한단다. 많이 늦었어."

마치 그가 다른 세상에서 얘기하는 것처럼 그녀는 눈을 들어 그의 얼굴을 바라보았다.

"안 갈래요. 전 여기 있을래요."

"여기라고? 어딜 말하는 거냐? 도대체 무슨 말을 하는 거니?"

"이들은 나랑 같은 사람들이에요. 전 이 사람들과 함께 있을래요."

마일스 목사가 목소리를 낮추며 얘기했다. "하지만 그건 말도 안 돼. 넌 네가 뭘 하려는 건지 몰라. 넌 이 사람들과 함께할 수 없어. 넌 나와 함께 가야 해."

그녀는 고개를 저으며 자리에서 일어났다. 무덤 주변에 있던 사람들은 어둠 속으로 흩어졌지만, 손전등을 든 나이 든 여인은 서서 기다리고 있었다. 애절하고 메마른 그녀의 얼굴은 모질지 않았다. 채러티는 그녀에게 다가갔다.

"오늘 밤 제가 누울 만한 자리가 있을까요?" 그녀가 물었다. 마차를 밖으로 내오던 리프가 다가왔다. 그는 엷은 미소를 지으며 두 사람을 바라보더니 얘기했다. "그분은 우리 어머니야. 어머니가 널 집으로 데려갈 거야." 그가 나이 든 부인을 향해 목소리를 높여 얘기했다. "변호사 로열 씨네 아가씨예요. 메리의 딸요, 기억나죠?"

부인은 고개를 끄덕이며 슬퍼 보이는 늙은 두 눈으로 채러티를 올려다보았다. 마일스 목사와 리프가 마차에 올라타자, 그녀는 손 전등으로 마차에 탄 사람들이 따라와야 할 길을 비추려고 앞장섰다. 그러고 다시 돌아와 채러티와 함께 조용히 밤길을 걸었다.

17

채러티는 죽은 어머니가 누웠던 것처럼 바닥 위에 깔린 매트리스 위에 누워 있었다. 그녀가 누운 방은 추운데다 어둡고 천장이 낮았는데, 메리 하얏트의 지상 순례 장소보다 더 가련하고 더 초라했다. 불이 꺼진 난로의 반대편에 리프 하얏트의 어머니가 담요 위에 누워서, 손자라고 말했던 두 아이를 잠이 든 강아지처럼 둥그렇게 말아서 자기 몸에 딱 붙인 채 자고 있었다. 아이들은 유일하게 남은 담요 하나를 손님에게 내어 주는 바람에 얇은 옷을 이불처럼 덮고 있었다.

채러티의 눈에 반대편 벽의 자그맣고 네모난 유리를 통해 깊은 깔때기 같은 하늘이 보였다. 하늘에 너무 까맣고, 정말 멀고, 몹시 차가운 별들이 마구 요동치고 있어서 그녀의 영혼이 빨려 들어갈 것 같았다. 채러티는 그 하늘 어딘가에서 마일스 목사가 간구했던 하나님이 메리 하얏트가 나타나기를 기다리고 있을 것만 같았다. 얼마나 멀리 날아가야 할까? 그분께 이르면 무슨 말을 해야 할까?

채러티는 혼란스러운 머리로 어머니의 과거를 그려 보고, 공정하지만 자비로운 하나님의 계획과 어머니의 과거를 어떤 식으로든 관련지으려고 애를 먹고 있었다. 하지만 그것들 사이에 어떤 연관성도 상상할 수 없었다. 채러티는 서둘러 판 무덤 속으로 내려간 가련한 생명과 자신이 마치 높은 하늘이 갈라놓은 것처럼 멀게만 느껴졌다. 그녀는 그동안 가난과 불행을 보며 살았다. 하지만 검약하는 가여운 호스 부인과 근면한 앨리가 가장 가난하게 사는 마을에서도 이 산 주민들의 야만적인 비참함은 찾아볼 수 없었다.

채러티는 비극적인 세상에 반쯤 넋이 나가서 자신과 주변 인생에 대해 생각하려고 애를 썼다. 하지만 이 사람들이 서로 어떤 관계인지, 아니 죽은 어머니와 어떤 관계인지 도무지 파악할 수 없었다. 이 사람들은 일종의 성적 난교로 무리를 짓고 사는 것처럼 보였다. 이들에게는 한결같은 비극이 가장 강력한 연결 고리였다. 채러티는 누더기를 입은 채로 마구 뛰어다니고, 늙은 하얏트 부인의 몸에 자기 몸을 딱 붙인 파리한 낯빛의 아이들처럼 자신이 몸을 웅크린 채 어머니에게 딱 붙어서 잠을 자며 이 산에서 자랐다면 자신의 삶이 어땠을지 그려 보려고 애를 썼다. 그러자 이상한 말로 자신을 아무렇게나 불렀던 여자처럼 사납고 혼란스러운 생명체로 바뀌어 버린 모습이 떠올랐다. 그녀는 이 여자에게 느꼈던 은밀한 친밀감에 깜짝 놀랐고, 그 친밀감으로 자신의 시작을 알 수 있다고 생각하자 덜컥 겁이 났다. 그러자 로열 씨가 루시우스 하니에게 자신에 관한 이야기를 들려줄 때 했던 말이 떠올랐다. "맞아요, 어머니가 있었죠. 하지만 그 여자는 아이를 보낼 수 있어서 좋아했어요. 아무한테나 아이를 내주었을걸요."

그렇다면 그녀의 어머니가 그렇게 큰 잘못을 저지른 것일까? 채러티는 그날 이후로 어머니를 인간의 감정이 전혀 없는 사람으로 생각했었다. 하지만 이제는 그저 불쌍한 사람 같았다. 어떤 어머니가 자신의 아이를 이런 삶에서 구해 주고 싶지 않을까? 채러티는 아이의 미래를 생각하자 쓰라린 눈에 눈물이 마구 고이더니 얼굴로 흘러내렸다. 그녀가 조금 덜 지치고, 아이의 무게가 조금만 덜 짐스러웠더라면 당장 자리에서 일어나 도망쳤을 것이다.

암울한 저녁 시간은 느릿느릿 흘러갔다. 마침내 하늘이 파리해지더니, 새벽이 되자 차갑고 파란 빛줄기가 방 안을 비추었다. 그녀는 구석 자리에 누워서 더러운 바닥을 바라보다가 썩어 가는 누더기가 걸린 빨랫줄과 차가운 난로에 기댄 채 몸을 옹송그린 노파를 뚫어지게 쳐다보았다. 그리고 추운 세상에 점차 퍼지는 빛을 바라보았다. 그녀가 이 사람들 속에서 살고, 선택하고, 행동하며, 스스로 자리를 만들어야 할, 혹은 도망쳤던 삶으로 다시 돌아가려 했던 이곳에 새날을 가져다줄 빛이었다. 치명적인 무기력이 그녀를 짓눌렀다. 그저 바라는 것은 누구의 눈에도 띄지 않은 채 그 자리에 계속 누워 있는 거라고 느낀 순간들도 있었다. 그런데 비참한 이 무리 중 하나가 된다는 생각에 반발심이 들면서 마치 이런 운명에서 자신의 아이를 구하기 위해서라면 아무리 먼 거리라도 이동할 힘을 내고, 자신을 짓누를지도 모를 어떤 짐도 감당할 수 있을 것 같았다.

네틀턴에 대한 희미한 생각들이 그녀의 머릿속을 스쳐 갔다. 그녀는 아이를 낳을 수 있는 조용한 장소를 찾은 다음 점잖은 사람에게 아이를 맡겨 키우겠다고, 아이와 자신의 생계를 잇기 위해 줄리아 호스와 같은 일을 하겠다고 혼잣말을 했다. 그녀는 그런 여자들이 자기 자식을 잘 키울 만큼 돈을 잘 번다는 사실을 알고 있었다. 그밖에 다른 생각은 아기에 대한 상상 속에 사라져 버렸다. 아이를 씻기고 빗질하고 장밋빛으로 물들이고 달려가서 입맞추고 예쁜 옷을 입힐 수 있는 상상 속에 숨겨 두었다. 어떤 것이든, 그 무엇이든 그 산에 자리 잡은 비참한 둥지에서 또 다른 생명을 더하는 것보다는 나았다.

채러티가 매트리스에서 일어났을 때 하얏트 부인과 아이들은 여전히 잠들어 있었다. 그녀의 몸은 추위와 피로 때문에 뻣뻣했다. 그녀는 무거운 발걸음으로 인해 그들이 깨지 않도록 천천히 움직였다. 그녀는 배가 고파서 기절할 것 같았지만 가방에는 아무것도 없었다. 그런데 테이블 위에 오래된 빵 덩어리 반 조각이 보였다. 하얏트 부인과 아이들의 아침 식사가 분명했다. 하지만 채러티는 개의치 않았다. 오직 뱃속 아기만 생각했다.

그녀는 빵 조각을 뜯어서 게걸스럽게 먹었다. 그러다 잠이 든 아이들의 야윈 얼굴을 흘깃 바라보자 죄책감이 들어 자기가 먹은 것을 보상할 만한 게 있나 보려고 가방을 뒤졌다. 앨리가 만들어준, 끝단에 파란 리본이 달린 예쁜 슈미즈 드레스가 보였다. 저축한 돈을 함부로 쓸 수밖에 없었던 앙증맞은 물건 중 하나였다. 그 물건을 바라보고 있으니 피가 이마로 쏠렸다. 그녀는 슈미즈 드레스를 테이블 위에 올려놓고 살금살금 걸어 나온 후 걸쇠를 들어올리고 밖으로 나왔다.

아침은 얼음장처럼 차가웠다. 그 산의 동쪽 줄기 위로 태양이 막 흐릿하게 떠오르고 있었다. 산비탈 위로 흩어져 있는 집에 햇살이 구름을 뚫고 이리저리 비쳤지만 연기는 나지 않고 냉기만 돌았다. 사람은 단 한 명도 보이지 않았다. 채러티는 문턱에 서서 전날 밤에 찾아왔던 길을 찾아보려고 했다. 하얏트 부인의 판잣집을 둘러싼 들판 건너편으로 장례식이 열렸다고 생각되는 다 허물어져 가는 집이 보였다. 두 집 사이를 가로지른 오솔길이 그 산의 측면에 있는 소나무 숲속으로 사라졌다. 오른쪽으로 조금 가자, 바람에 시달린 가시나무 아래, 새로 판 흙더미가 엷은 황갈색 그루터기 위로 검은 얼룩을 만들었다. 채러티는 들판을 지나 그 흙더미 쪽으로 갔다. 그곳에 다가가자 공기 중에 퍼지는 새의 조용한 노랫소리가 들렸다. 고개를 드니 무덤 위로 솟은 가시나무 위쪽 가지에 걸터앉은 갈색 참새 한 마리가 보였다. 그녀는 잠시 서서 그 새가 부르는 짧고 외로운 노래를 듣다가 다시 오솔길로 들어서서 소나무 숲으로 이어지는 언덕을 올라가기 시작했다.

지금까지 그녀는 도망치고 싶은 맹목적인 본능에 따라 충동적으로 움직였다. 하지만 한 걸음 한 걸음 내디딜수록 열을 내며 밤을 새우는 바람에 어슴푸레한 이미지로만 볼 수 있었던 현실 세계에 더 가까워지는 것 같았다. 이제 다시 환한 세상을 걸으면서 익숙한 것들을 마주하니 그녀의 상상은 점점 냉정하게 바뀌었다. 한가지 문제에 대해서는 마음을 확실히 정했다. 그녀는 노스도머에 남을 수 없었다. 그곳을 빨리 벗어날수록 더 좋았다. 하지만 그 이상의 일은 모든 것이 캄캄하기만 했다.

길을 계속 올라갈수록 살을 에는 듯이 추워졌다. 소나무 숲의 쉼터를 지나 풀로 덮인 그 산의 꼭대기를 지나가는데 전날 밤의 차가운 바람이 몰아닥쳤다. 그녀는 어깨를 구부리고 한동안 바람에 맞섰다. 이내 숨이 가빠져서 떨리는 자작나무 옆으로 선반처럼 튀어나온 바위 밑에 주저앉았다. 그녀가 앉아 있는 곳에서 하얗게 바랜 풀밭을 이리저리 가로질러 햄블린 방향으로 난 오솔길과 무한히 먼 곳으로 사라져 가는 그 산의 화강암 벽이 보였다. 산마루 저쪽으로 보이는 계곡은 쌀쌀한 그림자 속에 갇혀 있었다. 하지만 그 너머의 평야로 햇살이 마을 지붕과 첨탑을 스치면서, 보이지 않을 만큼 아주 멀리 떨어진 마을 위로 떠도는 아지랑이 같은 안개를 금빛으로 물들이고 있었다.

채러티는 자신을 하늘에 홀로 떠 있는 동그라미 안에 갇힌 티끌 같은 존재라고 느꼈다. 지난 이틀 동안 일어난 사건으로 인해 더없이 행복한 꿈과는 이제 영원히 멀어진 것 같았다.

하니에 대한 이미지마저 참담한 경험으로 인해 흐릿해져 버렸다. 그녀가 그를 멀리 떨어진 사람이라고 생각하자, 그 사람은 이제 추억 이상은 아닌 것 같았다. 기진맥진하게 헤매는 그녀의 머릿속에서 유일하게 느껴지는 단 한 가지 감각만이 현실의 무게를 지고 있었다. 그것은 바로 아기가 주는 육체적 부담이었다. 하지만 그것이 없었더라면 바람에 흔들리는 엉겅퀴 관모처럼 자신을 뿌리가 없는 존재로 느꼈을 것이다. 아기는 그녀를 내리누르는 짐인 동시에 일으켜 세우는 손 같기도 했다. 그녀는 반드시 일어나서 헤쳐 나가야 한다고… 혼잣말을 했다.

그녀의 두 눈이 다시 그 산꼭대기를 가로지르는 오솔길로 향했다. 하늘을 배경 삼아 멀리서 다가오는 마차 한 대가 눈에 들어왔다. 그녀는 마차의 고풍스러운 외관과 고개를 숙인 채로 다가오는 늙은 말의 수척한 몸집을 알아보았다. 잠시 후 그녀는 채찍을 잡은 남자의 커다란 풍채도 알아보았다. 남자가 끌고 오는 마차가 오솔길을 따라 그녀가 올라왔던 소나무 숲으로 곧장 향하고 있었다. 그녀는 마차를 모는 사람이 자신을 찾고 있다는 것을 바로 알아챘다. 그 남자가 지나갈 때까지 절벽 아래로 튀어나온 바위 밑에 쭈그리고 앉아 있겠다는 충동이 제일 먼저 들었다. 하지만 숨고 싶은 본능은 끔찍한 공허감에 빠진 그녀의 가까운 곳에 누군가가 있다는 안도감에 의해 꺾여 버렸다. 그녀는 자리에서 일어나서 마차 쪽으로 걸어갔다.

로열 씨는 그녀를 보자, 말에게 채찍을 댔다. 일이 분 후 그는 채러티에게 가까워졌다. 두 사람의 눈이 마주치자 그는 아무 말도 없이 몸을 기울여서 그녀를 마차 안에 태웠다.

그녀는 더듬더듬 해명하려고 애를 썼지만, 아무 말도 나오지 않았다. 그가 그녀의 무릎 위로 담요를 끌어올리며 짧게 얘기했다. "목사가 널 여기 두고 왔다고 하더라. 그래서 널 데려가려고 왔다."

그는 말 머리를 돌렸다. 두 사람은 햄블린까지 달렸다. 채러티는 아무 말 없이 곧장 앞만 바라보며 앉아 있었다. 로열 씨는 말을 다독이는 얘기를 가끔 꺼냈다. "저쪽으로 가자, 댄. 이 녀석을 햄블린에서 좀 쉬게 해 줬지. 내가 녀석을 꽤 빨리 이끈 데다가 바람을 이기며 여기까지 올라오느라 꽤 힘들었을 거야."

그가 그런 이야기를 꺼내자 그녀는 그가 산꼭대기까지 아주 일찍 오려고 가장 추운 저녁 시간에 노스도머를 떠났고, 햄블린에서 잠시 멈추었을 뿐 쉬지 않고 죽 왔을 거라는 생각이 처음으로 들었다. 그녀가 그와 함께 있으려고 기숙학교를 포기하는 바람에 그가 덩굴장미를 사 준 이후로 마음이 이렇게 따뜻해지긴 처음이었다.

잠시 후 그가 다시 이야기를 시작했다. "딱 오늘과 비슷했어. 내가 너 때문에 처음 이리로 올라왔을 땐 세차게 내리는 눈만 보였지." 그러다 그는 혹시라도 자신의 말을 과거의 은혜를 떠올리라는 말로 그녀가 생각할지도 모른다는 걱정이 들었는지 바로 덧붙였다. "네가 그걸 잘한 일이라고 생각할지는 모르겠구나."

"맞아요, 그렇게 생각해요." 그녀는 계속 앞만 바라보며 중얼거렸다.

"음, 난 노력했단다." 그가 말했다.

하지만 그는 이야기를 마치지 못했고, 그녀도 더 이상 할 말이 생각나지 않았다.

"여, 이봐라. 댄, 이리 와." 그가 고삐를 휙 잡아당기며 중얼거렸다. "우리 아직 집에 안 왔어. 너 춥니?" 그가 갑자기 물었다.

그녀가 고개를 저었지만 그는 담요를 더 빼서 몸을 굽힌 다음 그녀의 발목까지 단단히 덮어 주었다. 지치고 약해진 그녀는 눈물이 고이며 두 눈이 흐릿해졌다. 눈물이 흘러내리기 시작했으나 그런 몸짓을 그가 알아보는 게 싫어서 눈물을 닦지도 못했다.

두 사람은 조용히 마차를 타고 긴 회전 도로를 따라 햄블린으로 갔다. 로열 씨는 마을 외곽에 이를 때까지 이야기를 다시 꺼내지 않았다.

그는 마차 앞머리에 채찍을 놓더니 시계를 꺼냈다.

"채러티," 그가 이야기를 꺼냈다. "네가 꽤 기진맥진해 보이는데다가 노스도머는 상당히 멀리 떨어져 있어. 그래서 여기서 잠시 멈춰서 네가 아침 식사를 한 다음 크레스턴으로 가서 기차를 타는 게 나을 것 같아."

무기력한 생각에서 깨어난 그녀가 물었다. "기차? 무슨 기차요?"

로열 씨는 아무 대답도 없이 마을의 첫 번째 집 문 앞에 도착할 때까지 말을 몰았다. "이곳은 호바트 부인네 집이야." 그가 말했다. "부인이 따듯한 음료를 줄 거야."

채러티는 반쯤 넋이 나간 채로 마차에서 내린 다음 문까지 그를 따라갔다.

두 사람은 불이 활활 타오르는 난로가 딸린 꽤 훌륭한 부엌으로 들어갔다. 얼굴이 다정해 보이는 나이 든 부인이 테이블 위에 컵과 접시를 차리고 있었다. 그녀는 두 사람이 안으로 들어오자 고개를 들더니 끄덕였다. 로열 씨는 마비된 두 손으로 손뼉을 치며 난로까지 걸어갔다.

"음, 호바트 부인, 이 아가씨에게 줄 아침이 있나요? 보시다시피 아가씨는 지금 춥고 배가 고프거든요."

호바트 부인이 채러티에게 미소를 짓더니 난로 위에 있던 양철로 된 커피 주전자를 들었다. "이런, 아주 안쓰러워 보이네요." 그녀가 연민 어린 말투로 얘기했다.

채러티는 얼굴을 붉히며 테이블 앞에 앉았다. 완전히 수동적으로 따라야 한다는 마음이 다시 한번 들었다. 그녀는 따뜻함과 휴식이라는 유쾌한 동물적 감각만을 의식했다.

호바트 부인은 테이블 위에 빵과 우유를 놓더니 집 밖으로 나갔다. 그녀가 마당을 건너서 말을 헛간으로 데리고 가는 모습이 채러티의 눈에 들어왔다. 호바트 부인이 다시 돌아오지 않아서 로열 씨와 채러티만 김이 나는 커피를 사이에 두고 테이블에 앉았다. 그가 컵에 커피를 따라 주고 접시에 빵 한 조각을 놓으니 그녀가 먹기 시작했다.

따뜻한 커피가 혈관을 타고 흐르자 채러티는 생각이 명료해지고 자신이 다시 살아 있는 존재가 된 것 같았다. 하지만 다시 현실로 돌아오는 게 너무 고통스러워서 음식이 목구멍에 걸렸다. 그녀는 가만히 앉아서 테이블을 내려다보며 괴로워했다.

잠시 후 로열 씨가 의자를 뒤로 밀며 말을 꺼냈다. "그럼, 이제 네가 같이 갈 생각이 있다면⋯." 그녀가 가만히 있자 그가 이야기를 계속했다. "네가 그런다고 한다면 네틀턴으로 가는 정오 기차를 탈 수 있어."

그 말로 인해 그녀의 얼굴에 핏기가 돌았다. 그녀는 깜짝 놀란 눈으로 그를 바라보았다. 그는 테이블 맞은편에 서서 따뜻하고 엄숙한 얼굴로 그녀를 바라보고 있었다. 갑자기 그녀는 그가 무슨 말을 하려고 하는지 이해했다. 그녀는 입을 꾹 다문 채 가만히 앉아 있기만 했다.

"너와 난 서로에게 힘든 것들을 얘기했어, 채러티. 이제 와서 더 이상 얘기해 봐야 좋을 게 없을 것 같아. 하지만 난 너에게 딱 한 가지 감정만 느낄 거야. 네가 허락만 해 준다면 우린 정시에 기차를 탄 다음 곧장 목사님 집으로 갈 거야. 집으로 돌아올 때쯤 넌 로열 부인이 되어 있을 거고."

그의 목소리에는 귀향 축제 주간에 청중을 감동시켰던 엄숙한 설득력이 있었다. 그녀는 그의 편안한 말투에서 애절한 관용을 느낄 수 있었다. 그녀는 약한 자신 때문에 온몸이 떨리기 시작했다.

"아, 그럴 수 없어요." 그녀가 필사적으로 소리쳤다.

"무얼 그럴 수 없다는 거냐?"

그녀 자신도 알지 못했다. 그녀는 자신이 그의 제안을 거절하는 것인지, 아니면 더 이상 받아들일 권리도 없는 제안을 받아들이고 싶은 유혹에 넘어가지 않으려고 애를 쓰는 것인지 확신할 수 없었다.

"제가 아저씨에게 늘 공정하지 못했다는 건 저도 알아요. 하지만 이제 전 원하는 게 있어요. 아저씨가 알아주셨으면 좋겠어요. 전… 싫어요." 그녀는 목소리가 나오지 않아서 말을 멈췄다.

로열 씨는 벽에 몸을 기댔다. 그는 평소보다 안색이 창백했지만, 얼굴은 안정되고 다정해 보였다. 그녀의 동요로 인해 그가 불안해진 것 같지는 않았다.

"도대체 뭘 그렇게 알아달라는 거니?" 그녀가 말을 멈추자 그가 물었다.

"네가 진정으로 원하는 게 뭔지 알고 있니? 내가 말해 줄게. 넌 집으로 돌아가서 보살핌을 받고 싶은 거야. 아마 그게 네가 말하려는 전부일 거야."

"아니요, 그게 다는 아니에요."

"아니라고?" 그가 시계를 보며 얘기했다. "음, 그럼 다른 이야기를 해 줄게. 내가 원하는 건 네가 나와 결혼할지 그게 알고 싶어. 다른 게 있다면, 너한테 얘기해 줄게. 하지만 다른 건 없어. 내 나이가 되면, 남자들은 뭐가 중요하고, 뭐가 중요하지 않은지 그걸 알아. 삶이 우리에게 주는 유일한 호의지."

그의 말투가 무척 강하고 단호해서 마치 그녀를 지탱하는 팔과 같았다.

그가 말하는 동안 그녀는 저항하는 마음이 녹아내리고 힘이 쓱 빠지는 것 같았다.

"울지 마라, 채러티." 그가 흔들리는 목소리로 말했다.

그녀가 그의 감정 표현에 깜짝 놀라서 고개를 드는 바람에 두 사람의 눈이 마주쳤다.

"이것 봐," 그가 온화하게 말을 꺼냈다. "늙은 댄은 먼 거리를 왔어. 우린 이 녀석이 남은 길이라도 편히 가게 해 줘야 해."

그는 채러티의 의자까지 미끄러져 내려온 망토를 들더니 그녀의 어깨에 걸쳐 주었다. 그녀는 그를 따라 집 밖으로 나온 다음 마당을 건너서 말이 묶여 있는 헛간으로 갔다. 로열 씨는 말을 덮고 있는 덮개를 벗긴 다음 길로 이끌었다.

채러티가 마차 안으로 들어오자 그가 담요를 그녀 쪽으로 끌어당긴 다음 쯧쯧 혀를 차며 채찍을 흔들었다. 마차가 마을 끄트머리에 다다르자 그가 말 머리를 크레스턴으로 향하게 했다.

18

두 사람은 늙은 말 댄의 느릿한 속도에 맞춰 구불구불한 도로
를 내려갔다. 채러티는 훨씬 더 지치는 것 같았다. 헐벗은 숲으로
내려갈 때 사물에 대한 정확한 감각을 잃어버리는 순간이 몇 차
례 찾아왔다. 자신이 연인 옆에 앉아 있고 그 위로 여름철의 무성
한 잎으로 된 아치가 드리워진 것 같았다. 하지만 희미하고 덧없
는 환상이었다. 그녀는 저항할 수 없는 매끄러운 흐름 속으로 미끄
러져 내려가는 혼란스러운 감각만을 느낄 뿐이었다. 그녀는 고통
스러운 생각을 피할 수 있는 피난처처럼 그런 느낌에 자신을 내맡
겼다. 로열 씨는 말이 거의 없었다. 그런데 그렇게 조용한 모습 덕
분에 처음으로 평화롭고 안전한 느낌이 들었다.

그녀는 그가 있는 곳에 온기와 휴식과 고요함이 있다는 것을
알았다. 그 순간 그녀는 그런 것들만 바랄 뿐이었다.

그녀는 두 눈을 감았다. 이제 그런 것들도 점점 희미해져 갔다.

크레스턴에서 네틀턴까지의 짧은 구간을 달리는 동안, 기차 안

의 온기 때문에 그녀는 정신이 들었다. 낯선 눈들이 내려다본다는 생각이 들자 그녀는 순간적으로 기운이 생겼다. 그녀는 똑바로 앉아서 로열 씨를 마주 보다가 창문 밖으로 벌거벗은 시골을 응시했다. 불과 48시간 전 이 길을 지나갈 때만 하더라도 나무에 잎사귀가 많이 달려 있었다. 그런데 지난 이틀 밤 사이에 바람이 몹시 불어 잎사귀가 떨어져 나가자, 12월의 풍경처럼 연필로 정교하게 그린 듯한 선이 드러났다. 며칠 동안의 가을 추위로, 독립기념일에 그녀가 지나쳤던 풍요한 들판과 나른한 수풀의 흔적이 모조리 지워졌다. 그 풍경이 사라지면서 뜨거웠던 시간도 희미해졌다. 그녀는 자신이 그런 시간을 살았다는 사실을 더 이상 믿을 수 없었다. 그녀에게 바로잡을 수도 저항할 수도 없는 일이 일어났다. 그렇게 그곳으로 이어지던 길이 흔적도 없이 사라져 버렸다.

기차가 네틀턴에 도착했다. 그녀가 로열 씨 옆에 서서 광장 안으로 걸어가자 비현실적인 느낌이 압도적으로 커졌다. 밤과 낮 동안의 육체적 중압감으로 인해 그녀는 머릿속에 새로운 감각을 느낄 여지가 없었다. 그녀는 지친 아이처럼 수동적으로 로열 씨를 따라갔다. 그녀는 혼란스러운 꿈을 꾸듯 쾌적한 방 안에서 뜨거운 음식과 차가 놓여 있고, 빨갛고 하얀 테이블보가 깔린 테이블 앞에 그와 함께 앉아 있는 자신을 발견했다. 그가 그녀의 컵과 접시에 차와 음식을 덜어 주었다. 그녀는 눈을 치켜뜰 때마다 자신을 향한 고요하고 차분한 그의 시선을 느꼈다. 나이 든 호바트 부인의 주방에서 서로를 마주 볼 때마다 그녀를 안심시키고 힘을 주었던 한결같은 그 눈빛이었다.

그녀의 의식 속에서 그 밖의 것들은 모두 점점 더 혼란스럽고 실체가 없는 것이 되어 가더니, 나빠진 눈으로 보니 세상을 녹이는 보편적인 빛이 되었다. 그러자 로열 씨의 존재가 애매한 배경으로부터 바위처럼 견고하게 분리되기 시작했다. 그녀는 늘 그가 증오스럽고 방해만 되는 존재라고, 노력만 하면 앞지르고 지배할 수 있는 사람이라고 생각했다. 그런데 단 한 번 귀향 주간을 기념하던 날, 그가 연설 중에 했던 이야기들이 그녀의 혼란스러운 머리를 스쳐 갈 동안, 그녀는 얼핏 다른 존재를 보았다. 함께 살아야 하는 재치 없는 적과는 너무도 다른 존재였다. 안개 속 같은 꿈에서도 깜짝 놀랄 만큼 눈에 띄었다.

그리고 그가 한 말과 어떤 말투 때문에 그가 늘 너무나 외로운 사람으로 보였던 이유를 잠시나마 알게 되었다. 하지만 그가 다시 안개 같은 꿈속으로 숨으면서, 그녀는 얼핏 떠오른 그런 인상을 잊어버렸다.

그런데 이제 테이블 앞에 앉아 있는 그녀에게 그런 인상이 다시 떠오르며 헤아릴 수 없는 적막감 속에서 갑자기 두 사람이 서로 가깝다는 생각이 들었다. 하지만 이런 모든 느낌은 육체적으로 약해진 그녀에게 단지 짧은 빛줄기에 불과했다. 그동안 그녀는 로열 씨가 따뜻한 방 안의 테이블 옆에 자신을 앉혀 두고 떠났다가 잠시 후 역에서 마차를 갖고 돌아온 것을 알았다. 그것은 햇볕에 그을린 파란 실크 블라인드와 지붕이 달린 전세 마차였다. 두 사람은 함께 마차를 타고 덩굴식물이 달린 집으로 갔다. 그 집 옆에는 융단 같은 잔디가 깔린 교회가 있었다. 두 사람은 그 집 앞에서 내렸다. 좁은 길을 올라간 다음 굽도리 널이 높은 홀로 들어간 후 책이 가득 들어찬 방 안으로 들어갔다.

채러티는 처음 보는 목사가 그 방에서 두 사람을 유쾌하게 맞아 주더니 증인을 부를 동안 잠시 앉아 있으라고 요청했다. 채러티는 고분고분하게 자리에 앉았고, 로열 씨는 뒷짐을 진 채 천천히 방 안을 거닐었다. 그가 몸을 돌려 채러티를 마주 보자, 살짝 씰룩이는 그의 입술이 그녀의 눈에 들어왔다. 하지만 그의 두 눈은 근엄하고 차분해 보였다. 그가 그녀 앞에 잠시 멈춰 서더니 소심하게 얘기했다. "바람 때문에 머리카락이 살짝 풀렸구나."

채러티는 땋은 머리에서 삐져나온 머리카락을 매끈하게 다듬으려고 했다. 벽에 붙은 조각된 틀에 거울이 달려 있었지만, 그녀는 자신의 모습을 보기가 쑥스러워서 목사가 돌아올 때까지 무릎위에 포갠 손을 올려놓고만 있었다. 이제 그들은 다시 밖으로 나가서 일종의 아케이드 통로 같은 곳을 지나 제단에 십자가가 걸려있고 긴 의자가 몇 개 놓인, 천장이 낮은 방으로 들어갔다. 문 앞에 그들을 두고 떠났던 성직자가 목사 가운 차림으로 제단 앞에다시 나타났다. 그의 아내로 보이는 부인과 잔디밭에 떨어진 낙엽을 긁어모으던 파란 셔츠를 입은 남자가 안으로 들어오더니 긴 의자에 앉았다.

목사가 책을 펼치더니 채러티와 로열 씨에게 다가오라는 신호를 보냈다. 로열 씨가 몇 걸음 앞선 다음 채러티가 호바트 부인의 부엌을 나설 때 마차가 있는 곳까지 그를 따라갔던 것처럼 그를따라왔다. 그녀는 그의 옆에 서서 그가 하라는 대로 하지 않으면 세상이 자신의 발아래로 빠져나갈 것 같았다.

목사가 책을 읽기 시작했다. 전날 밤 그 산의 황량한 집 앞에 서서, 똑같이 무시무시한 말투로 같은 책을 읽던 마일스 목사에 대한 기억이 멍한 채러티의 머릿속에서 떠올랐다.

"저는 두 사람 모두에게 요구하고 청하는 바입니다. 모든 마음의 비밀이 밝혀질 무시무시한 심판의 날에 대답하는 것처럼, 두 사람 중 누구라도 서로 합법적으로 함께할 수 없을지도 모를 장애물을 알고 있다면…."

채러티가 눈을 들어서 로열 씨의 두 눈을 마주 보았다. 그는 여전히 다정하고 한결같은 눈으로 그녀를 바라보고 있었다. "그렇게 하겠습니다!" 잠시 후 그의 대답 소리가 들렸다. 그러나 알아듣지 못한 구절이 몇 마디 있었다. 그녀는 목사가 자신에게 보내는 몸짓 신호를 이해하기에도 바쁜 나머지 다른 말은 더 이상 들리지 않았다. 시간이 잠깐 지난 후 긴 의자에 앉아 있던 부인이 일어나더니 그녀의 손을 잡고 로열 씨의 손에 놓아 주었다. 단단한 그의 손바닥이 그녀의 손을 맞잡았다. 그녀는 너무 커다란 반지가 자신의 얇은 손가락에 쑥 끼워지는 것을 느꼈다. 그제야 그녀는 자신이 결혼했다는 사실을 알아차렸다.

그날 오후 채러티는 화려한 호텔의 침실에 홀로 앉아 있었다. 독립기념일에 하니와 같이 테이블 하나를 구하려고 했지만 허사로 돌아갔던 그 호텔이었다. 그녀는 이렇게 아름답게 꾸며진 방에 들어오는 게 처음이었다.

화장대 위 거울에 더블베드의 높은 머리 판과 세로로 홈이 새겨진 베개와 모자나 재킷을 올려놓기에도 주저될 만큼 얼룩 한 점 없이 새하얀 침대 시트가 비쳤다. 윙윙 돌아가는 라디에이터에서 온기가 나른하게 퍼지고, 반쯤 열린 문 사이로 놓인 한 쌍의 대리석 세면대의 반짝이는 니켈 수도꼭지가 눈에 들어왔다.

지난밤과 낮의 혼란스러웠던 시간이 잠시 지나가자, 그녀는 마법 같은 온기와 정적에 둘러싸인 채 두 눈을 감고 자리에 앉아 있었다. 하지만 이렇듯 자비로운 무감각은 사라지고, 아픈 사람들이 때때로 깊은 잠에서 깨어날 때 보는 예리한 환상이 갑자기 뒤를 이어 나타났다. 그녀는 두 눈을 뜨자마자 침대 위에 걸린 그림에 시선을 고정했다. 그림은 눈이 부시게 하얀 여백이 있는 판화였다. 황금빛 두루마리를 널따란 단풍나무 액자로 감싼 조감도 형식의 판화 속에는 나무가 드리워진 호수에 띄운 보트에 탄 젊은 남자가 있었다. 그 남자는 선미의 쿠션 사이에 누워 있는 가벼운 드레스 차림의 아가씨에게 수련을 모아 주기 위해 몸을 기울이고 있었다. 그 장면에는 나른한 한여름의 환한 빛이 가득했다. 채러티는 그림에서 시선을 돌리더니 의자에서 일어나 불안하게 방 안을 돌아다니기 시작했다.

5층에 자리 잡은 방의 넓은 창밖으로 마을의 지붕이 보였다. 그 지붕 너머로 숲이 우거진 풍경이 펼쳐지고 해 질 녘의 불꽃같은 마지막 햇살이 강철 같은 빛을 뿜아내고 있었다.

채러티는 깜짝 놀란 눈으로 빛을 응시했다. 그녀는 몰려오는 황혼 속에서도 그곳을 에워싼 완만한 언덕의 윤곽과 그 끄트머리까지 경사진 목초지를 알아보았다. 그녀가 바라보고 있는 곳은 네틀턴 호수였다.

그녀는 오랫동안 창가에 서서 점점 희미해지는 호수를 뚫어지게 바라보고 있었다. 그 광경 때문에 그녀는 자신이 무슨 짓을 저질렀는지 처음으로 알아차릴 수 있었다. 손에 끼워진 반지를 느꼈을 때도 자신이 돌이킬 수 없는 짓을 저질렀다는 사실을 예리하게 알아차리지는 못했다. 그녀는 바로 도망치고 싶은 오래된 충동에 휩싸였다. 하지만 그것은 부러진 날개를 들어 올리는 것에 불과했다. 뒤에서 방문이 열리는 소리가 나더니 로열 씨가 안으로 들어왔다.

면도 때문에 이발소에 갔다 온 그는 덥수룩한 잿빛 머리카락이 다듬어지고 매끈해져 있었다. 그는 자신이 지나가는 것을 다른 사람이 알아차리기를 바라는 것처럼 어깨를 쭉 펴고 고개를 높이 든 채로 힘차고 빠르게 움직였다.

"어두운데 뭘 하는 거냐?" 그가 유쾌한 목소리로 물었다. 채러티는 아무 말도 하지 않았다. 그는 창가로 가더니 블라인드를 내린 다음 벽의 스위치를 켜서 방 한가운데 샹들리에에서 나오는 빛으로 방을 활짝 비추었다. 이렇게 낯선 조명 속에서 남편과 아내가 잠시 어색하게 서로를 마주 보았다. 로열 씨가 말을 꺼냈다. "너만 괜찮다면 아래로 내려가서 저녁을 먹자."

음식을 생각하자 그녀는 강한 반감이 들었다. 하지만 차마 그런 마음을 털어 낼 수 없어서 그녀는 머리를 매만진 후 그를 따라 엘리베이터까지 갔다.

한 시간 후, 환한 식당 밖으로 나온 그녀는 로열 씨가 모퉁이 계산대의 황동 격자무늬 앞에서 담배를 고르고 석간신문을 사는 동안, 대리석으로 장식한 홀 안에서 기다렸다.

남자들이 환한 샹들리에 아래 흔들의자에 느긋하게 앉아 있고, 여행객이 오가고, 종이 울리고, 짐꾼들은 짐을 들고 이리저리 움직이고 있었다. 로열 씨가 계산대에 기대니 그의 어깨 너머로 머리를 높이 부풀린 아가씨가 홀 건너편 책상 앞에서 열쇠를 받는 말쑥한 차림의 외판원을 향해 히죽히죽 웃으며 고개를 끄덕이는 모습이 보였다.

채러티는 마치 대리석 바닥에 나사로 고정한 테이블인 것처럼 무기력하게 삶의 교차로 한가운데에 꼼짝 않고 서 있었다. 그녀의 모든 영혼은 곧 다가올 토할 것 같은 감각에 집중되었다. 그녀는 로열 씨가 칸막이가 여러 개 있는 상자 속에서 시가를 집어 들고 석간신문을 펼치는 모습을 두렵지만 매료된 시선으로 바라보았다.

그가 곧 몸을 돌려 그녀에게로 다가오더니 말을 걸었다. "넌 먼저 침실로 가. 난 여기 앉아서 담배 좀 피울게." 그가 서로의 방식에 익숙해진 오래된 부부처럼 편안하고 자연스럽게 얘기하자, 그녀의 오그라들었던 심장이 안도하며 떨렸다. 그녀는 엘리베이터까지 그를 따라갔다. 그는 그녀를 엘리베이터에 태운 다음 버튼을 누르더니 단추가 달린 제복을 입고 머리를 딴 소년에게 그녀를 침실로 안내하라고 지시했다.

그녀는 스위치가 어디 있는지도 모르고, 그것을 어떻게 조작하는지도 모르기에 어둠 속을 더듬으며 나아갔다. 다행히 하얀 가을 달이 떠올라서 환한 하늘이 방 안에 흐릿한 빛을 던져 주었다. 그 빛을 받아서 옷을 벗고 주름진 베개 커버를 펴고 얼룩 한 점 없는 이불 속으로 소심하게 들어갔다. 그녀는 이렇게 매끈하고 가볍고 따뜻한 이불은 처음 만져 보았다. 하지만 침대가 아무리 부드러워도 그녀의 마음은 진정되지 않았다. 그녀는 공포에 떨며 누워 있었는데 마치 얼음이 혈관 속을 지나가는 것만 같았다. "내가 무슨 짓을 한 거지? 아, 대체 내가 무슨 짓을 한 걸까?" 그녀는 이렇게 속삭이며 몸서리를 치더니, 창백한 풍경을 차단하기 위해 창문 아래의 어둠 속에 누워 베개에 얼굴을 묻고 귀를 기울이면서 다가오는 발걸음 소리가 들릴 때마다 부들부들 떨고 있었다.

갑자기 그녀가 자리에서 일어나더니 두 손으로 놀란 가슴을 눌렀다. 희미한 소리를 들으니 누군가 방 안에 있다는 것을 알 수 있었다. 누군가 들어오는 소리를 듣지 못했으니 그녀가 잠시 잠이 든 것이 분명했다. 맞은편 지붕 너머로 달이 지고 있었다. 네모난 잿빛 창을 등진 채 흔들의자에 앉아 있는 사람이 어둠 속에서 그녀의 눈에 들어왔다. 그 사람은 움직이지 않았다. 그 사람은 머리를 숙이고 팔짱을 낀 채 의자에 깊숙이 앉아 있었다. 그녀는 그 사람이 바로 로열 씨라는 것을 알아차렸다.

그는 옷을 벗지는 않았지만 침대 발치에서 끌어당긴 담요를 무릎에 걸쳐 놓고 있었다. 그녀는 자신이 움직이면 그가 일어날까 봐 겁을 먹고 숨을 참으며 그를 지켜보고 있었다. 하지만 그는 꼼짝도 하지 않았다. 그녀는 그가 잠이 들었다고 생각하기를 바란다는 결론을 내렸다.

그렇게 그를 계속 지켜보다 보니 서서히 형언할 수 없는 안도감이 들면서 긴장된 신경과 지친 몸이 편안해졌다. 그는 알고 있었다. 알고 있었던 것이다. 그는 그녀와 결혼했다는 것을 알고 있었고, 그와 함께 있으면 안전하다는 사실을 그녀에게 보여 주려고 어둠 속에서 그 자리에 앉아 있었던 것이다. 그를 생각하자 처음 느껴 보는 어떤 동요 같은 것이 그녀의 지친 뇌를 조심스럽게 아무런 소리도 없이 스쳐 지나갔고, 머리가 베개에 깊이 묻혔다.

그녀가 눈을 떴을 때 방 안은 아침 햇살이 가득했다. 그녀는 방 안을 흘깃 보고 자신이 혼자 있다는 것을 알았다. 그녀는 자리에서 일어나 옷을 입었다. 드레스를 잠그는데 문이 열리고 로열 씨가 안으로 들어왔다. 밝은 아침 햇살 아래서 늙고 지친 얼굴이 드러났다. 하지만 그의 얼굴은 그 산에서 그녀를 안심시켰던, 엄숙하고 친근했던 그 표정을 짓고 있었다. 마치 사악한 기운이 모두 빠져나간 것 같았다.

두 사람은 아침 식사를 하려고 아래층 식당으로 내려갔다. 아침 식사 후에 그는 참석해야 할 보험 업무가 있다고 얘기했다. "내가 그러는 동안 넌 나가서 필요한 걸 사는 게 좋겠어." 그는 미소를 짓더니 어색한 웃음소리를 냈다. "네 미모로 다른 아가씨들을 모두 눌러 버리면 좋지. 이런 내 마음을 너도 알 거다." 그는 주머니에서 뭔가를 꺼내더니 테이블 너머의 그녀에게 밀어 주었다. 그녀는 그가 20달러짜리 지폐를 두 장 주었다는 것을 알았다. "그게 부족하다면 또 나올 거야. 난 네가 그 애들을 꼼짝 못 하게 해 줬으면 좋겠어." 그가 또 말했다.

그녀는 얼굴을 붉히며 더듬더듬 감사 인사를 하려고 했다. 하지만 그가 먼저 의자를 뒤로 밀고 일어나 식당 밖으로 앞장을 섰다. 그는 복도에서 잠시 멈춰 서더니 그녀가 괜찮다면 3시행 기차를 타고 노스도머로 돌아가자고 했다. 그러고는 옷걸이에서 모자와 코트를 집어 들고 밖으로 나갔다.

몇 분 후 채러티도 호텔 밖으로 나왔다. 그녀는 그가 어떤 방향으로 갔는지 확인한 후 반대 방향으로 간 다음 레이크 애비뉴의 모퉁이에 있는 벽돌 건물로 이어지는 큰길로 재빨리 걸어갔다. 그녀는 잠시 멈춰 서서 큰길을 위아래로 훑어본 후 황동으로 장식된 계단을 올라가서 머클 박사의 문 앞에 도착했다. 예전에 보았던 머리카락이 부스스한 혼혈 아가씨가 그녀를 맞아 주었다. 그리고 아주 고급스러운 붉은 응접실에서 그때와 똑같은 시간을 기다린 후 머클 박사의 진료실로 다시 한번 안내되었다. 박사는 무심하게 그녀를 맞이하더니 호화로운 안쪽의 성소로 그녀를 인도했다.

"아가씨가 다시 찾아올 줄 알았어. 근데 참 빨리 왔네. 인내심을 갖고 조바심치지 말라고 얘기했잖아요." 그녀는 잠시 뚫어지게 채러티를 살펴본 후 말했다.

채러티는 가슴 쪽에서 돈을 꺼냈다. "파란 브로치를 찾으러 왔어요." 그녀는 얼굴을 붉히며 얘기했다.

"자기 브로치?" 머클 박사는 생각이 나지 않는 것 같았다.

"어머, 맞다. 난 그런 물건이 참 많아. 음, 자기야, 내가 금고에서 그걸 갖고 올 동안 좀 기다려야 해. 난 그런 귀중품을 신문지 같은 걸로 말아 두진 않거든."

그녀는 잠시 사라졌다가 윗부분을 돌돌 만 티슈를 갖고 돌아오더니 브로치를 풀어냈다.

그 모습을 바라보는데 채러티는 자기 가슴에 온기가 전해지는 것 같았다. 그녀는 조바심을 치며 손을 내밀었다.

"잔돈은 있지요?" 그녀는 20달러짜리 한 장을 테이블 위에 올릴 때 살짝 숨을 참으며 물었다.

"잔돈이라고? 잔돈을 어디에 쓸지 궁금하네? 이십 달러짜리 두 장만 보이는데." 머클 박사는 밝게 대답했다.

채러티는 당황해서 잠시 멈췄다가 물었다. "전… 한 번 방문에 오 달러라고 말씀하신 줄 알았는데요."

"자기한테는 내가 호의로 그런 거지. 하지만 책임과 보험은 어쩔 거야? 그걸 전혀 생각하지 않은 거야? 이 브로치는 족히 백 달러는 될걸. 이걸 잃어버리거나 도난당했는데 자기가 찾으러 오면 내가 어쩌겠어?"

그녀와의 말싸움으로 당황한 데다 반쯤 설득까지 당한 채러티는 아무 말 없이 가만히 있었다. 머클 박사는 당장 자신의 이익을 더 취하려고 했다. "난 자기한테 브로치를 달라고 한 적 없어. 사람들이 이렇게 나를 곤란하게 만드는 것보다는 진료비나 잘 내는 게 나한테 훨씬 좋지."

머클 박사가 잠시 말을 멈추자, 이곳을 벗어나고 싶어서 안달이 난 채러티는 바로 일어나며 지폐 한 장을 내밀었다.

"이걸 받으실래요?" 그녀가 물었다.

"아니, 그건 안 받을 거야, 자기야. 하지만 그 짝꿍하고 같이 주면 받을게. 나를 못 믿겠으면 서명을 한 영수증을 줄게."

"아, 그건 안 돼요. 이건 제가 가진 전부예요." 채러티가 소리쳤다.

호화로운 소파에 앉은 머클 박사가 그녀를 올려다보며 사근사근하게 얘기했다. "자기 어제 결혼한 것 같더라, 피스코팔 교회에서. 그 목사의 하인이 결혼 소식을 죄다 알려 주거든. 자기가 여기에서 돈거래를 한 걸 로열 씨가 알면 얼마나 유감이겠어, 그렇지 않아? 난 자기가 친딸 같아서 하는 말이야."

채러티는 불같이 화가 치밀었다. 그래서 브로치를 포기하고 머클 박사가 자기 마음대로 하도록 내버려둘까 하는 생각도 잠시 들었다. 하지만 하나밖에 없는 보물을 저렇게 사악한 여자에게 맡길 수는 없었다. 그녀는 아기를 위해서 그것이 필요했다. 이해는 할 수 없지만, 그것이 하니의 아기와, 아기의 미지의 아버지 사이를 연결하는 고리가 되기를 바랐다. 그녀는 그러는 자신이 정말 싫고 몸도 부들부들 떨렸지만 로열 씨의 돈을 테이블 위에 올려놓고 브로치를 낚아챈 다음 진료실을 나와 건물 밖으로 뛰쳐나왔다.

그녀는 이 마지막 모험 때문에 어리둥절한 채 잠시 거리에 서 있었다. 하지만 브로치는 마치 부적처럼 그녀의 가슴에 놓여 있었다. 그녀는 남몰래 마음이 가벼워졌다. 브로치 덕분에 힘이 생긴 채러티는 잠시 후 우체국 방향으로 천천히 걸어가 회전문을 열고 안으로 들어갔다. 그녀는 한쪽 창가에서 편지지와 봉투와 우표를 하나씩 샀다. 그런 다음 테이블에 앉아서 녹슨 우체국 펜을 잉크에 적셨다. 그녀는 손가락에 끼워진 로열 씨의 반지를 느낀 이후로 머릿속에서 계속 맴돌았던 두려움에 사로잡혀서 이리로 왔다. 결국 하니가 자유의 몸이 되어 그녀에게로 돌아올지 모른다는 두려움이었고, 그녀가 그의 편지를 받은 후 끔찍한 시간 동안 전혀 생각할 수 없었던 가능성이었다. 그녀가 내린 결정적인 조치로 인해 갈망이 불안으로 바뀌어야만 그런 만일의 사태가 가능할 것 같았다. 그녀는 편지 봉투에 주소를 쓰고 편지지에 이런 내용을 썼다.

저는 로열 씨와 결혼했어요. 늘 당신을 기억할게요.

채러티.

마지막 구절은 쓸 생각이 전혀 없었던 내용이었다. 펜이 저항할 수 없는 힘에 의해 저절로 움직인 것이다.

　그녀는 희생을 끝마칠 힘이 없었다. 하지만 그런 것이 결국 무슨 소용이 있을까? 이제 다시는 하니를 볼 기회가 없었다. 그런데 왜 그녀가 그에게 진실을 말하지 말아야 할까? 그녀는 편지를 우체통에 집어넣고 햇살이 비치는 분주한 거리로 나와서 호텔 쪽으로 걸어갔다. 백화점의 판유리 뒤로 그날 하니와 함께 들여다보았던, 그녀의 상상력을 자극했던 유혹적인 드레스와 옷감이 그녀의 눈에 들어왔다. 그것들을 보고 있으니 밖으로 나가서 필요한 것을 모두 사라고 했던 로열 씨의 지시가 생각났다. 그녀는 초라한 자신의 옷차림을 들여다본 후 빈손으로 돌아온 자신을 보게 될 그에게 무슨 말을 해야 할지 걱정이 되었다. 그녀는 호텔에 가까워지자 문 앞에서 자신을 기다리는 그가 보여서 걱정 때문에 심장이 뛰기 시작했다. 그는 다가오는 그녀에게 고개를 끄덕이더니 손을 흔들었다. 두 사람은 홀을 지난 다음 소지품을 챙기기 위해 위층으로 갔다. 그러면 점심 식사 때문에 아래층으로 다시 내려올 때 방 열쇠를 돌려줄 수 있기 때문이었다. 그녀가 가방에 가지고 온 몇 가지 짐을 쑤셔 넣는데 갑자기 자신을 바라보는 그의 시선이 느껴지면서 그가 이야기를 꺼낼 거라는 생각이 들었다. 그녀가 반쯤 접힌 잠옷을 손에 든 채 가만히 서 있는데 피가 뺨으로 쏠렸다.

　"음, 잘 차려입었니? 짐이 하나도 안 보이네." 그가 농담조로 물었다.

　"아, 앨리 호스한테 내가 원하는 것 몇 가지를 만들어 달라고 하려고요." 그녀가 대답했다.

　"그래?" 그는 눈썹을 찌푸리며 뭔가를 생각하는 눈빛으로 잠시 그녀를 바라보았다. 그리고 다시 다정한 표정으로 돌아왔다. "그래, 난 네가 누구보다 멋지게 차려입고 돌아가기를 바랐다. 하지만 네 말이 맞는 거 같아. 넌 착한 아이야, 채러티."

두 사람의 눈이 마주쳤다. 그녀가 처음 보는 뭔가가 그의 눈빛에서 피어났다. 그녀를 부끄럽게 하면서도 안도감이 들게 만드는 눈빛이었다.

"아저씨도 좋은 사람 같아요." 그녀가 쑥스러워하며 재빨리 얘기했다. 그는 아무 말 없이 미소를 지었다. 두 사람은 함께 방을 나와서 번쩍이는 엘리베이터를 타고 홀로 내려왔다.

그날 저녁 늦게 두 사람은 차가운 가을 달빛을 맞으며 붉은 집까지 마차를 타고 갔다.

작가 연보

1862년 1월 24일 뉴욕시에서 태어나다. 본명은 이디스 뉴볼드 존스이다.

1866년 가족과 함께 유럽으로 이주하다.

1872년 유럽에서 가족과 돌아오다.

1877년 열다섯 살에 중편 소설 〈속임수〉를 완성하다.

1878년 시집 《시편》을 출간하다. 《애틀랜틱 먼슬리》에 시를 게재하다.

1879년 뉴욕 사교계에 일찍 데뷔하다.

1880년 아버지의 건강 문제로 가족과 함께 다시 유럽으로 떠나다.

1882년 아버지 조지 프레더리 존스가 프랑스 칸에서 사망하다. 어머니와 함께 3월에 다시 미국으로 돌아오다.

1885년 4월 29일 에드워드 워튼과 결혼하다.

1890년 단편 〈맨스테이 부인의 관점〉을 《스크리브너스》에 게재하다.

1897년 오그던 코드맨과 함께 쓴 《실내 장식》을 출간하다.

1899년 첫 단편집 《위대한 습성》을 출간하다.

1900년 《시금석》을 출간하다.

1901년 어머니 루크리셔 라인랜더 존스가 사망하다. 두 번째 단편집 《결정적 사실》을 출간하다.

1902년 첫 번째 장편 소설 《결정의 계곡》을 출간하다. 남편과 함께 서부 매사추세츠주에 자신이 설계한 저택인 '마운트'로 이주하다.

1903년 《성역》을 출간하다.

1904년 세 번째 단편집《인간의 유래》를 출간하다.

1905년 《환락의 집》을 출간하다.

1907년 《나무의 과일》을 출간하다.

1908년 여행기《프랑스 비행기 여행》을 출간하다.

1909년 시집《악타이온에게 아르테미스가》를 출간하다. 프랑스 영주권자
        가 되다.

1911년 《이선 프롬》을 출간하다.

1912년 《암초》를 출간하다.

1913년 에드워드 워튼과 이혼하다.《그 고장의 풍습》을 출간하다.

1914년 프랑스에 정착해 살면서 전쟁 구호 활동에 활발하게 참여하다.

1915년 프랑스 전선을 여덟 차례 방문하면서 목격한 참화를 묘사한《싸
        우는 프랑스》를 출간하다.

1916년 전쟁 구호 사업을 위한 기금 마련 목적으로 편집한《집 없는 사람
        들의 책》을 출간하다.〈싱구와 그 밖의 이야기들〉이 수록되다.

1917년 《여름》을 출간하다.

1918년 전쟁 소설《마른 전투》를 출간하다.

1919년 1차 세계 대전에 참전한 미국 병사들에게 프랑스 문화를 설명하
        기 위해 쓴 에세이집《프랑스 식과 그 의미》를 출간하다.

1920년 《순수의 시대》를 출간하다. 북아프리카와 서구 문명 사이의 문화
        적 비교를 강조한 여행기《모로코에서》를 출간하다.

1921년 《순수의 시대》로 퓰리처상 수상하다.

1922년 《달의 섬광》을 출간하다.

1923년 예일대학교에서 명예박사 학위를 받다. 이해에 마지막으로 미국
        을 방문하여 전쟁 소설《전선의 아들들》을 발표하다.

1924년 네 편의 중편 소설을 묶은《옛 뉴욕》을 출간하다. 예술원에서 금
        메달을 수상하다.

1925년 《어머니의 보상》을 출간하다. 이론서《소설 작법》을 발표하다.

1926년 예술원 회원으로 선출되다.

1927년 《박명의 잠》을 출간하다.

1928년   《어린아이들》을 출간하다.

1929년   《허드슨 리버 브래킷티드》를 발표하다.

1930년   단편집 《어떤 사람들》을 발표하다.

1932년   《허드슨 리버 브래킷티드》의 후편 《신들이 도착하다》를 출간
하다.

1934년   회고록 《뒤를 돌아보는 시선》을 출간하다. 미완성 유작 소설 《해
적》을 집필하다.

1937년   8월 11일 사망하다. 프랑스 베르사유의 고나드 묘지에 안장되다.
자신의 작품 중 최고의 초자연적 이야기가 되리라 기대했던 단편
집 《유령들》이 사후 출간되다.

1938년   미완성 소설 《해적》을 유언 집행자인 가일라르 랩 슬레이가 편집
하여 출간하다.

여름

초판 1쇄 인쇄 2025년 3월 11일
초판 1쇄 발행 2025년 3월 18일

지은이 이디스 워튼
옮긴이 주정자
펴낸이 이효원
편집인 노현주
마케팅 추미경
디자인 이용석(표지), 이수정(본문)
펴낸곳 올리버
출판등록 제395-2022-000125호
주소 경기도 고양시 덕양구 삼송로 222, 101동 305호(삼송동, 현대헤리엇)
전화 070-8279-7311   **팩스** 02-6008-0834
전자우편 tcbook@naver.com

ISBN 979-11-94381-25-9 04080
    979-11-89550-89-9 (세트)

이 책은 저작권법에 따라 보호받는 저작물이므로 무단전재와 무단 복제를 금지하며,
이 책의 전부 또는 일부를 이용하려면 반드시 도서출판 올리버의 동의를 받아야 합니다.

* 값은 뒤표지에 있습니다.
* 잘못된 책은 구입하신 서점에서 바꾸어 드립니다.

* 도서출판 올리버는 탐나는책의 교양서 브랜드입니다.

올리버 세계교양전집 목록